글로벌
방위산업 트렌드

글로벌
방위산업 트렌드

김호성 지음

한국경제신문*i*

〈서칭 포 슈가맨(Searching for Sugar Man)〉이라는 영화를 봤다.
주인공은 자신의 고향인 미국에서 앨범을 냈지만, 6장 판매량이 전부였다.
그야말로 비운의 가수였던 것이다.

어떻게 그의 앨범이 남아프리카로 흘러들어갔는지는 잘 모르지만,
지구 반대편에 있는 이 나라에서 그의 노래는
'엘비스'가 부른 노래보다 더 유명한 노래가 됐다.
이 상황을 한마디로 요약하면,
미국에선 'ZERO'였던 그가 남아공에선 'HERO'가 된 것이다.

필자는 이 영화의 주인공이 '방위산업'이 가진 이미지와 많이 닮았다고 생각했다.
우리나라에서 방위산업은 언제부터인가 부정부패와 관련된 보도가 많아짐에 따라
본질적 '산업'의 이미지보다 '비리'라는 부정적 이미지로
많이 각인되어있는 것 같다.
반면 미국을 비롯한 주요 서방 국가들의 경우,
방위산업이란 수많은 일자리와 기술혁신을 낳은 황금알이었다.

우리도 이제는 방위산업을 하나의 산업적 관점으로 바라봐야 한다.
세계의 방위산업의 흐름을 이해하고, 그 흐름 속으로 과감하게 들어가야 한다.
우리나라의 방위산업이 세계적 방위산업으로 성장해서
국가 발전의 더 큰 원동력이 되길 바라면서 이 책을 쓰기로 했다.

머리말

전차의 출현으로 기병대는 역사 속으로 사라졌다. 기관총의 출현으로 전쟁의 양상은 공격에서 참호전의 양상으로 바뀌었다. 군대의 새로운 혁신에 대한 적응은 전쟁의 결과를 승리로 이끌었고, 그렇지 못한 경우 패배를 낳기도 했다. 전쟁의 승패와 군대 혁신의 바탕에는 무기를 개발하고 생산을 담당하는 방위산업이 존재한다.

세계의 방위산업은 역사적으로 희소한 자원을 사용하고 첨단 기술을 이용하는 주요 사용자였지만, 글로벌 관점에서 방위산업에 대해서는 알려진 것이 거의 없다. 이러한 상황의 주된 원인은 각 정부가 관련 데이터를 제공하지 않기 때문일 것이다. 필자는 전 세계의 주요 방위산업 선진국에 대한 자료를 조사하고 분석하면서, 기업 재무 정보, 고용, 수출 등에 대한 다양한 데이터를 찾아봤다. 그러나 모든 데이터가 표준화되고 통일된 정의를 보장받기란 불가능에 가까웠다. 예를 들면, 영국의 경우 방위산업 고용 데이터를 정부가 제공한다. 이에 반해 일본은 민간 산업과 방위산업이 혼재해 고용 데이터를 정확히 파악할 수 없다. 참고로, 일본의 미쓰비시중공업(Mitsubishi Heavy Industries, Ltd.)은 2차 세계대전이 끝난 후 서방의 군비 감축 요구에 따라 관습적으로 전차를 만드는 작업자에게 불도저와 같은 민수 장비 생산도 맡겼다. 이 두 국가만 비교해 봐도 얼마나 데이터의 일관성이 없는지 알 수 있다. 이처럼 방위산업에 대해 전 세계를 조사한다는 것이 상당한 어려움이 있다.

방위산업의 발전은 새로운 위협의 역사와 공존한다. 새로운 위협은 다시 새로운 기술을 요구했다. 이 새로운 기술이 들어간 무기체계는 다시 수요를 만들었다. 즉, 위협, 기술, 수요 간의 순환은 방위산업의 발전으로 이어졌다. 1900년에는 생산하지 않았던 전투기를 생산하고 사용하는 시대가 벌써 수십 년이 지났다. 이러한 추세를 볼 때, 미래의 군대는 반드시 변화가 일어날 것이다. 이는 새로운 위협이 다가옴에 따라 군대는 새로운 기술을 수용하고 새로운 무기체계를 도입할 것임을 의미한다. 이러한 수요에 따라 방위산업은 발전할 것이고 군대는 새로운 유형의 장비로 새로운 역할을 하게 될 것이다.

방위산업은 군대의 새로운 요구에 적응하며 새로운 장비를 만들어 낼 것이다. 그러나 문제는 미래의 위협을 예측하기 어렵다는 것이다. 역사적으로 위협은 항상 달랐으며, 다양한 형태를 취해왔다. 예를 들어 2000년 이후에는 알-카에다(Al-Qaeda), IS(Islamic State), 하마스(Hamas) 등과 같은 다양한 규모의 테러 조직들과 폭격, 자살 공격, 납치 등과 같이 군사 전문성이 있는 테러 위협에 의해 지배됐다. 그리고 앞으로는 새로운 기술이 더 저렴한 핵무기 생산으로 이어지면 핵확산이 발생할 우려도 있다. 최근 미국, 프랑스, 중국 등과 같이 군사 강국을 선언한 국가에서는 우주군을 창설하고 있어 우주 군사 기지까지 염두에 둬야 한다. 이처럼 미래에 대한 위협을 합리적으로 예측하는 것은 향후 방위산업 연구의 범위를 설정한다.

현재의 글로벌 방위산업은 어떤 미래를 지향하고 있을까? 그리고 한국의 방위산업은 그 변화 속에서 어떻게 적응해야 할까? 이 두 질문에 대한 대답이 이 책 내용의 핵심이다. 큰 틀에서 미래의 글로벌 방위산업은 혁신과 규모의 경제효과를 가져가는 소수의 대형 방산업체를 중심으로 전문화, 집중화가 점차 더 가중될 것이다. 아마도 이 방산업체들은 미국의 방산업체들이 될 것이다. 그리고 그 속에서 규모의 경제효과를 이루지 못한 기업들을 중심으로 틈새 시장 개척자들도 지속적으로 출현할 것이다. 새로운 생태계로 방위산업이 재편되는 상황에서, 대한민국은 어떻게 대응을 해야 할까? 우리가 어떻게 대응을 해야 할지는 세계적 트렌드를 보고 판단해야 한다고 생각한다. 이 책에서는 총 3가지 관점에서 글로벌 방위산업 트렌드를 제시했다.

문재인 정부(2017~)에서는 국정과제로 '4차 산업혁명 시대에 걸맞는 방위산업 육성'을 추진하고 있다. 2020년 초에는 청와대에 방위산업담당관을 신설해서 방위산업 육성 및 수출형 산업화를 추진 중이다. 방위산업 육성은 비단 이번 정부에서만 노력을 기울이고 있는 것은 아니다. 과거 정부에서도 지속적인 국내 방위산업 활성화와 국방연구개발 촉진을 위해 다양한 정책적 노력을 전개했다.

박근혜 정부(2013~2017)에서는 '방위산업의 창조경제 전략 산업화'를, 이명박 정부(2008~2013)에서는 '방위산업의 신경제성장 동력화'를 각각 국정과제로 채택한 적이 있다. 과거 이런 노력의 결실은 2010년 이후 방산 수출 증가라는 성과로 나타났다. 그러나 아쉬운 점은 최근에 이 성장세가 약해지면서 수출 실적이 주춤해지고 있다는 사실이다. 한국의 방위산업의 성공 가능성은 세계가 인정했다. 그런데도 분명한 것은 다른 방산 선진국과 비교해볼 때, 우리나라는 몇 가지 약점을 가지고 있다는 것이다. 예를 들면 한국의 방위산업은 국내 시장에 초점을 두고 있는 점, 중간 정도의 기술을 가진 방위산업 국가라는 점 등이다. 이러한 약점을 글로벌 방위산업의 흐름에 맞춰 어떻게 발전시켜야 할 지 책 속에서 방향을 제시하려고 했다.

지금까지 출판된 자료 중 글로벌 방위산업에 대해 폭넓게 다룬 자료 는 찾아보기 쉽지 않았다. 인터넷에 검색해보면 '국내' 방위산업에 국한 된 책이나 논문들은 일부 존재하나, 글로벌 관점에서 방위산업에 대해 다루는 책은 국내·외를 막론하고 찾아보기 힘들다.

필자가 대략 10년 정도 방위산업 연구를 진행하면서 자료의 '파편화' 가 심하다는 생각이 들었다. 즉 자료가 여기저기 흩어져 있어 글로벌 방위산업에 대해 총체적인 이해가 쉽지 않았다. 필자는 국내 시장에 국 한된 시각으로 방위산업을 바라보기보다는 세계 방산 시장 속에서 우 리의 방위산업이 어디에 있고 어디로 가야 할지에 대한 답을 찾고 싶었 다. 이러한 궁금증으로 글로벌 방산 수출 흐름을 중심으로 세계 주요국 의 방위산업 역사, 주요 기업, 미래 방향 등을 정리할 필요가 있음을 인 지했고, 여러 가지 분석방법을 이용해서 새로운 사실들을 알아낼 수 있 었다.

특히 분석 방법론으로 사용된 네트워크 분석은 자료 하나가 논문 하 나가 될 정도로 그 속에는 많은 이론적 배경과 해석이 숨어 있다. Part 01에서 권역 간 관계를 보여주는 네트워크 관점은 한 교실에서 공부하 는 교우 관계 네트워크와 동일한 개념이다. 경영학에서는 '전체 네트워 크(A Whole Network)'라는 연구 분야로 불리며, 네트워크 속에서 특정 노드(Node)가 가지는 상대적 위치의 우월성이 중요한 의미를 지닌다.

Part 02에서 사용된 네트워크 관점은 한 국가를 중심으로 구성된 네트워크에 초점을 둔 것으로서 '자기중심 네트워크(Ego Centric Network)'라고도 한다. 이는 특정 노드가 가지는 주변 노드들과의 관계에 초점을 둔 분석방법으로 주변 노드들 사이의 관계들까지 보여주는 것이 특징이다. 이 책에서는 하나의 네트워크에 대한 특징을 깊이 있게 다루기보다는 다양한 자료를 폭넓게 제시하고 설명하려고 노력했다. 네트워크 분석에 관심이 있는 독자라면 이 책에서 보여준 내용 이외에도 더 깊이 있는 의미를 찾을 수 있으리라 생각한다.

종합적으로, 필자는 이 책에 기술된 여러 가지 정리된 내용이 글로벌 방위산업 연구의 시작점이라고 생각하고, 향후 더 많은 내용을 다루는 국내 출판물들이 나오기를 희망한다. 그리고 앞으로 많은 자료와 정보들이 서로 공유될 때 향후 우리나라 방위산업도 더 많은 발전을 이룰 것이라 기대한다.

김호성

차례

PART 01 글로벌 방위산업 트렌드를 읽자

PART 02 주요국가의 방위산업 트렌드 알아보기

PART 01

글로벌 방위산업
트렌드를 읽자

방위산업 제대로 이해하기

방위산업이란 무엇일까?

방위산업에 대한 정의는 매우 광범위하다. 국내·외 자료를 보면 군수산업(Armaments Industry), 병기산업(Arms or Weapons Industry), 전쟁산업(War Industry) 등 비슷한 용어도 많다. 우리나라 방위사업법(법률 제16671호)에 의하면 '방위산업'이란 방위산업물자를 제조·수리·가공·조립·시험·정비·재생·개량 또는 개조하거나 연구개발하는 일을 말한다. 여기서 다시 '방위산업물자'라 함은 군수품 중 주요 방산물자와 일반 방산물자로 지정된 물자를 말한다.

'글로벌 방위산업'에 대한 내용을 다루기 위해서는 우리나라에서 통용되는 법적인 정의보다는 어느 나라에서나 통용이 가능한 방향으로 포괄적으로 정의를 해야 한다. 영국은 공급 측면에서 영국 군대에 무기, 기타 제품 및 서비스를 공급하는 모든 영국 회사로 구성되는 산업을 의미한다. 이 속에는 종이 클립, 자동차, 주택 및 청소 서비스와 같은 간단한 것들부터 항공 모함, 전투기, 미사일, 잠수함, 우주 및 핵 시스템 등도 포함된다. 프랑스의 경우에는 방위산업을 무기체계와 장비, 연료 등과 같은 전략적인 제품, 음식과 같은 일반적인 제품까지 군에 공급하는 기업들의 구성으로 정의한다. 노르웨이는 방위산업을 국가 안보에 영향을 미치는 제품이나 서비스를 생산 및 제공하는 기업들의 구성으로 정의한다. 각국이 정의하는 방위산업은 개념적으로 완전히 일치하지는 않지만, 최종 사용자(End-user)인 군대가 사용하는 물품을 생산하는 산업이라는 점에서 공통점을 가지고 있다. 그래서 이 책에서는 방위산업을 군대에서 사용하는 장비, 물자, 그리고 서비스 등을 제공하는 산업으로 정의한다.

방위산업의 특성이란?

단위 장비의 비용 상승으로 2054년에는 전체 국방 예산은 단 한 대의 항공기만 구매가 가능할 것이다. 이 항공기는 공군과 해군이 공유해야 한다 … 해병대는 이 항공기를 격년제로 하루 정도 이용할 수 있을 것이다.[1]

방위산업에서 첫 번째 특징은 단위 장비의 가격이 계속 상승한다는 것이다. 특히 성능의 마지막 10% 상승은 비용의 3분의 1을 상승시킨다. 또 다른 연구에서, 항공 모함의 경우 비용이 연간 6%, 전투기는 8%, 전

---

1. Augustine, N. R. (1997). Augustine's laws. American Institute of Aeronautics and Astronautics.

차는 11%가 상승했다고 한다. 이런 주장을 펼치는 연구는 발표된 지 조금 오래됐지만, 지금도 그 내용이 틀리지는 않다. 단위 장비의 가격 상승은 더 높은 개발 비용과 더 높은 단위 생산 비용 2가지가 반영된 결과다. 한 국가의 국방 예산이 제한된다는 사실은 정부가 단위 장비의 가격 상승에 대응해 무기 도입에서 어떤 선택을 해야 한다는 의미다. 가장 간단하게는 새로운 연구개발 사업을 취소해서 개발 비용을 절감할 수 있다. 이렇게 되면 육군은 단일 종류의 전차, 해군은 단일 종류의 선박, 공군은 단일 종류의 전투기 개발로 이어질 수 있다. 또 다른 정부의 선택으로는 단위 생산 비용의 증가를 감수해서 더 적은 수의 항공기, 선박, 전차를 구매하는 방법이 있다. 그리고 뉴질랜드와 같이 한정된 국방 예산과 비싼 단위 가격으로 인해 공군의 새로운 전투기 도입을 포기하는 것도 하나의 방법이 된다. 그러나 차세대 장비의 도입이 늦어지면 유지 및 보수 비용이 늘어나고 운용 효율성이 하락할지도 모른다.

하지만 지금까지 기술한 정부의 선택지는 근본적인 문제해결 방안은 아니다. 이러한 상황에서 정부가 선택할 수 있는 매력적인 방법은 누군가와 함께 무기를 개발해서 개발비를 서로 분담하는 것이다. 또 생산량을 늘려서 단위 생산 비용을 낮추는 방법을 선택할 수 있다.[2] 이 같은 흐름은 글로벌 시장에서 점진적으로 일어나고 있다. 미국과 유럽 국가들 또는 대규모 방산기업들을 중심으로 개발비를 절감하는 여러 형태의 협력이 나타나고 있다. 단위 생산 비용을 줄이기 위한 시장 확장 전략도 시도되고 있다. 그러나 이 방법은 시장에서 다른 판매자가 더 좋은 혁신

---

2. Kirkpatrick, D., & Pugh, P. (1983). Towards the Starship Enterprise. Aerospace, 16–23.

과 가격 조건을 제시할 경우 또다시 쉽지 않은 상황에 놓일 수 있다.

방위산업의 두 번째 특성은 수요자가 3가지 종류, 즉 자국의 정부, 해외 정부, 해외 방산업체로 구성된다. 이 중 자국의 정부가 주요 구매자 또는 핵 추진 잠수함과 같은 전략 무기체계일 때 유일한 구매자가 되기도 하는 시장이다. 자국의 정부가 주요 구매자라는 의미는 정부의 정책에 따라 방위산업의 확장과 수축이 가능하다는 의미다. 예를 들어, 식별된 위협의 소멸로 인한 정부의 무장 해제 정책은 새로운 무기나 장비가 필요 없는 상황을 만들고, 곧 방위산업의 위축으로 나타난다. 그리고 정부는 계약 방식, 가격 등에 대한 지침을 제공한다. 또 다른 수요자인 해외 정부는 종종 방산 장비 및 서비스를 구매해서 방산 수출로 추가 수요를 발생시키기도 한다. 해외 방산업체는 다른 국가의 방산업체로부터 제품을 구매해서 자국의 방산장비에 투입할 수 있다. 대표적으로 거래되는 품목에는 항공기 엔진, 항공전자 장비, 항공기 랜딩기어, 함정 추진 시스템 등이 있다.

이처럼 주요한 2가지 특징 이외에도 방위산업은 대규모 설비 투자가 필요한 자본 집약적 산업이라는 점, 일반 산업처럼 가격 메커니즘에 기반한 경쟁 시장이 반드시 존재하는 것은 아니라는 점 등도 인지해야 한다.

왜 자국의 방위산업을 가져야 할까?

각국이 많은 자본이 투입되고 어쩌면 투자금을 회수할 수 없을지도 모르는 방위산업을 가져야 하는 이유는 무엇일까? 가장 우선적인 이유는 안보일 것이다. 무기체계를 수입에만 의존할 경우, 수출국의 금수조치(禁輸措置)[3]가 취해지면 수입국은 안보적 취약점에 즉시 노출될 가능성이 크다.

예를 들어, 2014년 러시아와 우크라이나 간에 발생한 크림 위기(Crimean Crisis) 이후 상호 간의 금수조치는 두 국가의 안보에 엄청난 위기로 작용했다. 이미 존재하는 서로의 의존성을 극복하기 위해서 엄청난 국가 재정 지출과 다른 수입 경로를 개척해야 했다. 완전히 극복하기까지 수년이 걸렸다. 이 사례에서 보듯이, 자국의 방위산업을 육성하는 것은 국가의 위기 상황에서 중요한 수호자로 역할을 할 수도 있다. 그리고 미래에 안정적인 국방력 건설을 보장한다.

두 번째로, 방위산업은 국가 경제에 긍정적인 영향을 줄 수 있다. 다른 일반 재화(財貨)와 마찬가지로 국내 방위산업에서 무기를 생산하는 것은 수입 대체 효과뿐만 아니라 국가의 산업 및 기술 개발 지원을 통해 기술의 선순환 구조를 만들고, 고용을 늘리며, 외화를 절약하는 효과가 있다. 여기에 더해, 방위산업은 일반 재화와는 달리 한 국가의 산업 및 기술력을 알리는 수단으로 여겨지기도 한다. 냉전 이전에는 앞에서 언급했던 안보적인 측면이 방위산업의 필요성에 더 부합했다고 한다면, 현재는 이와 같은 경제적 이유가 더 중요하게 인식되고 있다.

마지막으로, 해외에서 무기체계를 도입할 때 해외 업체의 독과점으로 가격을 올려 폭리를 취하려 할 때, 다른 대안을 찾을 수 있다. 그리고 이런 대안의 존재는 새로운 무기의 도입 협상 시에도 국가적 역량으로 작용한다. 즉 외교 정책 수행에 있어서도 더 자유로울 수 있다.

---

3. 한 국가가 특정 국가에 대해 교역, 금융 거래, 투자 등 모든 부문의 경제 교류를 중단하는 조치. 일반적으로 특정 국가를 고립시키기 위한 목적으로 사용한다.

글로벌 방위산업에 접근하기

글로벌 방위산업에 어떻게 접근할까?

글로벌 방위산업에 대한 독자들의 이해를 높이기 위해 어떤 접근 방법으로 이 책을 기술할까 고민이 많았다. 일반적인 산업은 수출 실적이 글로벌 경쟁력을 나타내는 단일한 최고의 지표다. 그래서 같은 지표를 적용해서 방산 수출로 우선 글로벌 방위산업 트렌드 파악하려고 한다. 방산 수출은 일반 산업과 마찬가지로 방위산업의 중요한 성과다. 그런데도 방위산업에 있어서 방산 수출이 글로벌 경쟁력의 지표라고 단정 짓기에는 한계가 있다. 방위산업 수출은 경쟁력의 지표로서 신뢰성에 영향을 미치는 다양한 요소가 있기 때문이다. 예를 들어, 금수조치와 같은 정치적 요인, 수출 주문부터 수입까지의 과정에서 수출량 측정 방식, 데이터의 비공개 가능성 등이 방산 수출의 성과 값에 영향을 줄 수 있다.

2차 세계 대전이 끝나고 우리가 인식했든, 못 했든, 지난 70년 동안 국가간 무기거래가 지속됐다. 이 과거 행적을 연결하는 방위산업 수출·입 네트워크는 복잡하다. 그 속에는 항공, 육상 및 해상 무기체계의 수출·입 네트워크, 국가 및 방산기업들의 수출·입 네트워크 등 다각적인 관점에서 여러 가지 종류의 네트워크가 존재한다. 이 네트워크를 구성하기 위해서 일반적으로 기업이 공개하는 데이터는 사용할 수가 없다. 모든 방산업체는 상업적으로 민감한 정보로 간주 될 수 있는 정보를 기꺼이 공개하지도 않기 때문이다. 또, 이를 모두 조사하려고 해도 너무 큰 비용이 들어 조사 자체가 불가능에 가깝다.

다행히 이러한 과거의 행적에 관한 데이터에 대한 기록이 존재한다. 필자가 아는 한 크게 2개의 데이터가 있다. 첫 번째는 미국 정부에서 관리하는 WMEAT(World Military Expenditures and Arms Transfers) 데이터고, 다른 하나는 스웨덴의 SIPRI(Stockholm International Peace Research Institute)에서 관리하는 무기거래에 대한 데이터다. WMEAT 데이터는 나름대로 장점이 있지만, 2007년과 그 이전의 데이터간 이질성이 존재한다. 표준화 작업이 제대로 되지 않아 연속적인 트렌드를 읽기도 어렵다. 그리고 국가들 사이에 이동한 무기거래 데이터를 자세하게 제공해주지 않는 등 큰 한계점이 있다. 이에 반해 SIPRI 데이터는 1950년 이후 70년 동안 국가 간 무기거래 데이터를 제공해주고 있으며, 단위는 자체 메트릭(Metric)인 TIV(Trend Indicator Value)를 사용해서 통일시켰다는 장점이 있다. 따라서 무기거래 가치에 대한 추가적인 임의 해석이 불필요하다. 1950년부터 2019년까지 모든 수출·입국에 대한 정보와 그 수출·입 가치(TIV)에 대한 패널 데이터(Panel Data)[4]

---

4. 횡단면 자료와 종단면 자료가 결합되어 있는 자료

형태의 기록은 글로벌 방위산업 트렌드를 읽기에 가장 적합하다고 판단했다.

물론, 이 SIPRI 무기거래 데이터에도 한계는 존재한다. 첫째, 이 데이터는 국가 간 무기거래에 대한 데이터로써 자국 내 무기 조달 데이터는 포함되어 있지 않다. 그래서 이 데이터는 국가 간 무기 수출·입과 관련된 트렌드 파악에 사용했으며, 각국의 방위산업에 대해서는 Part 02에서 보다 심층적으로 다룬다. 둘째, 국가별 무기 수출·입 가치를 산정할 때 누락한 데이터가 있을 수 있다. 기본적으로 SIPRI 데이터는 기업의 연례 보고서, 저널, 신문기사와 같이 공개 소스와 방산기업이 신고한 수출품 기반으로 작성된다. 데이터의 작성 방법이 이런 다양한 방법을 동원했음에도 정부 간 거래, 기술 이전, 컨설팅, 서비스 등은 데이터에 포함되지 않는 경우들도 많다. 데이터 수집 방법의 한계로 인해서 실제 현실적 가치와 차이가 나는 문제가 있을 수 있으니 독자들은 이 책을 읽을 때 이러한 데이터의 한계점을 고려하길 바란다. 이러한 단점에도 이 SIPRI 데이터만큼 일관성 있게 장기간 기록한 데이터는 현실에 존재하지 않기 때문에 이 데이터는 큰 가치가 있다.

TIV에 대해 더 많이 이해하기

경제학에서 행복이나 삶에 대한 만족의 양을 '효용(Utility)'이라고 부른다. 이 효용이라는 개념은 일반적으로 수치로 측정할 수가 없다고 본다. 왜냐면 효용이라는 개념은 너무나도 주관적이기 때문이다. 하지만 객관성을 중시하는 경제학에서는 사람들의 행동을 관찰해 이 효용의 양을 유추하고 돈으로 환산한다. 그 이유는 '단위를 통일'하기 위해서다. 그래야 소비자의 지출이 합리적인가, 그렇지 않은가를 비교할 수 있다.

무기체계의 거래에 있어서 나라마다 거래하는 화폐단위도 다르고 거래방식도 다르다. 그리고 가격도 정확하게 정해지지 않았기 때문에 내재한 모든 사항을 고려한 통일된 거래 가치의 기준이 필요하다. 그렇지 않으면 각국에서 서로 다른 무기체계를 서로 다른 화폐단위와 다양한 방식으로 거래한 기록을 통합하는 것은 불가능하기 때문이다. 다행히 이러한 문제점들을 모두 통합하여 SIPRI에서는 TIV라는 개념을 도입해서 사용하고 있다. (이 책에서 TIV 수치는 편의상 '100만 단위를 생략' 하고 기술했다.)

이 수치는 무기의 판매가격을 정확하게 말하지는 않으며, 어떤 무기체계의 '실질적인' 가치를 나타낸다고 볼 수 있다. 새로 생산된 완벽한 무기체계일수록 높게 평가하고, 기존 무기체계일수록 감가를 적용하는 개념이다. 예를 들어, 2017년에 프랑스는 8대의 Rafale 전투기를 이집트에 수출했다. 한 대의 Rafale 전투기 가치는 55 TIV 정도로 보았고, 수출 시 8대의 가치는 440 TIV로 측정하고 기록했다. 2017년 독일은 6대의 PzH-2000 자주포를 크로아티아에 수출한 적이 있었는데, 이는 완전히 새 제품의 40%의 가치인 18 TIV로 평가했다. 이와 같은 방식으로 SIPRI는 국가 간 발생하는 무기거래에 대한 가치를 무기체계 부품, 기술도입생산 등에 대해서도 그 가치를 재평가하고 기록하고 있다.

권역 구분과 수출과 수입의 패턴

글로벌 거래 TIV와 교류 네트워크 : 1950년~2019년

[자료 1 - 1]은 1950년부터 2019년까지 각 연대별로 전 세계 총 무기 수출 또는 수입 TIV를 나타낸다. 2차 세계 대전이 종료되고 냉전 상

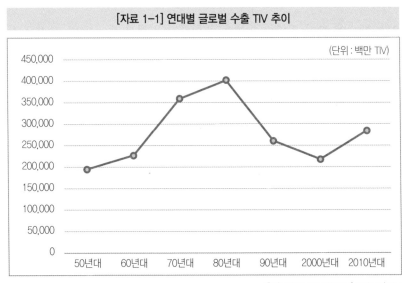

[자료 1-1] 연대별 글로벌 수출 TIV 추이

출처 : SIPRI Arms Transfers Database

태가 심화하면서 점차 무기 거래가 증가했다는 것을 알 수 있다. 냉전이 극에 달했던 1980년대는 전 세계 무기 거래량이 최고점을 찍었다. 그 이후는 감소하는 추세다. 하지만, 2010년에 들어와 다시 무기거래 가치가 증가하고 있다.

[자료 1-2]는 지난 70년간 국가 간 무기거래 TIV를 네트워크로 표현해봤다. 1950년부터 지금까지 시장 참여 개체는 총 241개가 식별됐다. 자료에서 붉은 점들이 이 개체에 해당한다. 이것들은 국가일 수도 있지만, UN(United Nations), NATO(North Atlantic Treaty Organization), 아프리카 UNION 등과 같은 국제기구, 테러 및 저항단체들(Hamas 등)도 포함된다. 그리고 70년간 세계의 총 무기 수출 또는 수입한 가치는 1,949,892 TIV에 달하지만, 이 전체 거래 가치 중 8,329 TIV(약 0.43%)를 제외하고 1,941,563 TIV만 분석에 포함했다. 제외한 경우는 수출 또는 수입한 개체가 불명확(Unkonwn)으로 기록됐거나, UN과 NATO와 같은 국제기구들은 특정한 나라라고 볼 수는 없었기 때문에 보다 정확한 이동을 표현하기 위해서 제외했다. 그리고 자료에서 시장에 참여는 했으나 연결이 되지 않은, 즉 격리된 개체들은 거래량이 미미해서 '0'으로 기록되어 있기 때문이다. 이는 실제 거래가 없었던 것은 아니다.

종합적으로 볼 때, 지난 70년간 무기 거래가 남긴 발자취인 이 복잡한 네트워크 속에서 정확한 패턴을 찾기란 쉽지 않다. 그래서 이 국가들을 지역별로 묶어서 보다 단순화시킨 네트워크를 구성하려 한다.

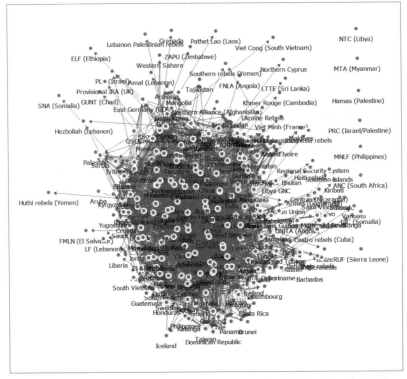

출처 : SIPRI Arms Transfers Database

권역의 구분과 특징으로 단순화

지난 70년간 글로벌 무기 거래가 어떻게 이루어졌는지를 단순화시키기 위해 전 세계 국가들을 권역별로 묶어서 보려고 한다. 학자에 따라 전 세계를 4가지, 5가지, 6가지, 7가지 권역으로 구분하는 방식이 있다. 4가지로 구분하는 경우에는 아메리카, 남극, 아프로 – 유라시아(Afro – Eurasia), 오세아니아로 나누며, 5가지로 구분하는 경우에는 아메리카, 남극, 아프리카, 유라시아, 오세아니아로 구분한다. 6가지로 구분하는 경우에는 아메리카, 남극, 아프리카, 유럽, 아시아, 오세아니아 또는 북아메리카, 남아메리카, 남극, 아프리카, 유라시아, 오세아니아로 나누고, 7가지로 구분하는 경우는 북아메리카, 남아메리카, 남극, 아프리카, 유럽, 아시아, 오세아니아로 구분한다. 어떤 권역 구분 방법을 사용하는가는 지역에 따라 다르다. 한국과 영어를 쓰는 국가들, 그리고 중국, 인도, 서유럽 등의 국가에서는 7개의 권역 구분 기준을 주로 사용한다. 이에 반해, 러시아와 동유럽은 유럽과 아시아를 합쳐서 유라시아로 통합해서 6개 권역으로 구분하고, 라틴 아메리카권이나 프랑스, 남유럽 등은 아메리카를 나누지 않고 6개 권역으로 나누기도 한다. 참고적으로 올림픽의 오륜기는 아메리카를 나누지 않고, 사람이 거의 살지 않는 남극을 제외했다. 지난 70년간 무기거래를 단순화하기 위해 어떻게 전 세계 권역을 구분할까 고민을 한 결과, 최종적으로 이 책에서는 7가지로 권역을 나누는 방식을 준용하되 아시아는 중동의 특수성을 고려해서 아시아와 중동으로 나누기로 했다. 중동의 특수성이란 우리나라가 중동을 무기 수출에 있어 높은 잠재력을 가진 지역으로 평가하고 있다는 점과 끊임없는 전쟁이 계속되고 있다는 점 등의 상황을 포함한다. 정리하자면, 이 책에서는 북아메리카, 남아메리카, 아프리카, 유럽, 아시아, 중동, 오세아니아 총 7개 권역으로 구분했다. 북아메리카와 남아메리카의 구분은 파나마(Panama)와 컬럼비아(Colombia)의 국경을 경계로 북쪽에 위치한 국가들을 북아메리카로, 그리고 남쪽에 위치한 국가들을 남아메리카로 봤다.

이렇게 7개 권역으로 구분해서 [자료 1−3]과 같이 지난 70년간 무기거래에 참여한 233개 국가 및 단체들을 구분하고 분류했다. 거래에 참여한 국가 수만 봤을 때는 아프리카가 58개로 가장 많았고, 그다음 이 49개 국가가 참여한 유럽이었다. 한편 무기거래에 참여한 단체들로 는 중동이 13개로 가장 많았다. 이들은 정상적인 국가가 아닌 단체들 이기 때문에 방위산업 기반을 가지고 무기체계를 생산해서 수출하기보 다는 주로 무기를 수입했다. 그리고 이 단체들은 일반 국가들만큼 무기 수입의 규모가 크지 않고 상대적으로 소규모에 그쳤다.

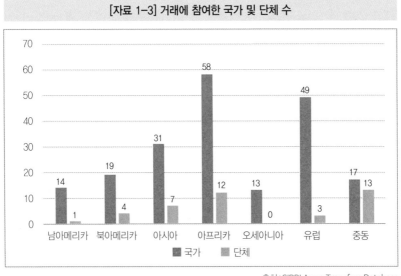

[자료 1-3] 거래에 참여한 국가 및 단체 수

출처 : SIPRI Arms Transfers Database

각 국가와 단체를 권역으로 구분한 후, 1950년 이후 권역 간 무기거 래 가치인 TIV 누적값에 대한 이동 네트워크를 [자료 1-4]와 같이 그 렸다. 붉은색 점 7개는 권역을 나타내고 화살표는 이동 방향, 화살표 의 두께는 수출·입의 크기를 나타낸다. 이동한 TIV의 크기를 시각적으 로 보다 명확하게 나타내기 위해서 색상의 진하기로도 동시에 표시했다. 즉 두께가 두껍고 진하면 이동한 TIV가 큰 값이다. 권역 간 화살표는 양방향의 이동을 하나의 화살표로 나타냈다. 권역 내 국가 간 이동은 권역을 나타내는 붉은색 점 주변에 둥근 화살표로 그렸다. 추가적으로, 네트워크 자료로 TIV 이동이 불명확한 경우를 대비해서 자료 아래에는 실제 TIV 값을 행렬로 기록했다. 이 행렬에서 행(가로)에 있는 국가들은 수령자(Recipient)를 나타내고, 열(세로)에 있는 국가들은 공급자(Supplier)를 나타낸다. 예를 들어 남아메리카의 총수출은 4,043 TIV가 되며, 아시아로 수출은 338 TIV를 한 것이다. 그리고 남아메리카 내 국가간 수출 또는 수입은 1,330 TIV가 된다. 앞서 설명한 것과 같이 이 책에 기재된 모든 TIV 값은 '100만 단위'를 생략하고 기술했다.

지난 70년간 가장 많은 무기거래는 유럽 내부 이동이었고, 그 값은 349,641 TIV였다. 이러한 현상은 유럽이 하나로 통합되어 있다는 사실과 무관하지 않을 것이다. 나머지 값들은 이보다 상대적으로 작은 값을 가지며, 남아메리카에서 오세아니아로의 수출과 아프리카에서 오세아니아로의 수출도 있긴 했지만, '0'으로 표기해도 될 만큼 적었다. 이 데이터는 SIPRI에서 제공하는 무기거래 데이터에 기반하기 때문에 데이터상에는 문제가 없으나 이 데이터가 실제와 차이가 있을 수 있다는 것을은 고려해야 한다. 거래의 누락이 있더라도 이 데이터는 전체적인 트렌드를 분석하는 데는 무리가 없어 보인다. 이 두 곳으로의 수출을 제외하고 지난 70년 동안 7개 권역에서 많은 거래가 일어난 곳도 있었고, 거래가 적은 곳들도 있었다는 것을 알 수 있다.

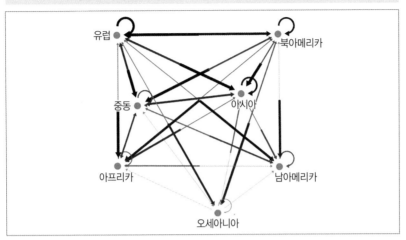

[자료 1-4] 1950년 이후 누적 권역 간 TIV 이동 네트워크

출처 : SIPRI Arms Transfers Database

(단위 : 백만 TIV)

구 분	남아메리카	북아메리카	아시아	아프리카	오세아니아	유럽	중동	계
남아메리카	1,330	126	338	871	0	601	777	4,043
북아메리카	25,096	30,619	191,970	36,034	24,898	246,877	144,003	699,497
아시아	1,647	910	41,123	9,329	88	5,615	13,143	71,855
아프리카	153	736	610	1,247	0	313	1,973	5,032
오세아니아	42	888	829	9	459	580	142	2,949
유럽	66,268	48,064	329,064	151,291	19,374	349,641	173,035	1,136,737
중동	2,579	1,826	8,443	2,834	221	3,664	1,883	21,450
계	97,115	83,169	572,377	201,615	45,040	607,291	334,956	1,941,563

수출관점으로 보는 권역

70년간 무기 수출·입 네트워크에서 보여주는 데이터를 볼 때, 수출 관점에서 몇 가지 특징이 나타난다. 유럽은 내부적으로도 무기거래가 많았지만, 나머지 6개 권역으로의 수출량도 골고루 분포되어 있다. 현

재까지 1,136,737 TIV를 수출하면서, 유럽, 아시아, 중동, 아프리카, 남아메리카, 북아메리카, 오세아니아 순으로 수출량이 많았다. 두 번째로 수출량이 많은 북아메리카 지역에서는 699,497 TIV를 수출했다. 북아메리카의 경우에는 유럽과 유사하게 다른 권역으로 골고루 수출했다. 그런데도 유럽과의 차이점은 권역 내 상호 거래가 상대적으로 적었다는 특징이 있다. 그 이유는 북아메리카를 대표하는 두 국가인 미국과 캐나다 간의 거래가 적었기 때문이다. 캐나다는 방위산업이 발달했다기보다는 안보를 미국에 많이 의존하고 있는 국가이기 때문에 많은 외국계 방산기업이 캐나다에 진출해 있어, 시장 점유율도 높다. 나머지 권역들은 유럽, 북아메리카와는 패턴이 다르게 나타나는데, 수출이 특정 권역에 집중된 것을 알 수 있다. 남아메리카의 경우에는 권역 내 거래가 많은 편이며, 아시아의 경우에는 권역 내 거래와 아프리카, 중동으로 편향되어 있다. 아프리카와 오세아니아는 TIV 값이 작아서 판단하기가 곤란하지만, 일부 권역에 더 큰 값들을 가진다. 중동의 경우, 유럽과 북아메리카를 제외한 나머지 권역에 주로 집중된 형태를 가진다. 정리하자면, 수출량이 1, 2위 권역인 유럽과 북아메리카의 경우에는 전 권역을 수출 대상으로 골고루 수출했다. 하지만 나머지 권역들은 유럽과 북아메리카를 제외한 권역들을 대상으로 '그들만의 수출 시장'이 존재했다.

수입관점으로 보는 권역

수입 TIV를 보기 위해서는 [자료 1-4]에 포함된 표의 가장 밑에 있는 합계를 보면 된다. 예를 들어 남아메리카 총수입 가치는 97,115

TIV가 되며, 아시아로부터는 1,647 TIV를 수입했다. 수입 TIV에서도 흥미로운 패턴이 발견된다. 공통적으로 모든 권역은 유럽과 북아메리카로부터의 수입량이 절대적으로 많았다. 총수입 가치를 기준으로 볼 때, 약 95%의 수입은 유럽이나 북아메리카로부터 발생했다. 이 결과로부터 알 수 있는 사실은 글로벌 방위산업을 이끌었던 권역의 중심은 유럽과 북아메리카였다는 것이다.

권역별 수출·입과 권역 내 이동의 상대적 크기 비교

권역별로 수출, 수입 그리고 권역 내 이동한 가치의 상대적인 크기를 비교해보자. [자료 1-5]는 1950년 이후 수입, 수출, 권역 내 거래 가치를 보여준다. 북아메리카의 경우는 수출이 차지하는 비중이 월등하게 높았으며, 상대적으로 권역 내 무기거래와 해외 수입은 적었다. 유

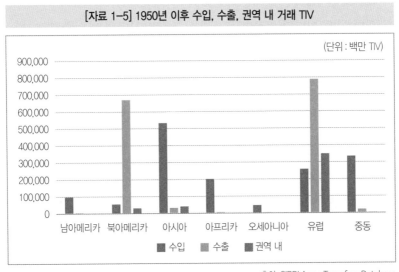

[자료 1-5] 1950년 이후 수입, 수출, 권역 내 거래 TIV

출처 : SIPRI Arms Transfers Database

럽의 경우는 수입과 권역 내 거래가 북아메리카보다 비중이 크지 않았지만, 수출의 비중이 크다는 점에서는 북아메리카와 공통점이 있다. 나머지 권역들은 전체적으로 수출보다는 수입에 많이 의존해왔다는 것을 알 수 있다. 주요 무기 수입 국가로서 역할을 했던 권역은 아시아, 중동, 아프리카, 남아메리카의 순으로 나타났다.

권역별 수출·입과 권역 내 이동의 변화는?

데이터의 종류는 시간의 개념과 관측 대상의 일관성 여부에 따라 횡단면 데이터(Cross-Sectional Data), 시계열 데이터(Time-Series Data), 패널 데이터(Panel Data)로 구별할 수 있다. 횡단면 데이터는 하나의 시점 혹은 특정 기간에 관찰된 여러 변수의 관측치를 의미한다. 그리고 시계열 데이터는 하나의 변수를 여러 시점에 대해 관측한 자료를 의미한다. 횡단면 자료와 구분되는 특징은 하나의 변수에 대한 것이라는 점과 여러 시점에 관측된 데이터라는 것이다. 시계열 자료의 대표적 예는 시간에 따라 변화된 임의의 주식 가격 그래프이며, 이것은 시간의 흐름에 따라 단위 주가의 가격 변화를 보여준다.

마지막으로, 패널 데이터는 횡단면 자료와 시계열 자료가 혼합된 형태로서 여러 변수의 자료가 여러 시점에 모두 존재한다. 예를 들어, 두 아이의 몸무게를 5년간 5회 측정했다고 한다면 이 자료는 패널 데이터가 된다. 여기서 변수는 아이들의 몸무게가 될 것이고, 시점은 측정을 실시한 날짜 또는 시간이 될 것이다.

우리가 지금까지 살펴본 전 세계 무기거래 TIV 데이터는 1950년부터 2019년까지 시간의 개념은 무시하고 그 패턴을 살펴봤기 때문에 횡단면 자료를 관찰한 것이다. 만약에 권역의 개념과 관찰 시점의 개념을 더한다면 이 데이터는 시계열 또는 패널 데이터가 된다. 이 두 데이터는 시간의 개념이 추가되기 때문에 횡단면 데이터에서는 볼 수 없었던 세계 무기 수출과 수입 그리고 권역 내 이동에 대한 시간에 따른 추세를 관찰하는데 용이하다.

먼저, 북아메리카의 경우, [자료 1-6]에서 수입과 권역 내 TIV는 시간에 따라 큰 변화가 없으며, 낮은 수준으로 꾸준히 유지하고 있다. 이에 반해, 수출 TIV는 1950년대부터 1970년대까지 크게 증가했다. 1990년대까지 높은 수준을 유지하다가 2000년대부터 급격히 그 가치가 하락하는 패턴을 보여줬다. 그러나 2010년대 들어와서 다시 상승하는 추세를 보인다.

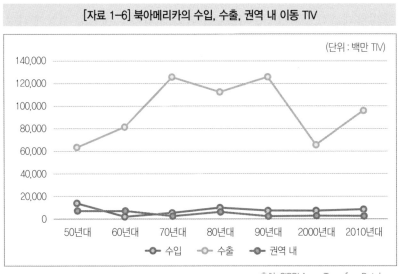

[자료 1-6] 북아메리카의 수입, 수출, 권역 내 이동 TIV

(단위 : 백만 TIV)

출처 : SIPRI Arms Transfers Database

유럽의 경우, [자료 1 - 7]에서 시간이 지남에 따라 권역 내의 거래와 수입 TIV가 점점 낮아지는 경향을 보인다. 즉 최근으로 올수록 외부로부터 수입과 내부 거래 자체가 줄어드는 양상이 나타난다. 이러한 형태는 유럽의 국가 간 방위산업의 교류가 점차 폐쇄되는 방향으로 움직이고 있음을 뜻한다. 최근 유럽 각국의 방위산업 정책은 자국의 이익에 우선하는 경향을 보인다. 자세한 내용은 Part 02에서 다루도록 하겠다. 그리고 수출의 경우, 냉전이 극에 달했던 1980년대까지 증가세가 꾸준하다. 그러나, 1990년대부터 급격하게 낮아졌고 2000년대부터 다시 회복하는 추세다. 여기서 북아메리카와 차이점을 발견할 수 있는데, 북아메리카의 경우 1990년대까지 외부 수출 TIV가 1980년대와 유사한 수준으로 유지했지만, 유럽은 1990년대 급격한 하락을 경험했다. 이러한 서로 다른 추세가 말해주는 것은 1990년대 냉전이 끝나고 세계적 평화 분위기가 찾아왔을 때,[5] 전 세계적으로 35% 이상 군비가 급감한 상황에서 미국은 주요 방산업체를 구조 조정해서 시장에 대응했다. 이와는 대조적으로 유럽은 1990년 말이 되어서야 비로소 시장에 대응했던 결과가 반영됐다고 해석할 수 있다. 2000년에 들어와서는 1990년대 냉전 종식으로 전 세계 국방비의 급격하게 하락하고, 2000년대 금융위기가 반영된 결과로 유럽과 북아메리카의 방산 수출은 전체적인 감소세다.

---

5. 2차 세계대전 이후, 자본주의 진영과 사회주의 진영 간의 정치, 외교, 이념상의 갈등과 더불어 군사적으로 잠재적인 투쟁 기간인 냉전이 지속됐다. 자본주의 진영의 중심에는 미국이 있었고, 사회주의 진영의 중심에는 소련이 있었다. 양 진영의 팽팽한 대립 관계는 1980년대 후반 냉전의 종식으로 큰 변화를 맞이했다.

[자료 1-7] 유럽의 수입, 수출, 권역 내 TIV

(단위 : 백만 TIV)

출처 : SIPRI Arms Transfers Database

[자료 1-8]에서 아시아 권역은 북아메리카와 유럽과는 대조적으로 전체 기간에서 무기 수입 TIV가 절대적으로 크다. 1990년대와 2000년대 약간의 하락도 있었지만, 무기 수입 TIV가 꾸준히 상승하는 패턴

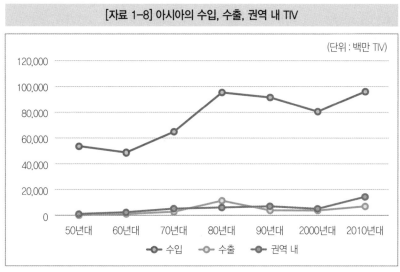

[자료 1-8] 아시아의 수입, 수출, 권역 내 TIV

(단위 : 백만 TIV)

출처 : SIPRI Arms Transfers Database

을 그리고 있다. 이러한 결과는 아시아 내부 지역갈등이 반영된 결과라고 보아야 할 것이다. 그리고 2010년대 들어와서는 아시아 권역 내에 거래가 증가하는 것도 특징이다. 아시아에는 한국, 싱가포르 등과 같이 작지만, 혁신적인 국가들이 있다. 이들은 점차 틈새 시장에서 시장을 넓혀나가고 있으며, 이 결과가 점차 그래프에 반영되고 있다.

중동의 경우, [자료 1-9]에서 1970~80년대 수입 TIV의 급격한 증가는 당시 중동에서 발발한 대규모 전쟁과 관련이 있다. 이 흐름은 계속 이어지지는 못했다. 1990년대 2000년대에 수입 TIV가 급격한 하락이 있었다. 그러나 2010년대 들어와 다시 급격한 상승 중이다. 이 결과는 최근 소규모 국지전 및 대리전으로 변화된 전투 양상과 사우디아라비아와 등과 같은 중동의 주요국의 군비 증강과도 관련이 있다. 그리고 최근 수출 TIV도 증가하는 추세다. 이것은 중동의 주요 수출국인 이스라엘의 무기 수출 증가 때문이다.

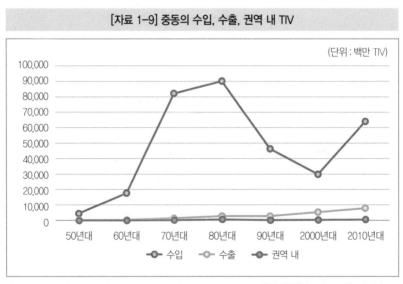

[자료 1-9] 중동의 수입, 수출, 권역 내 TIV

출처 : SIPRI Arms Transfers Database

[자료 1-10]에서 오세아니아는 2000년대 들어와 수입 TIV가 급격하게 증가하고 있다. 이러한 추세는 Part 02에서 자세히 설명하겠지만, 중국의 팽창과 관련이 있다. 특히 호주는 2017년에 새로 발간한 외교백서에서 '소극적 방어'에서 '적극적 방어'로 안보 방향을 전환했음을 알렸다. 이 백서는 14년 만에 새로 발간된 것으로 호주의 외교 및 안보 환경에 중대 변화가 생겼다는 것을 의미한다. 그리고 이와 동시에 수출 또한 약간의 증가세다. 하지만, 이것은 오세아니아 지역에서 활동하고 있는 다국적 방산기업의 영업 결과가 대부분 반영된 결과라고 봐야 한다.

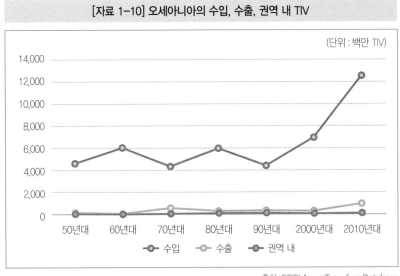

[자료 1-10] 오세아니아의 수입, 수출, 권역 내 TIV

(단위 : 백만 TIV)

출처 : SIPRI Arms Transfers Database

남아메리카의 경우에는 [자료 1-11]에서 수입 TIV가 1990년대 하락 이후에 계속 하락하는 추세다. 그리고 권역 내 거래와 수출은 거의 의미가 없는 TIV 수치를 보인다. 이러한 총체적인 모습은 2000년대 이후 남아메리카 국가들이 겪고 있는 경제적 어려움과 관련이 있다.

1980년대에 보여준 수출 TIV의 증가는 브라질이 1980년대 영향력 있는 무기 수출국이었다는 사실과 관련이 있다. 1990년대 들어와 브라질의 방위산업이 붕괴했지만, 브라질 정부는 최근 방위산업 재건을 위해 큰 노력을 기울이고 있다. 대표적인 기업인 아비브라스(Avibras)는 2012년과 2015년 사이에 총 매출을 6배나 늘렸다. 이 회사 매출의 약 90%는 수출에서 비롯됐다.[6]

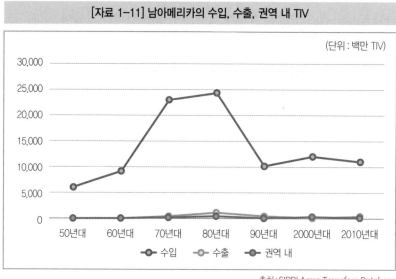

[자료 1-11] 남아메리카의 수입, 수출, 권역 내 TIV

(단위 : 백만 TIV)

출처 : SIPRI Arms Transfers Database

아프리카는 [자료 1-12]에서 1990년대 냉전의 종식과 더불어 수입 TIV의 급격한 하락을 보여줬다. 2010년에 들어 지역갈등의 증가 추세에 따라 무기 수입도 증가하는 양상이다. 1970년대와 1980년대 아프리카의 높은 무기 수입 TIV는 남아프리카 공화국(이하 남아공) 아파르

6. Silva, D. L. D. (2020). Arms for export? A reappraisal of the Brazilian arms industry. Economics of Peace and Security Journal, 15(1), 31-38.

트헤이트(Apartheid) 정책과도 관련이 있다. 아파르트헤이트는 남아공의 극단적인 인종차별 정책과 제도를 말하는데, 1994년 이 제도가 철폐되기 전까지 남아공은 많은 양의 무기 수입 때문에 높은 군사비를 부담해야 했다. 그리고 권역 내 거래와 수출은 남아메리카와 유사하게 거의 의미가 없는 TIV 수치를 보여준다.

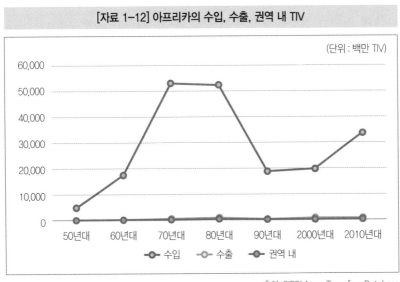

[자료 1-12] 아프리카의 수입, 수출, 권역 내 TIV

(단위 : 백만 TIV)

출처 : SIPRI Arms Transfers Database

권역별로 수출, 수입, 그리고 권역 내 이동 TIV에 대한 연대별 시계열 자료를 분석한 주요 특징을 정리하자면 다음과 같다. 첫째, 북아메리카는 2000년대부터 유럽은 1990년대부터 수출 TIV의 급격한 하락을 경험했다. 두 권역 간 시기가 서로 다른 것은 무기 수요에 대한 시장 대응이 서로 달랐기 때문이다. 북아메리카, 즉 미국은 냉전 후 급격하게 줄어든 시장 수요에 대응하기 위해 방산업체들의 구조조정을 1990년 초에 단행했다. 이와는 다르게 유럽의 경우 1990년대 후반에 이르러서야 경쟁국인 미국의 변화에 대응하고 방위산업 구조조정을 시작했다. 그리고 이 두 권역에서 1990년대와 2000년대 수출 TIV의 급격한 하락을 경험했다는 것은 다른 권역들의 수입 TIV가 하락했음을 의미한다. 왜냐면 유럽과 북아메리카에게 있어서 모든 권역이 수출 시장으로 역할을 했기 때문에 유럽과 북아메리카의 수출이 줄어들었다는 의미는 다른 권역들의 수입이 줄었다는 의미를 내포한다. 현재는 두 권역 모두 수출에 있어 과거만큼의 영광은 찾지 못한 상태다. 둘째, 아시아의 경우 무기 수입 TIV가 꾸준히 증가하고 있다. 하지만 틈새 시장을 노리는 아시아 내부 국가의 출현으로 주춤한 양상을 보인다. 그리고 수출과 권역 내 이동이 조금씩 증가하는 추세다. 셋째, 중동은 권역 내 군사적 긴장과 더불어 수입 TIV가 늘어남과 동시에 수출도 증가하는 추세다.

이러한 패턴들을 종합해 볼 때, 수출에 있어 전통적인 방산 강국들이 속해있는 북아메리카와 유럽의 영향력이 아직도 크다. 하지만, 냉전이 극에 달했던 1980년대 수준의 무기 수출 전성기를 회복하지 못하고 있다. 이러한 틈을 이용해서 아시아와 중동 권역에 있는 국가들의 영향력이 점차 확대되고 있다고 볼 수 있다.

방위산업 수출, 국가별로 보자!

방산 시장 참여 국가들의 집단특성은 무엇일까?

지금까지 권역별 무기 수출 TIV 특성을 살펴봤다. 큰 틀에서 세계의 무기 수출 흐름이 정리가 됐다면, 지금부터는 국가 단위로 세분화해서 살펴보자. 지금까지는 권역이라는 개념을 도입해서 무기 수출·입에 대한 구조를 단순화하려고 했다. 실제 각 권역에는 세계 무기 시장을 대표하는 몇몇 국가들이 존재한다. 당연한 이야기지만, 그 국가들 대부분은 방산강국이자 군사 강대국이다.

세상은 점점 복잡해진다

[자료 1 – 13]과 같이 글로벌 수출 시장에 참여하는 국가 수는 1950년대 이후 꾸준히 증가하는 경향을 보였다. 2000년대 잠시 숫자가 줄었으나 최근 다시 1990년대 수준으로 회복했다. 전 세계에 존재하는

국가 수는 정해져 있으므로 이 숫자는 크게 증가하지는 않을 것이다. 그래서 국가 수보다 주목해야 할 점은 점차 복잡해지는 연결 관계다. 여기서 연결 관계라고 함은 두 국가 간 교역의 발생 여부를 의미한다. 교역이 없는 경우를 '0', 교역이 있는 경우를 '1'로 표시할 때, 50년대에는 290개의 연결에 지나지 않았던 숫자가 2010년에는 1,271로 4배 이상 증가했다. 연결 수가 증가했다는 의미는 이전의 교역이 존재하지 않았던 국가 간의 교역이 신규 발생했음을 나타낸다. 이를 네트워크 이론에서는 네트워크 밀도(Network Density)가 증가했다고 말한다. 네트워크의 밀도가 증가하는 양상이 의미하는 바는 전 세계가 점차 하나가 될 만큼 통합되고 있다는 의미다.

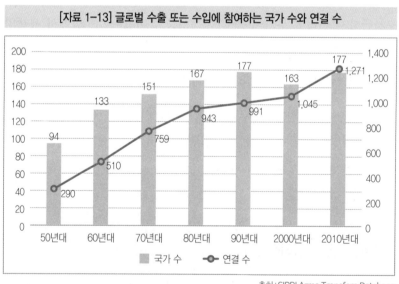

[자료 1-13] 글로벌 수출 또는 수입에 참여하는 국가 수와 연결 수

출처 : SIPRI Arms Transfers Database

44

국가별 수입과 수출 간의 관계

앞서 권역별 분석에서 알 수 있었던 사실은 수출 TIV가 높다고 해서 수입 TIV가 높은 것과 관련이 없었다. 오히려 많은 권역에서 이 둘 간의 관계는 상반된 경향이 두드러졌다. 그래서 국가 단위에서 우선적으로 할 수 있는 질문은 수출 TIV가 높은 국가가 수입 TIV도 높을까 하는 것이다. [자료 1-14]는 지난 70년간 수출 상위 50개국의 누적된 수출·입 TIV 관계를 보여준다. 그래프 속 점선은 추세선을 나타내는데, 많은 국가가 추세선 아래에 있는 것이 특징이다. 이 추세선 아래에 있는 국가들은 일반적인 국가들에 비해서 수출보다 수입에 의존성이 높다는 것이다. 이와는 반대로 추세선 위에 있는, 특히 미국이나 러시아의 경우에는 절대적으로 큰 수출 TIV를 가지고 있으며, 전 세계에서 무

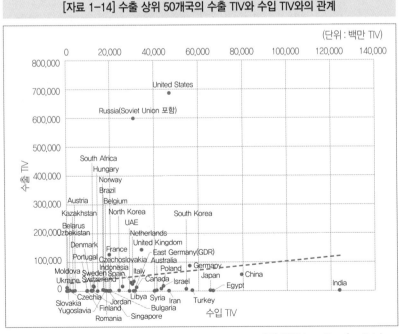

[자료 1-14] 수출 상위 50개국의 수출 TIV와 수입 TIV와의 관계

출처 : SIPRI Arms Transfers Database

기 수출의 중심적 지위를 누렸음을 보여준다. 그 밑에 보이는 프랑스, 영국, 독일과 같은 나라들도 미국과 러시아만큼은 아니지만, 글로벌 방산 시장에서 수출이 수입보다 우세인 국가다. 이 그래프를 볼 때 주의해야 할 점은 이 그래프는 70년간 누적 TIV 데이터이므로 최신 경향까지 반영된 것은 아니라는 것이다. 최신 경향에 대한 추이를 보기 위해서는 시계열 데이터를 참조해야 한다. 각국의 무기 수출에 대한 시계열 데이터는 Part 02를 참조하기 바란다.

국가별 방산 수입국가 수와 수출국가 수의 관계

[자료 1-15]는 수출 상위 50개 국가의 무기 수입국가 수와 수출국가 수의 관계를 보여준다. 앞서 권역별 분석에서 유럽과 북아메리카의 경우 수출 TIV가 높고, 수출 권역의 다양성이 높았다. 국가별 분석에서 추세선 위에 있는 국가들은 상대적으로 수출국가의 다양성이 높다고 할 수 있으며, 반대로 아래에 있는 국가들은 수출국가의 다양성이 낮다고 할 수 있겠다. 그리고 우측에 있는 국가일수록 수입국가의 다양성이 높다고 평가할 수 있다. 이러한 관점에서 미국은 수출하는 국가의 다양성도 높으며, 동시에 수입하는 국가의 다양성도 높은 국가임을 알 수 있다. 추세선 위의 수출국가의 다양성을 추구하는 국가들은 방산 선진국들이 대부분이다. 미국, 러시아(소련 기간 포함), 프랑스, 이탈리아 등이 위치한다. 이와는 반대로 추세선 아래에 위치한 국가들은 수출하는 국가가 한정된 국가로써, 무기 수입 의존도도 높은 국가들이 다수 존재한다. 이런 국가들은 대부분 방위산업이 발전되지 못했다는 특징이 있

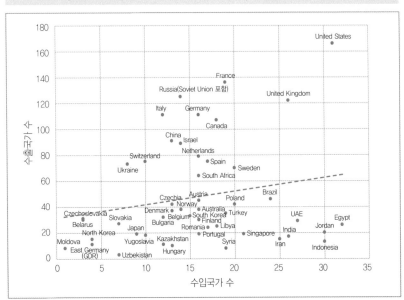

출처 : SIPRI Arms Transfers Database

다. 정리하자면, 수입국가의 수와 수출국가의 수 간의 상관관계는 국가마다 다양한 특성을 보여준다.

수출국가 수와 수출 TIV와의 관계

수출국가 수가 많으면 수출 가치도 컸을까? [자료 1 − 16]에 따르면, 수출 시장이 다양한 국가로 구성됐다는 것은 수출 가치와 정(+)의 관계가 어느정도 존재한다고 말할 수 있다. 미국과 러시아는 예외적일 정도의 위치다. 하지만, 이를 제외하고 보더라도 수출국가의 다변화는 수출 가치와 관련이 높다. 우리가 일반적으로 알고 있는 방산 강국인 영국, 프랑스, 독일, 이탈리아 등도 이러한 추세 속에 있다. 이를 근거로 볼 때, 수출국을 다변화하는 것은 수출 가치를 늘리는 효과가 높을 가능성이 크다. 예를 들어, 이스라엘은 방산 생산의 약 70%를 수출하는 국가다. 국가의 규모를 봤을 때 엄청난 양을 수출한다. 이스라엘은 수출 대상국이 다양한 것이 특징이다. 이것은 또한 수출량의 '안정성'과도 관련이 있다. 여기서 안정성이라는 말은 어느 특정 국가로 수출이 막히더라도 전체 수출량에 미치는 영향을 줄여준다는 의미다.

수출국가가 다양하지 않으면 언제든 한 국가의 방위산업은 붕괴할 수 있다. 역사적으로 대표적인 사례가 브라질과 남아공이다. 지금은 이해하기 힘들겠지만, 1967년에서 1974년 사이 '브라질 기적' 기간에 브라질 경제는 매년 평균 10.15%의 성장률을 기록했다. 그리고 1980년대 브라질은 세계에서 가장 큰 방산 수출국 중 하나였다. 이렇게 된 이유는 1970년대 중반 정부가 국내 생산 능력을 늘리기 위한 수단으로 국제 합작 투자를 추진하면서 브라질이 국제 무기 생산국으로 부상했다. 수많은 라이센스 계약이 체결되어 많은 브라질 기업이 방위산업에 진출하게 됐다. 엥게사(Engesa)는 장갑차를, 아비브라스(Avibras)는 미사일을 생산했고, 엠브라에르(Embraer)는 EMB 326 Xavante 무장 훈련기를 라이센스 조립을 했다. 정부는 이 과정에서 적극적으로 연구개발에 대한 강력한 재정 지원을 제공했다. 그런데도 1990년대 브라질의 방위산업은 무너졌다. 그 주요한 원인은 리비아와 이라크에 편중된 수출 구조였다.

1969년에 리비아 권력을 얻은 Muammar al-Qaddafi는 브라질에서 신뢰할 수 있는 파트너가 되면서 리비아로의 수출은 1970년대 중반부터 호황을 누렸다. 그러나 1983년 양국 간의 외교 관계가 중단되면서 이 호황도 종료를 맞이했다. 그리고 이라크에 대한 수출은 이라크 전쟁이 발발 후 EE-9 Cascavel, EE-11 Urutu 장갑차, Astros II MLRS 시스템 등이 주류를 이뤘다. 하지만, 분쟁이 끝난 후 급격한 수요 감소는 브라질 무기 산업 침체의 주요 요인으로 작용했다. 또한, 남아공도 브라질과 유사한 경험을 했다. 남아공은 사하라 이남 아프리카 지역에서 두 번째로 큰 군사 지출국이다. 아프리카 대륙에서 가장 발전된 방위산업을 보유하고 있다. 2007년부터 2012년 사이에 남아공은 미국으로 전체 수출액의 대략 40%를 미국으로 수출했다. 그러나 2013년부터 미국으로 수출액이 미미해졌다. 이에 따라 남아공의 해외 수출에 따른 외화 소득이 급격하게 떨어지는 결과를 낳았다.

[자료 1-16] 수출국가 수와 수출 TIV 관계

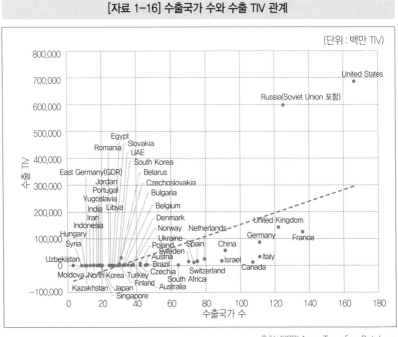

출처 : SIPRI Arms Transfers Database

수입국가 수와 수입 TIV의 관계

반대로, 수입국가가 많으면 수입 TIV가 높을까? [자료 1−17]을 볼 때, 인도는 수입국가가 가장 많지는 않으나 수입 TIV가 가장 높은 나라다. 이집트, 중국, 일본은 수입 TIV는 유사하나 수입국가의 수는 굉장히 다양한 양상을 보인다. 이러한 몇몇 국가들을 제외하고 국가들은 대부분 중앙에 몰려 있다. 이것이 의미하는 것은 많은 국가가 수입국가들 수를 일정한 수준에서 유지하고 있으며, 수입 TIV도 적절한 수준에서 유지하고 있다는 것이다. 한국은 수입국가 수에 비해서 수입 TIV가 높은 경향이 있다는 것을 알 수 있으며, 한정된 몇몇 국가로부터 수입에 의존하고 있다는 것을 알 수 있다.

[자료 1-1 7] 수입국가 수와 수입 TIV 관계

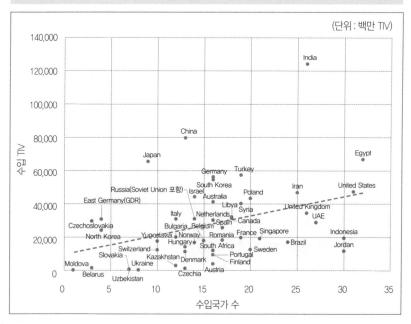

정리해보면, 여기서 중요한 포인트는 글로벌 챔피언인 몇몇 방산 선진국가는 높은 수출 TIV를 가지고 있으며, 동시에 수출국에 있어서 다양성을 추구한다는 것이다. 그리고 수입 측면에서 한 국가가 가지는 수입국은 대략 10~20개국 정도로 머물러 있음을 알 수 있다. 이 두 가지 사실에서 정리될 수 있는 사실은 어느 한 국가가 방산 수출을 늘리기 위해서 수출길을 다양화하는 전략은 매력적인 것으로 보인다. 하지만, 수입하는 국가 입장에서는 수입 대상 국가 수를 정부 예산 제약, 관습 등의 이유로 일정한 범위로 유지하고 있으므로 수출 시장의 다변화를 추구하려는 국가의 입장에서 새로운 수출 시장을 연다는 것은 쉬운 문제는 아니다. 진입장벽에 부딪히게 될 가능성이 높다. 이러한 진입장벽을 넘기 위해서는 정치적 노력과 더불어 혁신이나 가격경쟁력 등의 복합적인 노력이 장기간 필요하다.

세계적인 방산 강국은?

어떤 나라가 세계적인 방산 강국인지 알아보는 좋은 방법 중에 하나는 SIPRI에서 제공하는 글로벌 TOP 100 방산기업들을 들여다보는 것이다. [표 1-1]은 2010년 이후 국가별 SIPRI TOP 100에 이름을 올린 방산기업 수를 보여준다. 많은 기업들이 주로 미국에 소속되어 있고, 유럽에서는 러시아, 영국, 프랑스, 독일, 이탈리아, 스페인, 우크라이나가 주요 방산기업들을 가지고 있다. 특이한 점은 유럽 기업 중에는 범유럽(Trans-European)에 소속되어 있는 기업들이 있는데, 이 기업들의 국적은 유럽의 한 국가에 소속되어 있기보다는 여러 국가에 걸쳐 속해있는 기업을 의미한다.

상위 100개 기업 목록은 계속 변화했다. 새로운 혁신과 산업구조의 조정뿐만 아니라 국방 지출의 증가와 감소를 반영한 새로운 기업의 진입과 퇴출이 생겨난다. 그리고 기업은 합병을 통해 새로운 이름과 새로운 비즈니스 제품을 가진 회사로 탈바꿈하기도 한다. 예를 들어, 한국의 방산업체 대우조선해양은 2017년에는 포함되어 있었으나 2018년

도에 사라졌다. 한국의 한화 테크윈은 2017년도에는 있었으나 2018년
도에는 한화 에어로스페이스로 구조 조정되어 나타났다. 그리고 중국
기업은 포함하지 않는다. 중국의 방산기업들은 국유화되어 있어 개별
중국 국방 기업의 판매, 매출, 생산성 등과 같은 정확한 데이터는 공개
적으로 제공되지 않기 때문이다.

[표 1-1] 2010년 이후 국가별 SIPRI 100대 기업 수

국가	2018	2017	2016	2015	2014	2013	2012	2011	2010
미국	48	51	49	51	45	44	43	44	47
러시아	10	10	13	13	19	15	13	10	11
영국	10	9	10	11	12	13	14	15	13
프랑스	6	7	6	6	6	10	10	9	10
일본	6	5	6	5	6	6	6	6	6
독일	4	4	3	3	3	4	4	4	4
인도	3	3	3	3	3	3	3	3	3
이스라엘	3	3	3	3	3	3	3	4	3
한국	3	4	4	4	4	4	3	5	5
이탈리아	2	2	2	5	5	5	5	6	6
범유럽	2	2	2	2	3	4	3	2	2
터키	2	2	2	2	2	1	1	1	1
호주	1	1	1	1	2	4	4	2	2
캐나다	1	1	1	0	0	0	1	1	1
폴란드	1	1	1	1	1	0	1	1	1
싱가포르	1	1	1	1	1	1	1	1	1
스페인	1	1	0	0	0	1	1	1	1
스위스	1	1	1	2	2	1	1	1	1
스웨덴	1	1	1	1	1	2	1	1	1
우크라이나	1	1	1	1	1	1	1	1	0

국가	2018	2017	2016	2015	2014	2013	2012	2011	2010
브라질	0	1	1	1	1	1	1	1	0
노르웨이	0	0	0	0	1	1	1	1	1
핀란드	0	0	0	0	0	1	1	0	0
쿠웨이트	0	0	0	0	0	0	0	0	1
네델란드	0	0	0	0	0	0	0	0	1

　Part 02에서는 중국을 포함해서 SIPRI TOP 100에 이름을 올린 기업을 가지고 있는 주요국들의 방위산업에 대해 자세히 알아볼 것이다. 미국은 우리나라와 많은 무기 교역을 해 오고 있기 때문에 비교적 많은 정보가 한국에 알려져 있다. 그래서 미국에 치중하기보다는 그 이외의 다양한 국가들, 특히 우리에게 생소한 국가들일수록 많은 지면을 할애하려고 노력했다.

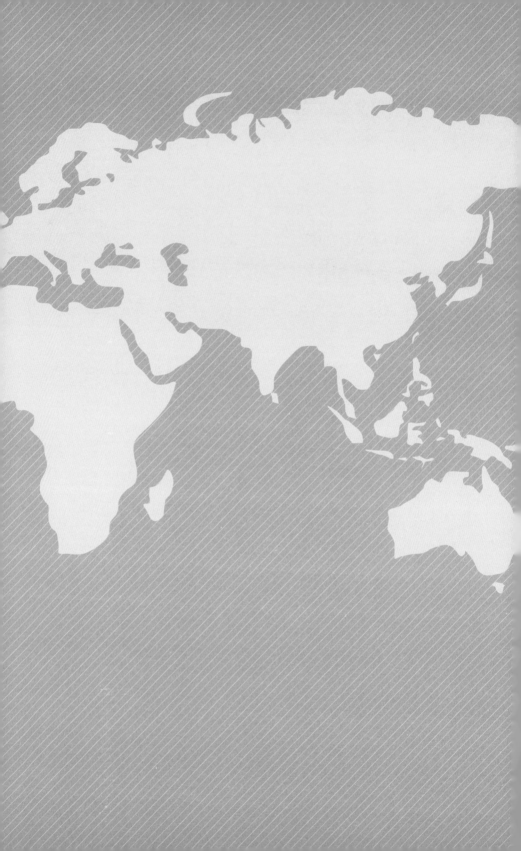

주요국가의 방위산업
트렌드 알아보기

이 Part에서 국가별 방위산업 특성을 설명하는 순서는 ① 연도별 GDP(Gross Domestic Product), ② 국방비 지출, ③ 국방비의 GDP 비율, 그리고 ④ 연대별 방산 수출 및 수입 TIV를 우선적으로 설명한다. 이어서 각국이 가진 방위산업 특성에 맞게 역사, 출연 배경, 정책, 미래 전망 등을 제시한다.

GDP란 한 나라에서 가계, 기업, 정부와 같은 경제주체들이 일정기간 동안 생산한 재화 및 서비스의 부가가치를 시장 가격으로 평가해서 합산한 것으로 국민경제의 전체적인 규모를 판단하는 중요한 지표다. 해당 국가의 GDP를 먼저 이해해야 하는 이유는 국방에 대한 자원할당은 그 나라의 경제 상태와 매우 관련성이 높기 때문이다.[7] 이런 특성 때문에 GDP를 국방비와 같이 살펴보는 것이 중요하다. 그리고 해당 국가의 국방비 지출을 통해 얼마나 많은 자원을 국방에 투입되어왔는지 살펴볼 것이다. 국방비를 결정하는 요소는 많은 연구에서 알 수 있듯이 외부요인과 국내요인의 결합에 의해 결정된다. 외부적 위협은 잠재적인 적으로부터의 침략과 같은 요소가 될 수도 있을 것이며, 내부적으로는 정치적 불안요소 등이 있을 수 있다. 여기에 더해 국방비의 지출이 적절했나를 평가하기 위한 기준으로 GDP에서 국방비가 차지하는 비율을 제시한다. 이것은 한 나라에서 생산한 부가가치 중 얼마나 국방에 자원을 투입을 했는지에 대한 비율을 나타낸다. GDP에 대한 국방비 지출 비율이 반드시 국가의 군사 능력을 나타내기보다는 NATO 또는

---

7. Kollias, C., Paleologou, S. M., Tzeremes, P., & Tzeremes, N. (2017). Defence expenditure and economic growth in Latin American countries : evidence from linear and nonlinear causality tests. Latin American Economic Review, 26(1), 2.

다른 군사 동맹의 맥락에서 군사비 부담의 상대 비교를 위한 지표이다. 참고로, EU(European Union)에서는 회원국에게 GDP 대비 2%의 국방비 비율을 권장하고 있다. 마지막으로, 방위산업에 대한 성과와 관련된 지표로써 수출과 수입 가치를 연대별로 제시한다. 그래프에서 각국의 GDP, 국방비 지출, GDP의 군사비 비율의 수치가 계산한 값과 조금씩 차이가 나는 부분이 있다. 이 부분은 데이터의 출처가 World bank, SIPRI Military Expenditure Database 등과 같이 다양하기 때문이니 독자들은 이를 고려해서 읽어주길 바란다.

북아메리카 권역

미국 : 예산 압박 돌파구를 마련하자

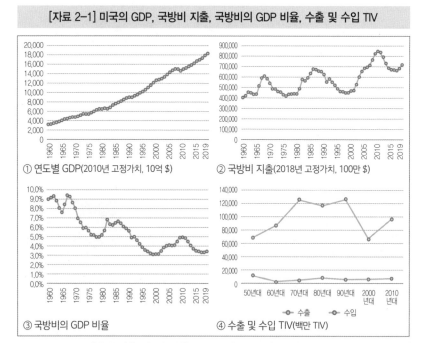

[자료 2-1] 미국의 GDP, 국방비 지출, 국방비의 GDP 비율, 수출 및 수입 TIV

① 연도별 GDP(2010년 고정가치, 10억 $)

② 국방비 지출(2018년 고정가치, 100만 $)

③ 국방비의 GDP 비율

④ 수출 및 수입 TIV(백만 TIV)

출처 : World bank, SIPRI Military Expenditure Database, SIPRI Arms Transfers Database

미국은 ①번 자료에서 보듯 2008년 금융위기를 겪기는 했지만 미국의 GDP는 꾸준히 증가했다. 총량적인 측면에서 2019년 기준으로 전세계 GDP의 약 1/4을 차지하고 있을 정도로 경제 규모가 크지만, 최근 들어 그 점유율은 2000년대 초에 비해 상대적으로 하락했다. 과거 1950~60년대에는 이 비율이 40%까지 육박하기도 했다. 이 정도로 미국이 전 세계 경제에서 차지하는 비중은 크다. 이처럼 꾸준히 성장한 GDP와는 달리 국방비는 ②번 자료와 같이 꾸준히 증가한 양상으로만 나타나지는 않는다. 여러 가지 변동성을 가진 이 그래프에서는 증가와 하락을 계속 반복했다. 냉전이 종료된 1989년 이후 수년간 국방비가 꾸준히 하락했다. 이후 2000년부터 다시 국방비가 증가했으며, 2010년경 다시 국방비가 감소세를 보인다.

일반적으로 미국을 중심으로 한 전 세계 자유 진영에 포함되어 있었던 국가들의 국방 지출의 패턴은 세 가지 주요 단계를 겪었다. 첫 번째 단계는 냉전(冷戰)이 끝나는 시점인 1989년 전까지 군사비가 높은 수준으로 유지됐다. 미국의 경우 1980년대는 로널드 레이건(Ronald Reagon) 집권 기간으로 구소련과의 냉전이 극에 달하던 시기였다. 많은 자원이 국방에 투입되었다. 이 시기에 가속화된 미국 국내 무기 수요로 미국의 방위산업은 황금기를 누렸다.

두 번째 단계는 1990년대는 냉전의 종식과 함께 세계적 긴장 완화로 국방비를 '평화 배당(Peace Dividend)'에 할애하는 기간이었다. 평화 배당은 전쟁과 같은 갈등 상황이 마무리되면서 발생하는 경제적 이득을 뜻하는 용어다. 즉 냉전 시절에 국방비로 흘러 들어가던 예산을 사회복지나 교육 등으로 돌리는 행위를 일컫는다. 실제 1989년 급격한 분위기 반전으로 그 많은 국방비의 사용 목적이 흐릿해지는 결과가 나타났고, 새로운 국방 장비 조달의 필요성이 적어졌다. 이 시기를 미국에서는 '조달 휴일(Procurement Holiday)'이라고 부르기도 한다.

마지막 세 번째 단계는 2000년대부터 다시 국방비가 증가한 기간이다. 2001년 이후 아프카니스탄 전쟁(2001년~현재), 9·11테러(2001년), 이라크 전쟁(2003~2011년) 등 대내·외적 불확실성이 커짐에 따라 국방비가 다시 증가했다. 그런데도 미국의 경우에는 2010년대에는 다시 하락하는 패턴을 보인다. 이러한 움직임의 뒤에는 예산 통제법 2011(Budget Control Act of 2011)의 시행이 주요 역할을 했다. 예산 통제법은 1차로 연방정부의 재정지출을 2012년을 시작으로 10년 동안 9,170억 달러를 삭감하는 것으로 확정했다. 2차로 위원회를 통해 1조 2,000억~1조 5,000억 달러를 추가 삭감하는 것을 골자로 한다. 이 법안에 따라 국방비의 증액도 한계에 달하게 됐던 것이다. ③번 자료에서 GDP의 국방비 비율은 과거 9%까지도 상승한 적이 있었으나 1990년대 이후에는 3~5%로 비교적 안정적인 범위 내에서 움직인다고 볼 수 있다. 방산 수출은 ④번 자료에서 1990년대 최대치를 기록했다. 2000년대에 들어와서는 큰 폭으로 하락했다. 그리고 2010년에 들어와서는 다시 회복하고 있다. 수입 측면에서는 미국이 세계에서 최고의 군사력을 가진 나라답게 수출해 비해서는 상대적으로 적은 양이라고 볼 수 있다.

지난 70년간 한국이 무기를 수입했던 국가 수는 SIPRI 무기거래 데이터베이스 기준으로 총 16개국이 있었다. 총 가치는 54,492 TIV이었으며, 그중 가장 많은 가치를 한국으로 수출한 국가는 미국이었다. 수치로는 44,351 TIV이었으며, 비율로는 81.4%에 이른다. 그다음으로 독일, 프랑스 순이었는데 그 가치는 각각 5,009 TIV와 1,597 TIV였으며, 비율을 9.2%, 2.9%에 그쳤다. 이 수치들은 미국에 비하면 절대적으로 작은 숫자다. 우리나라는 지금까지 미국의 방산 시장에서 큰 고객이었다. 이러한 상황에서 우리나라는 자연스럽게 미국의 방산 시장에 대해 어느 나라들보다 많은 정보를 가지고 있다. 그래서 미국에 대한 방위산업에 대한 내용은 주요 방산업체, 방위산업의 구조 및 미래 동향에 대해서만 간략하게 다룬다.

주요 방산업체

현재 가장 최신 자료인 2018년 SIPRI Top 100 기업 리스트에 미국은 48개의 대형 방산업체들이 등록되어 있다. 전 세계 대형 방산업체의 거의 절반 정도가 미국 회사인 셈이다. 록히드 마틴(Lockheed Martin Corp.), 보잉(Boeing), 노스롭 그루먼(Northrop Grumman Corp.), 레이시언(Raytheon), 제너럴 다이나믹스(General Dynamics Corp.) 등과 같이 일반적으로 잘 알려진 5개 기업이 가장 최상위를 차지한다. 그다음 순위에는 특이한 기업이 하나 있는데, 바로 영국의 BAE Systems의 자회사인 BAE Systems Inc.다. SIPRI 데이터에 따르면, 이 회사는 매출의 40% 정도가 미국에서 발생한다.

미국은 왜 이렇게 많은 초대형 기업들을 가지고 있을까? 그 탄생 과정을 살펴보면 현재의 상황을 이해하는 데 도움이 될 것이다. 과거에 비하면 현재 남아 있는 방산업체들의 숫자는 소수에 불과하다. 현재 대형 방산업체만 남게 된 미국의 방위산업 구조는 소련과의 냉전이 종식된 후, 1990년대 수많은 업체들이 대통합한 결과다. 이 시기에 독립적으로 운영된 수많은 작은 규모의 방산업체들은 특정 몇 개의 회사들을 중심으로 통합됐다. 그렇기 때문에 현재와 같은 모습을 갖추게 됐으며, 소수의 초대형 방산업체의 탄생을 가져왔다.

방위산업의 구조조정 : 최후의 만찬(Last Supper)

냉전이 끝나고 미국 국방부에서는 급격하게 낮아진 국방비에 맞추어 장비 조달에 소홀할 수밖에 없었다. 평화배당금이 우선이었던 이 조달 휴일이 지속되던 1993년 어느 날, 클링턴 정부의 레스 아스핀(Les Aspin) 국방부 장관과 윌리엄 페리(William Perry, 1994~1997년까지 국방부 장관을 역임) 국방부 차관은 방위산업의 효율화를 위해서 일부 통합이 필요하다고 결론을 내렸다. 그리고 이런 내용을 한 만찬 자리에서 주요 장관들 앞에서 발표했다. 이날 발표한 내용은 이후에 실제 미국 방위산업의 미래 모습이 되었다. 그래서 이것이 방산업계에서는 후일에 유명한 사건이 되었으며, 이름도 '최후의 만찬'으로 부르게 되었다. 이 자리의 주요 메시지는 몇몇 주요 기업들 위주로 통합을 해야 한다는 것이었다. 국방부는 이를 촉진할 인센티브를 주는 것에 적극적인 자세를 취했다. 물론 반독점 문제를 일부 사람들은 우려했으나, 이 문제를 해결한다는 조건에서는 찬성했다. 나중에 록히드 마틴에 합병된 마틴 마리에타(Martin Marietta)의 CEO는 "이러한 흐름에 합류하지 않으면 살아남을 수가 없다. 따라서 선택의 여지가 없다"라고 이야기했다.[8] 여

---

8. Aitoro, J. (2016. 10. 25). 30 Years : A Norm Augustine Retrospective. DefeseNews. https://www.defensenews.com/30th-annivesary/2016/10/25/30-years-a-norm-augustine-retrospective/

러 사람이 동의한 방위산업의 통폐합 분위기는 당시 방위산업의 생존에 대한 절실함을 알 수 있는 부분이다.

이후, 방위산업 기반 내 많은 수의 크고 작은 기업들은 인수 및 합병 과정을 거치게 되었다. 예를 들어 록히드(Lockheed)와 마틴(Martin Marietta)(1994년 8월), 보잉과 맥도널 더글라스(McDonnell Douglas)(1996년 12월), 노드롭(Northrop)과 그루만(Grumman)(1994년 4월), 레이시언(Raytheon)과 휴즈(Hughes Aircraft)(1998년 1월) 등이 합병을 해서 록히드 마틴, 보잉, 노스롭 그루먼, 레이시언 등으로 통합됐다. 한 소식통은 51개 회사가 5개로 결합된 것으로 추정하기도 했다.[9] 또 다른 보도에 따르면, 이 합병에서 연결된 재무 가치는 총 550억 달러에 달했다.[10] 이러한 합병의 시대는 1998년이 되어서야 비로소 끝나게 되었다. 국방부는 방산업체들에게 정부 상환 대금의 일부를 인수 및 합병을 위한 재조직(Reorganization) 비용으로 사용할 수 있도록 허용했다. 이뿐만 아니라 정부로부터 직·간접적으로 방산업체들에게 상당한 지원이 있었다.[11] 이러한 정부 지원은 방산업체들이 추구한 자생의 노력과 결합해서 현재의 방위산업 생태계를 갖추게 됐다.

9. Tirpak, J. A. (1998. 7. 1.). The Distillation of the Defense Industry. Air Force Magzine. https://www.airforcemag.com/article/0798industry/

10. Wayne, L. (1998. 7. 17.). Lockheed cancels Northrop merger, citing U.S. stand. The New York Times. https://www.nytimes.com/1998/07/17/business/lockheed-cancels-northrop-merger-citing-us-stand.html

11. Gartzke, U. (2010). The Boeing/McDonnell Douglas and EADS mergers : ethnocentric vs. regiocentric consolidation in the Aerospace and defence industry and the implications for international relations(Doctoral dissertation, The London School of Economics and Political Science (LSE)).

트렌드 읽기

앞서 언급했던 예산 통제법 2011은 향후 미국의 방위산업 생태계에 많은 영향을 줄 것으로 보인다. 미국 국방부는 2020년 이후에 예산통제법에 의해 지속적인 예산 압박에 직면하게 될 것이다. 이는 군의 현대화, 9·11 테러와 같은 우발상황에 대한 준비, 중국과의 패권경쟁 등에 영향을 줄 수 있는 결정적인 요소다. 그래서 이러한 재정적 여건과 경쟁 국가들과 좁혀진 국방과학기술의 간격을 다시 넓히기 위해 상대적 우위전략을 강조하고 있다. 2014년 11월 5일 레이건 도서관에서 전 미국 국방부 장관 척 헤이글(Chuck Hagel)은 국가안보포럼연설 도중에 3차 상쇄전략(Third Offset Strategy)을 주창했다.[12] 3차 상쇄전략이란 다가올 미래 전쟁 환경에서 잠재적인 적의 우위를 상쇄하기 위한 국방혁신계획으로 정의된다.[13] 이 전략은 현재의 국제적 안보상황이 과거 10년 전과는 다른 양상으로 전개되고 있다는 인식에서 출발했다. 지금까지는 미국이 과거 유례가 없을 정도로 압도적인 기술력을 바탕으로 한 군사력으로 세계를 지배해왔다. 그런데도 앞으로 이를 보장받을 수 있을지는 의문이다. 이러한 새로운 접근은 국방비의 편성을 전통적인 방식에서 탈바꿈하려는 시도를 하게 됐다. 이에 따라 방위산업기반에서도 이러한 전략을 수용하려는 모습이다.

3차 상쇄전략의 기반이 되는 핵심 과학 기술 분야는 5가지로 요약 된다. ① 기계학습(Learning Machine), ② 인간과 기계의 협동(Human-

---

12. DOD, US. (2014). Secretary of Defense Speech, Reagan National Defense Forum Keynote.

13. Boyd, P., Morris, K. L., & Goldenberg, J. L. (2017). Open to death : A moderating role of openness to experience in terror management. Journal of Experimental Social Psychology, 71, 117-127.

machine Collaboration), ③ 로봇지원 인간의 작전(Machine Assisted Human operation), ④ 인간과 로봇의 팀 구성(Human-machine Combat Teaming), ⑤ 자율 무기(Autonomous Weapon). 구현을 위한 세부적인 기술체계는 우리가 흔히 4차 산업혁명이라고 부르는 범주의 기술들과 관련된다. 예를 들어, 초음속 시스템, 증강 현실, 양자 컴퓨팅, 학습 시스템, 행동 학습, 인간 기계 협업, 네트워크 지원 사이버 시스템, 빅 데이터, 바이오센서 등이 여기에 포함된다.

과거 1차 상쇄전략은 1950년대 초반에 아이젠하워 대통령 시절(1953~1961) '새로운 시각(New Look)'이라는 전략으로 추진됐다. 2차 세계대전이 끝난 시기였기 때문에 불확실성이 큰 시기에 새로운 안보적 도전이었다. 1차 상쇄전략의 원칙은 소련을 중심으로 하는 공산주의의 침략을 저지하는 군사력을 건설함과 동시에 국가경제성장을 저해하지 말아야 한다는 것이었다. 즉, 새로운 시각에서 공산주의 진영에 대항한 자유 진영을 방호할 수 있는 전략을 찾는 것이 1차 상쇄전략이었다.

2차 상쇄전략은 1970년대 소련을 중심으로 한 바르샤바(Warszawa) 조약기구에 가입한 공산진영 국가들이 보유한 상대적으로 많은 무기의 수를 극복하기 위한 전략의 일환이었다. 미국 국방부 전 장관 해롤드 브라운(Harold Brown)이 처음으로 '2차 상쇄전략'을 제시했다. 여기서 강조하는 것은 '우세한 기술(Superior Technology)'이었다. 특히, 이 속에는 4가지 특정 기술을 강조했는데, 정보감시정찰(Interlligence, Surveillance, Reconnaissance)과 전장 관리체계, 스텔스 기술을 활용한 항공기, 진보된 정밀타격 체계, 우주자산의 전술적 활용 등이다. 이 같은 첨단 기술의 발전은 DARPA(Defense Advanced Research Projects

Agency)에 의해 주도되었다. 2차 상쇄전략을 70년대부터 추진한 미국은 80년대 말 공산주의가 붕괴하면서 그 잠재력이 사라지는 듯 보였다. 그러나 1990년 이라크를 상대로 한 걸프전(Gulf War)에서 기술의 전투 효과성을 전 세계에 알리면서 그 잠재력을 과시했다.

3차 상쇄전략이 1, 2차 전략과의 차이점은 단지 기술적 우위에만 한정된 강조가 아니라 로봇, AI 등과 같은 첨단 군사 기술적인 요소로 구성되는 새로운 군사혁신이 군의 작전적 수준과 서로 강하게 결합한 형태라는 것을 인식해야 한다. 3차 상쇄전략을 위한 중심조직은 국방부 전략 능력실(Strategic Capabilities Office)이 있다. 여기서는 단기에서부터 장기적으로 미군의 능력을 향상시킬 수 있는 연구개발 프로그램을 구상하고 수행한다. 그리고 2015년에 설립된 파괴적 혁신을 위한 전초기지인 국방혁신실험실(Defense Innovative Unit-Experimental)은 상업적 혁신이 국방에 빠르게 사용될 수 있도록 돕는 역할을 하고 있다. 국방혁신실험이 민간의 기술과 물리적 거리를 더 가깝게 유지하기 위해 실리콘 밸리(Silicon Valley)에 위치하고 있다는 점도 짚고 넘어갈 대목이다. 이후, 이와 연계해서 보스턴에는 DDS(Defense Digital Service), 오스틴에는 DIB(Defense Innovation Board)을 추가적으로 설치했다. DDS는 여러 다방면으로부터 유능한 기술진을 비롯한 전문가 그룹을 형성하고 있다. 미국 국방부에 이 인력들이 진출하는 것을 허용하고 있다. DIB는 국방장관에게 조언하는 여러 독립 연방 자문 위원회 중 하나다. 기술을 이끄는 사람들이 미래 도전적 혁신에 대한 조언과 첨언을 국방에 제공하고 있다.

정리하자면, 미국은 3차 상쇄전략에 맞는 방향성을 유지하기 위한 일련의 활동들이 식별되고 있으며, 현재 미국이 가진 패권을 바탕으로 미래의 주도성을 가지기 위해 끊임없이 새로운 혁신을 발굴하고 있는 모습이다.

그리고 국제 무기 밀거래 방지 규정이라고 하는 ITAR(International Trafficking in Arms Regulations)의 개선이 이루어질 것이다. ITAR가 필요했던 배경에는 해외 군사 판매가 단순히 상업적 성격의 거래와는 다른 국가 안보에 영향을 미치는 결과를 초래할 수 있다고 판단했기 때문이다. 이에 따라 미국 정부는 해외 군사 판매를 통제함으로써 국가 안보를 지키려고 했다. 이 ITAR에 따라 모든 미국 기업은 미국 이외의 주체에게 상품과 서비스를 판매할 때 수출 승인을 받아야 한다. 위반하면 중대한 형사 또는 민사 처벌을 받을 수 있다. 왜냐면 ITAR의 기반에는 1976년에 제정된 무기수출통제법(Arms Export Control Act)과 1979년에 제정된 수출관리법(Export Administration Act)이 있기 때문이다. 그러나 최근 ITAR이 미국의 방산 수출의 걸림돌로 작용하는 경우가 종종 있다. 현재 도널드 트럼프(Donald Trump) 정부의 해외 무기 판매에 대한 의지와 반대 역할을 하고 있다. 예를 들어, 보잉은 보잉 787 프로그램에서 ITAR 문제를 다루는 약 100명의 정규직원이 있을 정도로 비용 증가의 원인이 됐다. 787 모델에서 ITAR의 저촉을 받는 문제가 있는 데이터를 교체하기 위해 새로운 데이터베이스를 개발해야 하는 경우도 발생했다.[14] 미국 동맹국들의 경우 ITAR을 피하기 위해 군사 관계, 장비 구매, 미국과의 공동 생산 여부 등을 진지하게 고려하기

---

14. Gates, D. (2006). Separation anxiety : The wall between military and commercial technology. Seattle, WA : The Seattle Times, 3.

도 한다.

　이러한 상황에 대해 2009년 8월에 오바마 대통령은 ITAR에 대한 포괄적인 검토를 지시했다. 정말 중요하고 지켜야 할 부분에 좀 더 초점을 맞추는 방향으로 제도의 수정을 요구했던 것이다. 이에 따라 개혁은 기존에 수 개의 연방 부서와 수 개의 정부 기관에서 수출 라이센스 발급과 통제 시스템을 운영하던 방식에서 단일 집행 기관, 단일 라이센스 발급 기관, 단일 IT 시스템 등 업무프로세스를 단순화 했다. 이를 위한 시행 조치에는 2010, 2013년 2건의 행정 명령이 있었지만, 아직까지 개혁을 완전히 이행하기 위한 의회에 제출된 입법안은 없는 상태다.

　트럼프 행정부에 들어와서, 2018년 4월 19일 NSPM(National Security Presidential Memorandom) - 10으로 새로운 CAT(Conventional Arms Transfer) 정책이 도입됐다. 이는 판매 증가에 초점을 두고 있다. 이러한 정책적 노력의 성과로 2018년 이후 외국 군사 판매에 대한 요청이 크게 증가했다.

　정리하자면, 앞으로 미국은 새로운 형태의 기술의 도입을 지속적으로 추진할 것이다. 그리고 예산 압박을 해결할 통로로 해외 방산 수출을 위한 ITAR을 단순화 하는 등 정책적 지원도 계속할 것으로 보인다.

캐나다 : 정부 주도의 방산정책, 성공할까?

　캐나다는 직접적이거나 임박한 적의 위협이 없는 국가다. 또한 남쪽 국경에 강력한 동맹국인 미국이 있다. 이러한 지정학적 위치와 정치적

[자료 2-2] 캐나다의 GDP, 국방비 지출, 국방비의 GDP 비율, 수출 및 수입 TIV

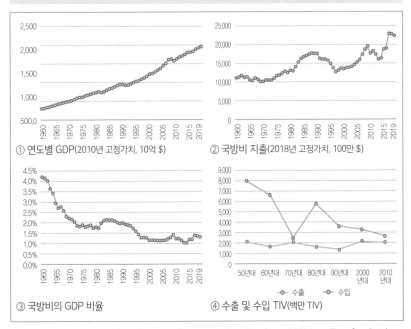

① 연도별 GDP(2010년 고정가치, 10억 $)

② 국방비 지출(2018년 고정가치, 100만 $)

③ 국방비의 GDP 비율

④ 수출 및 수입 TIV(백만 TIV)

출처 : World bank, SIPRI Military Expenditure Database, SIPRI Arms Transfers Database

상황이 반영되어 자료 ①과 같이 연도별 GDP 그래프는 1960년 이후 금융위기와 같은 큰 위기를 제외하고 미국과 유사하게 끊임없이 성장해 왔다. 실물지표에서도 캐나다 경제가 미국에 대한 의존도가 높다는 것을 알 수 있다. 2017년 기준으로 캐나다의 주요 수출액의 76%를 미국에, 4%를 중국에 의존했다. 수입은 51%를 미국에, 13%를 중국에 의존하고 있다. 수입과 수출 측면에서 캐나다는 미국에 대한 편향성을 크게 가지고 있으며, 경제적으로 상당히 종속되어 있다는 사실을 알 수 있다. 국토 면적은 세계 2위인 점에 비해서 경제규모는 세계 10위권 정도이며 인구밀도가 높지 않은 국가다. GDP와는 달리 국방비는 ②번 자료와 같이 꾸준히 증가한 양상으로만 나타나지는 않았다. 국방비는 호황과 불황의 순환 사이클인 붐-버스트 사이클(Boom-bust Cycle)이 크게 반영된 양상이다. 1990년대에는 전 세계적인 냉전의 붕괴와 경제침체가 국방비의 지출에 반영되었다는 것을 알 수 있으며, 2008년 금융위기도 마찬가지다. 그 변동 폭은 최고와 최저점이 20~30% 정도의 차이가 날 정도로 큰 폭이었다. 경기 순환주기에 영향을 크게 받는다는 것은 군이 자원할당의 우선순위가 높지 않다는 것을 의미하기도 한다. 주목해야 할 부분은 2014년부터 국방비의 최근 증가 추세다. 이는 캐나다의 'SSE(Strong, Secure, and Engaged) 정책'과 관련이 있다. ③번 자료에서 국방비의 GDP 비율은 과거 4% 이상 상승한 적이 있었으나 1990년대 중반부터는 1~1.5% 범위에서 비교적 안정적으로 움직인다. 이 비율이 낮은 것은 캐나다가 평화로운 시기를 누리고 있다는 의미다. ④번 자료에서 수출은 2000년대에 들어와 약간의 증가세를 보인다. 캐나다 방위산업은 수출 집약적이며, 방위산업 전체 총 매출의 대략 60% 정도가 수출에서 발생한다. 미국은 당연히 캐나다 수출에 있어 좋은 파트너다. 다음으로 중동, 아프리카, 유럽 등이 주요 수출지역이다. 수입은 과거에 비교해서 계속 하락하고 있다. 미국으로부터의 수입에 대한 의존은 냉전 기간 동안 전체 수입 무기체계의 약 85%에 이를 정도로 높았지만, 최근 들어 의존성이 조금씩 줄어들고 있는 추세다.

방위산업 Top 3

캐나다의 방위산업은 2개의 공기업, 즉 Bombardier, CAE와 미국 자회사인 General Dynamics Land Systems Canada가 주도하

는 구조다. 1990년부터 SIPRI TOP 100 기업 리스트에 이 3개의 캐나다 방산기업 이외에 다른 기업이 이름을 올린 적은 없다. 그리고 Bombardier는 1996년에, 그리고 General Dynamics Land Systems Canada는 2006년을 마지막으로 SIPRI 100대 기업에서 이름이 사라졌다. 현재는 CAE만 이름을 올리고 있다. 가장 최근인 2018년 SIPRI 100대 기업 리스트에는 87위를 차지했다.

Bombardier의 주요 사업은 민간 시장에서 비즈니스 제트기와 운송 장비를 제조하는 것이다. 방산 시장에서 이 기업의 역할은 주로 캐나다 공군에 훈련용 항공기와 관련된 서비스를 제공해 오고 있다. 그리고 CAE는 시뮬레이션 기술을 활용한 비행 시뮬레이터를 비롯해서 항공사, 항공기 제작사 등에게 모델링 기술과 훈련 서비스를 제공하는 회사다. 그리고 예전에 미국 제너럴 모터스(General Motors)의 디젤 사업부로 알려진 General Dynamics Land Systems Canada는 LAV(Light Armoured Vehicles)의 주요 생산업체다. 이 회사가 캐나다 방위산업에서 차지하는 가장 큰 생산 품목은 육군의 전투차량 및 부품이다. 최근 실적은 사우디아라비아에 약 150억 C$의 LAV Ⅲ 장갑차 공급과 유지보수 계약을 체결한 것이었다. LAV Ⅲ 장갑차는 현재 미국, 뉴질랜드, 콜롬비아 등에서도 사용 중인 제품이다. 이 회사는 2002년도에 SIPRI 100대 기업 리스트에서 43위를 차지하기도 했다. 이것은 NATO 동맹국과 미국에 대량의 장갑차 계약이 이루어지면서 이루어낸 성과였다.

캐나다의 방위산업 기반에 대한 추가적인 이해는 2016년 캐나다의 ISED(Innovation, Science and Economic Development Canada)를 대신해서, Statistics Canada에서 실시한 CDARMS(Canada Defence,

Aerospace and Marine Industry Survey)에서 더 자세히 알 수 있다.[15] 그 결과에 따르면, 국내에는 총 664개의 방산기업으로 구성되어 있다. 이 기업 중 앞서 언급했던 주요 3개 업체와 500명 이상의 직원을 보유한 32개의 업체들을 제외하고는 대다수가 중소기업이다. 이 소수의 상위 35개 기업들은 방위산업의 판매, 고용, 그리고 수출의 60% 이상을 차지한다. R&D의 75%가량을 투자하고, 총 매출은 약 104억 C$정도다. 대부분의 기업들은 캐나다 소유이거나 캐나다 소재 모회사가 소유하고 있다. 하지만, 68개는 미국에 모회사가 있고, 46개는 영국을 포함한 타국에 모회사를 두고 있다. 외국에 모회사가 있는 기업들은 비록 수적인 측면에서 캐나다 기업보다 적지만, 매출은 전체 방위산업 매출에서 절반 이상을 차지하고 있는 상황이다.

트렌드 읽기

캐나다의 방위산업의 미래를 알아보려면 2017년 6월에 발표된 'SSE(Strong, Secure, and Engaged) 정책'에 대해서 살펴볼 필요가 있다. SSE에서 주목해야 할 부분은 2017~2018 회계연도에서 2026~2027 회계연도까지 향후 10년 동안 국방비가 현재 대비 70% 이상 증가한다는 것이다. 그리고 향후 이 국방비는 안정적으로 편성될 것이며 예측 가능할 것이라고 했다. 이 정책의 주요 골자는 노후한 군용 플랫폼의 성능개량 및 교체에 대한 계획을 담고 있다. 특히 5세

---

15. Canadian Defence, Aerospace and Marine Industries Survey, 2016, 인터넷 주소 : https : // www150.statcan.gc.ca/n1/daily-quotidien/180119/dq180119g-eng.htm

대 전투기의 획득과 전투함 조달을 목표로 한 캐나다의 역사상 전례가 없는 국방비 지출 내용을 담고 있다. 이 계획이 정상적으로 실행된다면 캐나다 역사상 평화가 유지되는 기간 동안 최대의 국방투자가 될 것이다. 캐나다 방위산업이 이러한 최신 무기체계 도입에 적극적으로 앞장선다면, 단기간에 방위산업의 발전을 기대할 수 있을 것이다. 또한, 2014년대에 재정된 국방 조달 정책의 세 가지 목표로 볼 때, 대규모 국방 투자는 민간 영역으로 그 효과가 전이될 수 있도록 유도해서, 일자리와 경제성장을 창출하려 할 것이다.

그러나 일부 학자들은 SSE 정책에 대한 우려의 목소리를 내기도 한다. 캐나다 국방부는 역사적으로 주요 국방 무기체계의 적기 조달과 전반적인 예산의 집행에 어려움을 겪었기 때문에 미래가 밝지만은 않다. 2007~2011년 동안 캐나다 국방부는 국방 예산의 27~46%를 집행하지 않았던 과거 사례는 향후 예산 집행 중 유사한 문제가 발생할지도 모른다는 우려가 있다.[16] 그리고 캐나다의 복잡한 조달 시스템이 여러 최첨단 무기체계를 획득하기에는 적합하지 않다는 점도 이러한 우려를 증폭시킨다.[17]

최근 캐나다 정부는 무기 조달에서 사용자에게 무기가 적기에 납품되도록 복잡한 획득 체계를 개선하려는 노력이 식별된다. 그러나 이러한 최근 조달 프로세스의 개혁적 의도에도 국내의 열악한 방위산업기반 생태계가 이를 수행하기에는 한계가 있다. 다시 말하자면, 캐나다에

16. Solomon, B., & Stone, C. (2013). Accrual budgeting and defence funding : theory and simulations. Defence and Peace Economics, 24(3), 211-227.

17. Stone, J. C. (2017). Strong Secure Engaged : A Positive New Opportunity for Defence or Another Meaningless Defence Policy Statement. Inside Policy.

는 복잡한 군 능력을 만족시킬 만한 주요계약자나 시스템 통합 업체가 없다. 또한, 조달 프로세스 면에서도 아직 비효율성이 상존한다. 현재 정부 조달 프로세스에는 프로세스를 관리하는 관점에 따라 세 개의 정부 부서들이 관여한다. 국방부는 군사 효과를 극대화할 수 있는 '능력'에 초점을 두고, ISED는 '국내 산업 및 기술 개발을 촉진'하는 업무를 담당하며, PSPC(Public Services and Procurement Canada)는 '계약 절차'를 관리한다. 이러한 조달 프로세스때문에 새로운 기업이 국방 시장에 진입하는데 많은 비용을 소요된다. 이와 같은 복잡한 군 획득체계를 이해하는 일부 인적자원을 모아서 별도의 조달 기관을 설립해서 관리하자는 제안이 있기도 했다.[18] 그렇지만 아직 변화가 없는 캐나다가 향후 SSE 정책을 어떻게 실행할지는 아직 불확실하다.

18. Stone, J. (2015). Improving the acquisition process in Canada. SPP Research Paper, 8(16), 1-15.

유럽 권역

1950년대 SIPRI에서 무기거래량 기록을 시작한 이후 유럽에서 방산 수출에 참여한 국가는 [표 2-1]과 같이 총 42개 국가들이 존재한다. 러시아가 지금까지 방산 수출 가치가 가장 높았다. 그 뒤를 잇는 국가는 영국, 프랑스, 독일, 이탈리아 등이 있다. 그리고 최근 스페인과 우크라이나의 증가세도 눈여겨볼만 하다. 이 중에서, 이 책에서는 2018 SIPRI 100대 기업에 이름을 올렸던 러시아, 영국, 프랑스, 독일, 이탈리아, 터키, 폴란드, 스페인, 스위스, 스웨덴, 우크라이나 등 11개 국가와 유럽에만 존재하는 특이한 형태인 범유럽(Trans-Europe) 기업에 대해서 알아볼 것이다. 러시아는 '소비에트 사회주의 공화국 연방'을 계승한 국가라는 특징 때문에 하나의 연속된 국가로 봤다. 동독의 경우에는 1949년 10월부터 1990년 10월에 서독과 합병되기 전까지 존재했던 국가로 현재의 독일과 연속선 상에 있는 국가로 보기에는 무리가 있어 특정 기간에 존재했던 별도의 국가로 봤다.

[표 2-1] 1950년대~2010년대 유럽의 42개 방산수출 참여국가 및 연대별 수출 TIV

(단위 : 백만 TIV)

구 분	50년대	60년대	70년대	80년대	90년대	2000년대	2010년대	계
Russia (Soviet Union 포함)	66,249	88,157	136,428	146,328	40,181	54,187	66,878	598,408
United Kingdom	41,923	15,182	21,446	25,580	15,839	11,201	11,860	143,031
France	4,332	12,776	24,731	31,112	17,385	17,349	18,277	125,962
Germany	277	3,728	13,766	16,303	18,061	19,114	15,841	87,090
Italy	1,210	2,442	5,295	9,525	3,340	4,662	6,928	33,402
Czechoslovakia	6,661	3,713	6,972	10,744	1,255	0	0	29,345
Netherlands	731	1,151	1,954	5,295	4,898	5,072	5,502	24,603
Switzerland	50	3,496	2,020	3,875	2,722	2,538	2,645	17,346
Spain	0	87	695	1,712	1,629	3,320	8,531	15,974
Sweden	931	403	1,605	2,442	2,124	4,357	3,413	15,275
Ukraine	0	0	0	0	2,903	3,836	5,266	12,005
Poland	28	1,843	2,836	1,840	653	923	254	8,377
Norway	47	588	327	826	497	668	1,402	4,355
Belarus	0	0	0	0	1,001	848	1,163	3,012
Turkey	0	0	0	34	52	464	1,788	2,338
Belgium	47	24	5	287	445	854	302	1,964
Czechia	0	0	0	0	897	495	552	1,944
Finland	0	248	323	21	178	552	509	1,831
Yugoslavia	88	83	278	496	627	0	0	1,572
Austria	0	5	167	642	169	355	228	1,566
Denmark	0	263	23	383	560	82	203	1,514
Romania	0	0	96	683	115	72	217	1,183
Bulgaria	0	0	0	115	381	232	222	950
East Germany(GDR)	0	153	100	501	77	0	0	831
Slovakia	0	0	0	0	548	204	67	819

구 분	50년대	60년대	70년대	80년대	90년대	2000년대	2010년대	계
Portugal	0	2	153	76	1	145	259	636
Moldova	0	0	0	0	264	210	11	485
Hungary	4	101	68	42	51	125	41	432
Ireland	0	0	11	11	0	133	93	248
Serbia	0	0	0	0	25	67	155	247
Georgia	0	0	0	0	46	155	13	214
Greece	0	8	0	0	105	68	30	211
Montenegro	0	0	0	0	0	180	18	198
Lithuania	0	0	0	0	0	3	60	63
Cyprus	0	0	0	0	36	0	0	36
Bosnia-Herzegovina	0	0	0	0	0	4	17	21
Malta	0	0	0	0	0	10	5	15
Latvia	0	0	0	0	9	0	0	9
Estonia	0	0	0	0	8	0	0	8
Croatia	0	0	0	0	0	2	3	5
Iceland	0	0	0	0	5	0	0	5
Armenia	0	0	0	0	0	4	0	4

출처 : SIPRI Arms Industry Database

유럽의 전반적인 방위산업 분위기는 1990년대 초 미국 방산업체들이 세계 시장을 겨냥하고 구조조정을 통해 대형화와 전문화를 도모하는 사이, 유럽의 주요 기업들은 합작투자(Joint Venture)나 다국적 컨소시엄(Consortium) 형태로 자국 또는 유럽 시장 내에 초점을 두고 사업을 수행했다. 그리고 1990년대 후반에 이르러서야 미국과 유사한 통합의 길을 걸었다. 이러한 흐름 속에서 각국의 방위산업은 어떠한 형태로 발전됐는지 구체적으로 알아보자.

범유럽(Trans-European) 방위산업 : 이루기 어려운 통합의 꿈

범유럽 기업이란?

범유럽 기업의 뿌리는 1950년대로 거슬러 올라간다. 유럽에서 가장 큰 국방비 지출국인 프랑스, 독일, 이탈리아, 영국 등이 참여한 미사일과 항공기 개발에 대한 대규모 협력 프로젝트에서 찾아볼 수 있다. 유럽에서 잇단 대규모 협력 프로젝트는 점차 기업 간 통합을 심화시켰고 합작 투자로 이어지기도 했다. 마침내 1990년대와 2000년대에 Airbus, MBDA, EADS(European Aeronautic Defence and Space Company), EuroTorp 등과 같은 다국적 대기업도 출현했다.

범유럽 기업은 본사와 자회사의 국적과 위치, 이사회 멤버와 주요 주주들의 국적, 정부의 소유권과 통제의 범위 등에 대한 광범위한 내용을 고려해서 정의한다. 이렇게 정의하기는 복잡하지만, SIPRI Top 100에서는 범유럽 기업을 두 개 이상의 유럽 국가에 소유권과 통제 구조가 있는 회사로 본다. 2018년 SIPRI Top 100 기업 리스트에 두 개의 범유럽 방산기업이 등재되었는데, Airbus Group(이전 EADS)와 MBDA가 여기에 해당한다. 범유럽 기업 중 일부 회사는 유럽 협력 무기 프로젝트를 기반으로 제품별 국제 컨소시엄으로 분류한다. 이들은 특정 유럽 협력 무기 프로젝트의 개발, 생산 및 마케팅의 산업적 관리만을 위해 만들어진 국제 회사다. 전형적으로 항공기, 헬리콥터, 미사일을 포함하는 항공 우주 프로젝트가 대부분이다.

범유럽 기업의 설립은 시장의 원리보다는 정부에 의해 결정된다. 범유럽 기업의 무기사업은 정부가 주요 무기 구매자로의 역할을 하고, 때로는 기업에 대한 국가소유권을 통해 정부가 관여한다는 것을 의미한다. 범유럽 기업을 만들려면 정부와 유럽연합(European Union)으로부터 합병에 대한 지원이 필요하다. 합병되는 대상 기업이 국유인 경우에는 국제 합병에 대한 정부승인과 지원이 필요할 수도 있다. 정부가 방산기업 설립에 참여한다는 것은 단순히 기업이 얻는 이익뿐만 아니라 일자리 등과 같은 다양한 비경제적, 정치적 목표를 추구함을 의미한다. 이런 사실은 범유럽 기업은 시장 경제의 결과가 아니라는 것을 의미한다. 일반 기업은 시장 원리에 의해 수익성 있는 기회를 찾아 합병 및 인수를 하여 이익을 추구한다. 일반적으로 인수 및 합병은 지리적 또는 새로운 상품 시장에 신규 진입할 때 시장에 대한 학습 노력을 최소화 또는 진입비용을 줄이기 위함이 목적일 수도 있다. 때로는 규모의 경제적 혜택 등이 목적이 되기도 한다. 이러한 측면에서 범유럽 기업의 탄생을 위한 인수 및 합병 형태는 일반적인 기업들의 형태와 비교할 때 결과는 유사해 보이지만 과정이 다르다.

범유럽 기업의 중심, EDA

유럽에서 유럽 방산기업의 이익을 대변하고 범유럽 기업 설립의 중심에는 EDA(European Defence Agency)가 있다. 2004년 7월에 유럽위원회(European Commission)는 '국방획득, 연구개발, 군비영역 등에서 유럽안보&국방정책(European Security and Defense Policy)과 공통외교&안보정책(Common Foreign and Security Policy)을 EU의 단일 제도적 프레임 속에서 지원을 강조하는 합동행동(Joint Action : 2004/551/

CFSP)을 바탕으로 EDA를 창설했다. EDA의 설립목적은 EU가 미래 안보적 과제들에 대처하도록 국방예산을 공통적으로 사용하고, EU 회원국들의 공통요구를 식별하며, 그리고 여기에 필요한 연구개발과 생산의 협력을 촉진하기 위한 것이었다. 궁극적으로, EDA의 목표는 EU에서 '3Cs'로 알려진 역량 중심(Capability–driven), 능력(Competent) 및 경쟁력(Competitive)을 갖춘 유럽 국방기술과 방위산업 기반을 만드는 일을 맡고 있다.

범유럽 방위산업 지원책, EDAP

2016년 말에 EDAP(European Defence Action Plan)으로 알려진 새로운 정책이 발표됐다. EDAP가 만들어진 근거는 유럽 국방이 나라별로 파편적으로 투자되는 있는 형태를 공동 투자로 바꾼다면 수출과 연구개발 등에서 현재 대비 1.6배의 수익 창출이 가능하다는 주장을 바탕으로 한다.[19] 이 계획에서는 유럽 국방 시장이 미국과 비교했을 때 규모의 경제를 달성하지 못하는 점, R&D 중복, 학습의 축적 부족, 상호 운용성 부족 등 다양한 측면에서 비효율성 문제를 해결하는 데 중점을 두고 있다.

유럽 방위산업의 효율성을 증진하기 위한 EDAP에는 기업들에게 여러 가지 지원책을 포함한다. 첫째, 국방 중소기업의 국가 간 접근 개선, 유럽 국방 공급망 개선, 지역 우수 센터 설립 등 유럽 전체 통합을 위한

---

19. Munich Security Report 2017. 인터넷 주소 : https://espas.secure.europarl.europa.eu/orbis/document/munich-security-report-2017-post-truth-post-west-post-order

지원을 한다. 예를 들어, EU의 주요 프로그램에서 영국의 주요 계약자는 다른 유럽 국가의 중소기업과 컨소시엄을 구성해야 한다. 다른 주요 유럽 회사는 영국의 중소기업과 컨소시엄을 만들어야 한다. 둘째, 유럽 국방 기금(European Defense Fund)을 운영해서, EDA가 제안하는 연구개발에 회원국 간 무기 협력 자금을 지원하는 것을 목표로 한다. 주요 지원 분야는 로봇, 전자, 재료 등과 같이 혁신적인 협업 국방연구 프로젝트다. 유럽 국방 기금은 전반적인 유럽 무기 협력에 대한 기회와 협력을 위한 펀딩을 계속 제공할 것이다. 이 밖에도 EDAP는 더 많은 유럽 방산 협력을 위한 조건을 만드는 것을 목표로 한다. 영구적 구조 협력(Permanent Structure Cooperation)과 유럽 국방 획득 프로그램(European Defense Acquisition Programme)과도 연결되어 있다.

트렌드 읽기

유럽의 방산 시장은 미국과 같이 큰 단일 시장이기 보다는 각 국가별로 파편화해서 규모의 경제 측면에서 미국보다 산업 경쟁력이 많이 떨어졌다. 실제 유럽 방위산업 기반은 몇몇 대형기업과 다수의 중소기업들로 구성되어 있다. 이 중소기업들은 그 숫자가 너무 많아 다양성으로 오히려 문제를 발생시킨다. 예를 들어, 미국의 경우 30종의 장비가 존재한다면, 유럽의 경우 180가지의 다른 유형의 장비가 있다.[20] 이러한 문제를 전체적으로 해결하기 위한 해법으로 범유럽 기업이 필요했다.

---

20. Hartley, K. (2018). The Economics of European Defense Industrial Policy. In The Emergence of EU Defense Research Policy (pp. 77–92). Springer, Cham.

유럽 전체적 측면에서 국제 합병을 통한 산업구조 조정으로 더 큰 미국 경쟁 업체와 경쟁할 수 있는 더 작은 수의 유럽 대기업이 설립됐다. 이 것이 추구하는 것은 단일 유럽 시장을 만들기 위한 노력이었다.[21] 유럽 의 국방장비 시장은 국경이 없는 단일 시장에서 회원국 간의 혁신을 촉 진하는 것이 목표다. 유럽위원회는 단일 시장을 만드는 데 중요한 역할 을 하고 있으며, 단일 시장에서 국가 간 경쟁을 촉진하기 위한 일련의 방산 조달 지침을 제공한다.

그러나 유럽 국가들의 국방 협력에 대한 일반적인 지지에도, 이상과 현실 사이에는 여전히 차이가 있다. 유럽에서 방산 협력이 그렇게 쉬 웠다면 왜 드물었겠는가?[22] 각국은 유럽 전체의 경쟁을 피하기 위해서 편법을 사용하려는 도덕적인 해이가 존재한다. TFEU라고 하는 유럽 연합의 기능에 대한 조약(Treaty on the Functioning of the European Union) 제346조를 사용하면 각국 정부는 각국에서 비경쟁 계약을 체결 할 수 있다.[23] 여기에 대해 유럽위원회는 유럽 사법 재판소의 반경쟁 제 재조치를 준용한다. 유럽 내 자유 시장 경쟁 체제를 구축하기 위한 새 로운 법적 조달 규칙을 도입해서 반경쟁 행동에 대응하는 것이다. 그러 나 각국에서는 자국의 방위산업 보호주의에 앞장서고 있는 것이 현실 이다.

21. Hartley, K. (2017). The Economics of Arms. Agenda : New castle on Tyne.

22. Kusters, C. (2018). Defence procurement in the EU. RUSI Journal, 163(2), 52–65.

23. Hartley, K. (2018). The profitability of non–competitive defence contracts : The UK experience. Defence and Peace Economics, 29(6), 577–594.

러시아 : 계속 과거에 머물 것인가?

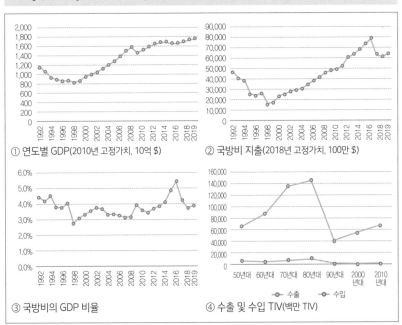

[자료 2-3] 러시아의 GDP, 국방비 지출, 국방비의 GDP 비율, 수출 및 수입 TIV

① 연도별 GDP(2010년 고정가치, 10억 $)

② 국방비 지출(2018년 고정가치, 100만 $)

③ 국방비의 GDP 비율

④ 수출 및 수입 TIV(백만 TIV)

출처 : World bank, SIPRI Military Expenditure Database, SIPRI Arms Transfers Database

세계에서 가장 넓은 영토를 가지고 있는 러시아는 동유럽과 북아시아에 걸쳐 있는 연방제 국가다. 러시아의 전신인 소련은 2차 세계대전 후에 초강대국으로 성장했고 미국과 냉전을 유지해왔지만, 1970년대부터 경제가 침체되기 시작했다. 특히 소련 - 아프가니스탄 전쟁(1979~1989)은 이를 심화시켰다. 1985년 3월 공산당 서기장으로 취임한 미하일 고르바초프(Mikhail Gorbachev)는 1986년 27차 당 대회에서 개혁·개방 노선을 선언하는 등 공산주의 체제의 척결과 경제회생을 위한 개혁 시도를 통해 과감한 외교에 나서기도 했다. 하지만, 큰 변화를 주지는 못했다. 결국, 1991년 12월 25일 고르바초프가 소련 대통령직에서 물러났고, 소련은 붕괴했다. 이후 초기 러시아의 GDP는 ①번 자료와 같이 지속적으로 후퇴했다. 보리스 옐친(Boris Yeltsin) 대통령의 혼합 경제화를 통한 문제해결 노력에도 오히려 이 때문에 급속한 인플레이션을 불러오는 결과를 초래했다. 1999년부터 러시아는 총체적 어려움을 극복하고 경제는 서서히 회복되기 시작했다. 고유가, 루블(Rouble)의 약세, 서비스업 생산의 증가라는 3박자에 힘입어 러시아의 GDP는 1999년부터 2004년까지 평균 6% 이상씩 성장했다. 이러한 성장세는 금융위기 때 약간의 조정이 있기도 했다. 현재는 2000년대의 고성장 시기와 비교해서 성장세가 과거에 비해 둔화했다. ②번에서 보듯 국방비는 2000년 이후 러시아의 경기가 회복되고 경제성장이 지속되면서 함께 증가했다. 그러나 이러한 흐름은 최근 겪고 있는 러시아의 경제적인 어려움으로 인해 또다시 후퇴하고 있다. ③번 자료에서 국방비가 GDP에서 차지하는 비율은 2000년대 초반 경제성장에 맞춰서 서서히 증가하는 모습을 보이다가 최근 국방비의 하락과 더불어 감소했다. 2010년대에 들어와 이 비율이 전체적으로 증가하고 있는데, 이것의 의미는 최근 들어 러시아에서 국방 분야의 우선순위가 예전 소련 시절과 비슷하게 그 중요도가 상승했기 때문으로 볼 수 있다. ④번 자료에서 미국 다음으로 세계 최대의 무기 수출국인 러시아는 공산주의 몰락과 함께 약화한 정치 체제와 경제가 수출의 급격한 하락을 가져왔다. 이러한 시련에도 최근 무기 수출이 다시 증가하고 있는 추세다.

2000년도 이후 러시아 방위산업은 국가의 경제 회복과 더불어 국내의 높은 우선적 위상으로 인해 국제적으로 가장 강력한 산업 중 하나가 되었다. 러시아 방위산업이 가진 현재의 위상을 이해하기 위해서는 구소련 시절부터 살펴보아야 한다. 왜냐면 현재의 모습은 구소련 시기를 시작으로 연속적인 선상에서 발전된 것이기 때문이다. 아직도 그 모습을 대부분 가지고 있다. 방위산업에 대한 국가의 정책이나 중요도는 계속 변화했다. 그러나 현재의 모습에 과거의 관습이 투영되고 있다는 측면에서 구소련의 방위산업을 이해하는 것은 필수적이다. 냉전기간 동안 소련의 방위산업은 중앙 계획 경제를 주도하는 역할을 했다. 혁신적이고 효과적인 현대식 무기를 대량 생산했다.[24] 현재도 이러한 방향성은 비록 그 강도는 다소 차이는 있지만 유지하고 있다. 시대에 따른 특성을 좀 더 구체적으로 이끌어내기 위해 소련과 러시아의 방위산업 역사를 3개의 기간, 즉 소련 붕괴 전(~1991), 초기 러시아 방위산업(1991~1999), 21세기 러시아 방위산업(2000~현재)로 구분해서 설명한다.

소련 붕괴 전(~1991년)

2차 세계 대전이 끝날 무렵, 러시아는 다른 서방국가들과 군사를 바라보는 시각이 달랐다. 미국과 영국, 캐나다는 1945년에 370만 명이 넘는 병력을 1946년에 약 90만 명으로 줄였다. 그리고 전시 산업 역량의 상당 부분을 민간으로 전환했다. 그러나 소련은 6백만 명의 전시인력으로 군대를 그대로 유지했으며, 1946년 방위산업의 전체 용량에도

---

24. Klemperer, P. (2000). The Defence Sector in the Economy of a Declining Superpower : Soviet Union and Russia 1965–2000. University of Oxford.

변화가 없었다.[25]

냉전 기간 동안 대부분 소련의 방위산업은 서구 경제 전쟁의 영향
과 부족 경제(Shortage Economy)로부터 보호됐기 때문에 생산 환경이
민간 산업에 비교해서 안정적이었다. OPK(Oboronnyi Promyshennyi
Kompleks)라고 부르는 거대한 군산복합체(Military – Industrial Complex)
속에서, 방위산업에 대한 자원할당은 우선순위가 높았다. 수요를 담당
하는 생산물량을 충분히 확보할 수 있었던 분위기였다. 소련은 전통적
으로 정교한 디자인보다는 물량을 강조했다. 이에 따라 무기 생산량을
확대했다. 방위산업에서 가격, 비용, 이익과 같은 가치 지표들은 소련
의 경제시스템이 수량 지표를 기반으로 했기 때문에 중요한 요소는 아
니었다.[26] 이런 분위기 속에서 소련 방위산업의 자본 및 노동 생산성은
낮게 유지될 수밖에 없었다. 그러나 1980년대에 들어와서 경제 상황이
열악해짐에 따라 방위산업의 우선순위에 대한 보호가 약화했고, 생산
물량이 줄어들면서 점점 더 설비 가동률의 변동이 심해졌다.

소련의 방위산업을 이해하기 위해서는 OPK라고 부르는 군산복합체
에 대한 이해가 필수적이다. 영어로 번역할 때는 군산복합체라고 하지
만, 군산복합체라는 말은 미국에서 나온 개념으로 소련의 OPK와는 다
소 차이가 있다. 군산복합체의 유래는 미국의 아이젠하워(Dwight D.
Eisenhower) 대통령(1953~1961)이 1961년 퇴임 연설에서 '미국의 민
주주의는 군산복합체라고 하는 새로운 거대하면서 음산하고 험악한 세

---

25. Sandler, T., & Hartley, K. (1995). The economics of defense. Cambridge University Press.

26. Kornai, J. (1992). The socialist system : The political economy of communism. Oxford University Press.

력으로부터 위협을 받고 있다'라고 말하면서 사용되기 시작했다. 아이젠하워 대통령이 사용한 군산복합체의 개념은 다소 추상적이면서, 방위산업과 군의 부정적 유착관계 현상을 설명하기 위해 사용됐다. 이러한 유착관계는 19세기 말 식민지 쟁탈전이 한참인 시대에 주요 유럽국가와 일본, 미국 등에서 나타났고, 미국의 경우에는 2차 세계대전과 다른 주요 전쟁에 참여하면서 방산업체들의 규모가 커짐에 따라 이러한 유착관계가 더욱 강하게 보이기도 했다. 그러나 소련의 OPK는 영어로는 군산복합체로 번역을 하지만, 정부와 언론에서 공식적으로 사용하는 용어로써, 서방의 추상적이고 부정적인 개념과는 다르다.[27] 소련의 OPK란 정부, 군대, 그리고 국유화된 방산업체들 간의 결속된 덩어리를 의미하며, 소련만의 강력한 중앙 통제 방식을 따른다. 이는 지금까지도 존재하고 있으며, 기업의 OPK 가입은 전적으로 중앙 계획자의 결정에 달려있다.

소련시절 OPK는 우수한 무기체계를 생산했다. 이러한 성과는 소련의 과학자와 엔지니어가 가진 정교한 무기 개념과 디자인을 추구하려는 노력과 결부된 성과였다. 그러나 방산업체들은 이러한 혁신을 추구하기보다는 기존 무기체계의 점진적으로 변경하는 것을 선호했고, 파격적인 기술혁신의 위험을 회피했다. 왜냐면 그들은 혁신보다는 수량단위의 생산량을 달성하면 그에 합당한 보상을 받을 수 있었지만, 기술혁신 프로젝트가 지연되고 목표가 달성되지 않으면 불이익이 있었

---

27. Putin Agrees to Major Write-Off of Russia's Defense Industry Debt, 인터넷 주소 : https://jamestown.org/program/putin-agrees-to-major-write-off-of-russias-defense-industry-debt/

기 때문이었다.[28] 시간이 지남에 따라 소련의 방위산업은 생산 기술이 NATO 표준보다 뒤떨어졌으며 구식의 설비를 유지했다. 노동자들의 노동에 대한 자율성도 많이 떨어졌는데, 다른 영역의 개인 활동을 참여를 법적으로 제한함으로써 근로자가 추가 수익을 벌지 못하도록 막기도 했다.[29]

소련은 군사 대외 무역에 관한 몇 가지 목표를 가지고 있었다. 첫째, 사회주의 동맹국을 지원하는 것으로써, 주로 바르샤바 협정국[30], 베트남과 같은 사회주의 3세계 국가들, 인도와 같은 비 노선국가를 대상으로 했다. 1975~85년 동안 15,000대의 탱크, 5,600 대의 전투기, 66 대의 지상 군함이 수출됐다.[31] 무기 수입은 주로 바르샤바 조약 회원국을 통해 이뤄졌다.[32] 둘째, 서방 선진국의 고급 군사 기술을 얻는 것이었다. 기술정보를 얻기 위한 Spetsinformatsiya라는 산업 스파이 시스템을 보유했고, 수입 제한된 재료와 장비를 얻기 위해 상업적 무역 거래를 통한 대규모 민·군 기술 전환 프로그램도 운영됐다.[33] 미국

28. Almquist, P. (1990). Red forge : Soviet military industry since 1965. Columbia University Press.

29. Davis, C. (1988). The high priority defense industry in the Soviet shortage economy. In Hoover—Rand Conference, Stanford University (pp. 23–24).

30. 1955년 폴란드의 바르샤바에서 맺어진 조약에 의한 공동 방위 조직, 구소련·알바니아(1968년 9월 탈퇴)·불가리아·헝가리·동독·폴란드·루마니아·체코슬로바키아의 8개국으로 구성된다.

31. Deutch, S. (1987). The Soviet weapons industry : An overview. Joint Economic Committee Gorbachev's Economic Plans, 405–420.

32. Davis, C. M. (2016). The Ukraine conflict, economic – military power balances and economic sanctions. Post-Communist Economies, 28(2), 167–198.

33. Kostin, S., Raynaud, E., & Allen, R. V. (2011). Farewell : The greatest spy story of the twentieth century. AmazonCrossing.

은 1980년대에 OPK가 비밀 수집 기관으로부터 매년 약 4,000개의 하드웨어 품목과 20,000개의 문서를 받았다고 추정하기도 했다. 셋째, 미국 달러나 유로화와 같이 국제적으로 널리 통용되는 통화인 경화(Hard Currency)를 얻기 위함이었다. 이는 소련 루블화의 불태환성(Inconvertibility) 때문인데, 소련은 경화의 부족으로 수입품에 대한 대금 지불에 어려움을 겪었다.

OPK 내부의 분위기는 온정주의(Paternalism)가 만연했다. 방산기업들과 R&D 기관들 모두가 국가 소유였다. 정부부처 안에서 계층적 구조로 기능을 했기 때문에 외관상으로 봤을 때는 강력한 수직 통제가 존재할 것 같지만, 사실은 그 반대였다. 이러한 온정주의가 나타나는 부분이 바로 예산이었다. 예산의 제약이라는 의미는 처분할 수 있는 예산의 한계가 존재함을 의미한다. 일반적으로 현실에 존재하는 모든 경제주체들은 예산의 제약에 놓이게 된다. 가령 한 달에 100만 원의 수입을 가지는 가계의 예산 한계는 100만 원이 되는 것으로 이해하면 된다. 예산의 한계를 초과해서 지출할 경우 외부로부터 돈을 빌려오는 행위인 차입해서 사용해야 한다. 이런 경우 예산을 빌려온 주체는 빌려온 돈만큼의 상환의 의무를 지닌다. 이를 상환하지 않는다면 그 경제주체는 더는 경제 활동에 참여할 수 없게 되는 것이 일반적이다. 이러한 지출 제약을 엄격하게 적용하는 것을 경성적(Hard)라고 하고, 이와 반대로 예산 제약이 느슨한 경우를 연성적(Soft)라고 한다. 연성적을 다시 설명하자면 예산을 모두 소진해 버리더라도 외부로부터 예산을 추가적으로 지급받을 수 있어서 애초부터 그 엄격성은 존재하지 않았다고 할 수 있다. 소련 시절 예산에 대한 제약이 연성적, 즉 연성예산제약(Soft

Budget Constraint)이 만연했다. 연성예산제약이라는 개념은 야노스 코나이(János Kornai)라는 경제학자가 창안했다. 그리고 이를 통해 소련을 포함한 동유럽 국가들의 만성적인 물자부족이 나타날 수밖에 없었음을 설명했다. 소련 시절 이러한 연성예산제약은 1980년대 부족 경제 속에서도 빈번하게 나타났다.

전통적인 소련의 산업정책은 중공업 및 방위산업에 대한 높은 투자를 바탕으로 신속한 산업화와 군사력의 증가를 촉진하는 것이 목표였다.[34] 이를 달성하기 위해 방산회사는 대규모 독점, 수직 통합 및 국제 경쟁으로부터 보호되도록 설계됐다. 민간 공급 업체는 국가의 자원할당 우선순위가 낮았기 때문에 국가소유인 방산업체는 민간 업체들로부터 자원의 공급에 의존할 수는 없었다. 그래서 방산업체는 수직적으로 통합되어 생산하는 무기체계에 대해 재료부터 부품까지 모두 생산이 가능한 형태로 유지됐다. 방산업체의 고용의 규모는 민간보다 컸다. 전시 동원에 대한 준비로 필요 이상의 초과 생산을 했고, 물자가 부족한 경제임에도 투입 요소에 대한 재고도 유지했다. 정부의 보호 속에서 소련은 세계에서 두 번째로 큰 방위산업 권력으로 발전할 수 있었지만, 1980년대 소비에트 산업은 성장, 기술 발전 속도, 노동 생산성, 효율성 등 모든 측면에서 빨간불이 켜졌다. 즉 국가 주도형 성장이 미국을 중심으로 한 자유 진영의 국가들이 긴장할 만큼 어느 단계까지는 효율적이지만, 그 이후에는 성장의 한계를 보인 것이다.

1985년 5월 고르바초프 공산당 서기장의 레닌그라드(Leningrad) 연

---

34. Davis, C. (2013). Industrial Performance in the USSR, 1945-1980 : Influences of State priorties, Economic system, industrial Policies, and external Developments.

설에서 경제발전의 둔화와 빈곤경제를 인정했다. 그가 실시한 개혁정책인 페레스트로이카(Perestroika)는 기업들에게 다양한 부처들로부터 보다 독립적인 행동을 허용했고, 시장경제체제를 도입하려고 했다. 이 새로운 시스템은 사회주의 경제체제를 더욱 효율적으로 만들 것이라고 기대했다. 그리고 1988년에 큰 규모의 군축이 시작된 후, 방위산업을 민간으로 대규모 전환하는 프로그램이 시작됐다.[35] 핵심 목표는 방위산업의 민간인 비중을 1988년에 40%에서 1995년에 60%로 늘리는 것이었다. 그러나 1991년까지 방위산업의 민간 전환에서 성과는 거의 진전이 없었다.[36]

초기 러시아 방위산업(1991~1999년)

소련이 붕괴되고 러시아 연방으로 전환되면서 급격한 변화를 맞이했다. 1992~1999년 기간 동안 러시아에서는 하이브리드 정치·경제 시스템이 발전했다. 여기서 하이브리드라고 함은 사회주의도 아니고 자본주의도 아님을 뜻한다. 그 속에 소련 OPK 조직의 대부분은 러시아로 대물림 됐다. 달라진 점은 중앙정부의 권위는 약해졌고, 지도부는 자원 할당에 있어 OPK의 우선순위를 과거와 같은 수준으로 두지 않았다는 것이다. 그리고 러시아의 초기 국가 안보 전략은 정부 개혁가들의 신념이 반영됐다. 국가가 심각한 위협에 노출되지 않았으며, OPK가 과거보

---

35. Sánchez-Andrés, A. (1995). The transformation of the Russian defence industry. Europe-Asia Studies, 47(8), 1269-1292.

36. Gaddy, C. (1996). The Price of the Past : Russia's Struggle with the Legacy of a Militarized Economy. Washington DC : Brookings Institution Press.

다 그다지 중요한 국가 구성 요소는 아니었다. 또한, 국제 문제에 있어서 군사력 자체가 매력이 떨어졌다.[37] 초기의 주요 산업 목표는 방위산업을 육성하기보다는 기업의 민영화, 중앙집권적 의사 결정 체계를 분산, 시장의 힘에 대한 존중, 기업 구조 조정을 촉진, 독점 해체, 해외업체와 경쟁, 외국인 직접 투자 유치 등 경제 재건과 관련이 있었다.

그러나 이러한 개혁적 상황에서도 시간이 흐름에 따라, 다시 OPK를 무시할 수는 없는 상황으로 전개됐다. 1990년대 후반에 이슬람 분리주의와 같은 내부적 위협, 외부적으로는 NATO의 확장 등이 심각한 군사적 도전으로 다가왔다. 이같은 분위기는 앞으로 군대가 갈등을 저지하고 해결하는 데 중요한 역할을 할 것이라고 믿게 했다. 대내·외적으로 군사의 중요성을 재인식했고, 새로운 국가 무장(Armament) 프로그램 계획을 발표하게 됐다.

이러한 분위기 속에서, 계속되는 저조한 경제성과는 OPK의 상황을 개선하려는 노력을 약화시켰다.[38] 러시아 연방 건국 이후 계속되었던 비효율적인 개혁 정책과 경제의 저조한 성과는 OPK에 부정적인 영향을 미쳤다. 기업들의 자본 및 노동 생산성은 판매 수익 감소, 구식의 설비, 노동력 저하 등으로 인해 악화됐다. 기술혁신도 소비에트 시대보다 훨씬 불확실한 환경 조성으로 부적절한 투자와 위험 회피로 저조했다. 국방 R&D에 대한 투자는 소련의 대략 10% 수준이었으며, 생산 기술의 70%가 사용되지 않았다. 물자 생산을 위한 투입물의 재고부족이 심화

37. Allison, R. (1997). The Russian Armed Forces : Structures, Roles, and Policies. Baranovsky, ed. 166.

38. Davis, C. (2002). The defence sector in the economy of a declining superpower : Soviet Union and Russia, 1965-2000. Defence and Peace Economics, 13(3)145—177.

됐고, 기계류의 마모가 심각한 수준이었다. 이러한 복합적으로 심각한 경제적 어려움으로 인해 방산업체의 생산 품질은 악화됐다. 판매자에서 구매자 시장으로의 이동에 실패한 것이다. 많은 기업들은 빈곤으로부터 운영비와 임금을 조달하기 위해 전략적 준비금과 전시 동원 관련 기계를 판매해야 했다.[39] 그리고 이 시기 동안 상업적 무역을 통한 민·군 기술 전환 프로그램도 비활성화 했고, 기술 스파이 강도도 떨어졌다.[40]

1990년대 초부터 정부는 OPK에 포함된 방산업체들을 민영화 하려고 노력했다. 정부 계획은 900개의 OPK 소속 기업 중 약 500개를 제외하고 다른 회사들은 민영화를 요구했다.[41] 그러나 민영화는 느리게 진행됐고 결과론적으로 정부의 의도대로 되지 않았다. OPK에 별다른 기업의 진입이 없었고 퇴출도 거의 없었다. 또한, 투자가 부족한 상황에서도 외국인 직접투자에 대한 제한으로 인해 방위산업에서의 집중도와 수직 통합에는 거의 변화가 없었다. 방산업체는 자금이 부족한 상황으로 자연스럽게 흘러갔다. 그리고, 어려운 재정 상황에서도 정부로부터 실질적인 지원을 받았다. 소련에서 러시아로 분위기가 전환됐음에도 과거 연성예산제약의 유산을 그대로 물려받고 있었다.[42] 비록 변하기는 했지만, 방산업체는 과거부터 예산기금을 운용하고 있어서 정

39. Oxenstierna, S., & Westerlund, F. (2013). Arms procurement and the Russian defense industry : Challenges up to 2020. The Journal of Slavic Military Studies, 26(1), 1–24.

40. Davis, C. M. (2016). The Ukraine conflict, economic‒military power balances and economic sanctions. Post-Communist Economies, 28(2), 167–198.

41. Noren, J. H. (1994). The Russian military-industrial sector and conversion. Post-Soviet Geography, 35(9), 495–521.

42. Kornai, J. (1992). The socialist system : The political economy of communism. Oxford University Press.

부와 유착이 계속 유지됐다. 계획에 의한 직접적 지원에서 보조금과 같은 간접적 방법으로 OPK를 지원했다. 비록 중앙정부에 의한 통제는 1,000%가 넘는 인플레이션이 발생한 경제 현실에서 느슨해졌다. 하지만 과거 소련 시절부터 존재해왔던 온정주의는 국가가 방산기업의 커다란 보호막으로 여전히 중요한 역할을 하고 있었다.

21세기 러시아 방위산업

러시아는 2000년대 많은 산업정책을 채택하고 이행했다. 예를 들어 Gref 전략 2010(2000~2010), 전략 2020(2012~2020), Kudrin 전략(2018~2024) 등이 여기에 해당한다. 2014년 12월에는 러시아 연방의 산업정책에 관한 법 '488-FZ'도 제정했다. 이 전략들과 법의 목표를 정리하자면 다음과 같다. 에너지와 원자재 수출에 대한 의존으로부터 경제를 다양화하고, 기술 혁신을 가속화한다. 그리고 제조 경쟁력을 높이고, 산업재 수출을 늘리는 것이다. 방산업체들도 이러한 정부 정책에 맞춰서 '다각화'라는 슬로건 아래 매출을 확장할 목적으로 민간 생산으로 전환과 혁신을 추구하고 있다.[43] 푸틴 대통령은 2016년 9월 툴라(Tula)에서 열린 방위산업 전문가들과 가진 특별 회의에서 방위산업이 디지털 기술, 대체 에너지 및 의료 장비와 관련된 첨단 제품의 생산 등과 같은 민간 부문의 다각화 참여를 독려하기도 했다.

그리고 방위산업 부문에서 2001년부터 정부는 연방 프로그램 개혁

---

43. Connolly, R., & Boulègue, M. (2018). Russia's New State Armament Programme. Royal Institute of International Affairs.

및 개발 계획(2002-2006)을 도입해서 무기 획득 프로그램에서 중요하지 않은 것들을 완전한 민간으로 전환함으로써 OPK 내의 기업 수를 줄이려고 했다. 그리고 같은 맥락에서 방산업체의 소유권은 2000년대에 정부 정책에 따라 일부 추가로 민영화했다. 예를 들어 2013년에는 러시아에서 규모가 가장 큰 소형무기 생산기업인 Kontsem Kalashnikov는 49%의 부분 민영화가 이루어졌다. 2017년 자료에 따르면, OPK의 43%는 국유기업, 29%는 민간과 공동 소유 기업, 28%는 민간기업으로 이루어져 있었다. 그러나 방산업체 일부는 국가 통제로 다시 돌아온 경우도 있었다. 많은 방산기업이 수직 통합된 국가 보유 회사로 합병됐다. 이 합병의 중심에는 2007년 1월 설립된 Rostekh(Rostekhnologii Public Corporation)가 핵심이었다. 2006년 2월, 러시아는 Tupoleve, Ilyushin, Mig 등과 같은 자국의 모든 항공기 제작업체를 통합해서, UAC(Unified Aircraft Corporation)라는 단일 국영회사로 만들었다.

2000년대에는 스타트업(Start up)이 주로 기존 방산기업 내부에서 설립됐기 때문에 새로운 방산기업과 군사 R&D기관이 OPK에 크게 신규 진입하지 못했다. 오히려 무기 생산에 관여하지 않은 소수의 실적이 저조한 방산기업이 파산을 당하거나 군사영역을 떠났다. 산업통상부에 등록된 방산업체와 R&D 기관의 수는 추가, 합병, 파산, 민간제품 시장으로의 생산 이동 등의 원인으로 인해 1997년 1,700개에서 2014년 1,339개로 OPK 내 방산업체 숫자가 줄었다.[44] 2018년에는 OPK

---

44. Zatsepin, V. (2014). Russia's Defence Industry Complex Comes Out of Shadow. Russian Economic Developments. Moscow, 8, 46–48.

내 방산기업의 수는 1,355개로 약간 증가했다. 이러한 조직 중 다수는 대규모 국방 지주 회사에 속한다. 예를 들어, 2018년 Rostekhnologii 는 OPK 목록에서 약 500개의 회사를 소유했다. 2018년에는 10개의 회사가 SIPRI Top 100 기업 리스트에 이름을 올렸는데, 이들 또한 하위에 방산회사들을 소유하고 있는 지주 회사들이다. 10개의 지주회사 는 Almaz-Antey, United Aircraft Corp., United Shipbuilding Corp., Tactical Missiles Corp., United Engine Corp., High Precision Systems, Russian Electronics, Russian Helicopters, KRET, UralVagonZavod 등이다.

방산업체 내부의 생산 여건은 2000년대 들어 상당히 개선됐다. 군사 및 민간 생산량에 대한 수요가 증가하고 부족한 부품을 교환하기 위한 물물교환이나 생산병목현상 등의 현상이 나타나는 빈도가 감소했다. 그러나 우크라이나 관련 경제 제재는 수입 부품에 의존하는 일부 방산 업체의 생산을 중단시키기도 했다.

러시아는 미국 다음으로 두 번째로 큰 무기 수출국이다. 중국이 2000~2006년에 주요 고객이었지만, 인도는 이후 몇 년 동안 중국을 넘어서는 주요 무기 구매국이 됐다. 2013년 러시아의 방산 수출은 서방의 경제 제재에 중단되었지만, 대부분의 러시아의 무기거래는 제재를 부과하지 않는 국가와의 거래였기 때문에 수출은 2018년까지 약 160억 달러에 달했다.[45] [자료 2-4]에서와 같이 최근 들어 수출하는 국가 수와 거래 가치는 크게 줄었지만, 그래도 몇몇 주요국에 무기 수출을 이어가고 있다는 것을 알 수 있다.

---

45. IISS 2018, The Military Balance 2018, London : Routledge

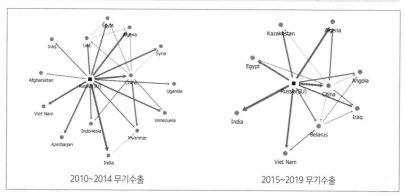

2010~2014 무기수출

2015~2019 무기수출

* TIV ≥ 500만 표시

출처 : SIPRI Arms Transfers Database

군사 대외 무역의 주요 조직은 Rostokroneksport(Rostec corporation 의 자회사)으로, 무기 수출의 약 85%를 통제하고 있다. 대외 무역 조직은 2000년에 Rosoboroneksport가 설립된 후 더욱 중앙 집중화하고 통제가 강화됐다. 수입 측면에서, 2014년 이후 서방의 경제 제재는 우크라이나와 NATO 국가로부터 러시아의 군사 관련 수입을 크게 감소시켰다. 이에 대응해서 러시아는 외국으로부터 제한된 국방 관련 제품 및 정보를 획득하기 위해 제3국을 통한 수입과 기술 스파이 활동을 위한 비밀 프로그램을 강화했다. 특히 중국과 인도의 발전된 기술 역량을 활용하여 과거에는 NATO 국가에서만 획득할 수 있었던 방산 관련 물품과 기술을 얻을 수 있었다.

OPK의 기술혁신은 2000년대에는 발전 속도가 더뎠다. 2000년대 초반에는 1990년대에 비해 많은 자금을 지원받았지만, R&D 인력의 고령화와 기술 수준의 저하로 인해 한계가 있었다. 많은 국방 기업 관리자들이 위험을 회피하는 분위기도 이러한 혁신을 가로막았다. 그러나 군사 기술 혁신에 있어 2011~2020년 국가 무장 계획이 시작된 이래 상당한 개선이 이뤄졌다. 이 성과는 높은 수준의 중앙집권적 모니터링, 더 많은 투자와 개선된 재정적 보상 제도와 같은 인센티브가 있었기 때문이었다.

2000년 이후 과거보다 향상된 효율성과 혁신에도 러시아 방위산업은 여러 곳에서 비효율성과 부패가 존재한다. 1990년대 느슨해진 방위산업에 대해 2000년대에 들어와 정부의 수직적 통제는 강력한 국영기업 설립, 조직 개편, 수직 통합 장려, 군사 산업위원회 등을 통해 강화됐다. 정부는 재고 및 생산 능력에 관해서 전시 동원 요구 사항을 준수해야 한다는 압력을 다시 가했다. 이러한 통제는 오히려 비용을 증가시키고 비생산적인 경쟁을 유발했으며, 또한 부패가 증가했다.[46] 그리고 일반적으로 기업들은 판매 수익에 비해 직원 비율이 높다. 이는 전시 동원 준비와 포괄적인 사회적 지원을 계속 유지해왔기 때문이다. 이것이 방위산업의 비효율성을 유발했다.[47] 2000년대에 들어와 1990년대 발생했던 임금 체납은 근절됐다. 그리고 급여의 실제 가치가 증가했으며, 과거보다 노동의 질이 향상됐다.

46. zum Felde, R. M. (2018). Richard Connolly/Mathieu Boulègue : Russia's New State Armament Programme. Implications for the Russian Armed Forces and Military Capabilities to 2027. London : Royal Institute for International Affairs (Chatham House Research Paper), Mai 2018. SIRIUS-Zeitschrift für Strategische Analysen, 2(3), 298-300.

47. Oxenstierna, S., & Westerlund, F. (2013). Arms procurement and the Russian defense industry : Challenges up to 2020. The Journal of Slavic Military Studies, 26(1), 1-24.

트렌드 읽기

2015년 모스크바 승리의 날 퍼레이드에서 선보인 T-14 아르마타 (Armata) 전차는 러시아의 4세대 주력전차다. 이 전차의 성능은 놀랄 만하다. 차체 전체에 스텔스 기능이 탑재되어 탐지가 어렵고, 어떠한 대전차 화기도 막아낼 수 있다. 장갑은 두 장의 강판으로 구성되는데 그 사이에 폭발성 물질이 들어가 있어 적의 포탄은 관통하지 못하고 중간에 터지게 설계되어 있다. 표적 탐지거리는 5km가 넘고, 드론과 함께 운용함으로써 대공능력도 갖추고 있다. 스펙만 보면 놀라울 수밖에 없지만 2020년까지 2,300대를 납품하겠다던 계획은 전혀 지켜지지 않고 있다. 현재도 이 전차가 제대로 개발이 되고 있는지와 향후 어떻게 될지에 대해 궁금증만 유발하고 있다. 여러 기능을 탑재하다 보니 대형화된 전차는 무게가 무거워졌고 엔진이 이를 버텨주지 못하는 등 여러 가지 문제를 일으키고 있는 것으로 알려져 있다. 이 사례를 제시하는 이유는 러시아의 방위산업은 공급자 중심의 시장으로 혁신, 예산, 온정주의 등과 결합해서 복합적인 문제를 만들어 내고 있기 때문이다.

러시아의 통치는 블라디미르 푸틴(Vladimir Putin) 대통령(2000~2008, 2012~2024) 하에 강화되고 있지만, 냉전이 끝난 시점에 비해 21세기에 들어와서 러시아 방위산업은 개선된 거시적 경제 성과와는 대조적으로 미시적 수준에서 심각한 문제가 남아 있다. 국가기구는 그 힘을 높였고, 대다수 OPK 관련 기구들을 계속 보유했다.[48] 정부는 소련 시절에서 보여준 것처럼 OPK에 대해 수직관계 속에서 직접 또는 간접적

---

48. Monaghan, D. A. (2014). Defibrillating the Vertikal? : Putin and the Russian Grand Strategy. Chatham House, The Royal Institute of Affairs.

지원을 통해 온정주의를 베풀고 있다.[49] 그리고 예산 정책에 있어서 아직 OPK에 대한 연성예산제약 전통이 남아 있다. 가격, 비용, 이윤 등과 같은 방위산업의 성과 지표는 2000년대 들어 어느 정도 중요하게 인식되었지만, 아직 여전히 효율성은 다른 서방국가에 비해 뒤처진다. 기업들이 과도한 노동력과 많은 설비를 유지해왔기 때문에 총 요소 생산성 측면에서 방위산업이 낮게 유지되어 온 것도 사실이다. 2010년대 이후에는 소련 시절에 비해 효율성이 많이 향상됐지만, 아직 T-14 아르마타에서 보여준 문제점들처럼 해결이 되지 않는 내부적인 문제점들을 안고 있다. 러시아가 국제 방산 시장에서 어떻게 효율성, 혁신 등과 같은 문제들을 해결해 나갈지는 앞으로 풀어야 할 과제다.

영국: 전략적으로 접근하는 방산 부흥

영국의 GDP는 1960년 이후 2008년 금융위기와 같은 글로벌 이슈를 제외하고 ①번 자료와 같이 꾸준히 증가하는 양상을 보였다. 2차 세계대전이 끝난 후 계획경제의 도입으로 기간산업을 국유화를 하는 등 높은 고용수준을 유지함에 따라 대외적으로 국제 수지가 악화되고 대내적으로는 인플레이션의 위기를 겪기도 했다. 이러한 상황을 해결하기 위해 1961년부터 유럽경제공동체(European Economic Community) 가입을 시도했다. 그러나 실제로는 1971년 영국과 프랑스 양국 간에 최

49. Gaddy, C. G., & Ickes, B. W. (2005). Resource rents and the Russian economy. Eurasian Geography and Economics, 46(8), 559–583.

① 연도별 GDP(2010년 고정가치, 10억 $)

② 국방비 지출(2018년 고정가치, 100만 $)

③ 국방비의 GDP 비율

④ 수출 및 수입 TIV(백만 TIV)

출처 : World bank, SIPRI Military Expenditure Database, SIPRI Arms Transfers Database

종 합의에 도달해서 1973년 1월부터 정식 가입하게 됐다. 영국은 이러한 경제적 어려움을 겪었음에도 다른 여러 나라에 앞서서 산업혁명이라는 큰 혜택을 누려 오랫동안 세계 경제에 군림했다.

경제 규모의 꾸준한 성장과는 달리 ②번 자료에서 국방비의 증가는 1980년대 정체기를 거쳤다. 1990년대에는 냉전 이후 국방비가 감소하는 추세였다. 그러나 2005년부터 2010년 초반까지 증가세를 보였다. 2010년대 들어 다시 감소 추세를 보인다. ③번 자료에서 국방비의 GDP 비율은 지속적인 하락 양상이다. 전 세계 냉전이 극에 달했던 시기인 1980년대 초반에 다시 증가하는 양상을 보이기도 했다. 이것은 GDP 규모의 지속적인 성장에도 국방비의 실질적 증가가 크게 이루어지지 않았던 상황이 반영된 결과였다. ④번 자료에서 수출은 1950년대 최대치를 기록하고 1960년대 큰 폭의 하락을 경험했다. 그 후 1980년대까지 증가세를 유지하다가 냉전 이후 1990년대와 2000년대 다시 하락을 경험했다. 그렇지만 2010년에 들어와서는 약간의 상승하는 흐름을 보여준다는 측면에 주목해야 한다.

방산 수출에 대한 영국의 의지는 2017년 영국 국방부 정책서 중 '조달 정책'에서 살펴볼 수 있다. 여기서 영국의 방산 수출은 번영과 생산성 향상에 기여하도록 '지속 가능한 수준으로(Sustainable Basis)' 강화해야 한다고 요구하고 있다. 영국은 전통적으로 잠수함 기반의 전략적 핵 억제력과 함께 육상, 해상, 공중, 핵 시스템을 포함해서 광범위한 방산 장비를 공급하는 세계적인 주요 방위산업을 가지고 있다. 이는 영국의 방위산업이 영국군만이 유일한 수요자가 아님을 의미하며, 외국 구매자들에게 수출한다는 것을 의미한다. 영국 국방 수출에는 브라질에 순찰선, 에스토니아에 소해함 등이 있었지만, 2017년 기준으로 항공 우주 분야가 영국 방산 수출에서 약 90%를 차지했다. 주요 품목은 F-35, 인도와 오만에 수출한 Hawk, 사우디아라비아와 쿠웨이트에 수출한 Typhoon 등 항공기와 헬리콥터 엔진, 지원 장비 등이 있다. 2010년대에 들어와서 영국의 가장 큰 국방 수출 시장은 [자료 2-6]과 같이 중동, 북미, 유럽에 있는 국가들이었고, 세계 방산 수출 시장에서 영국의 주요 경쟁자는 미국, 러시아, 프랑스, 독일 및 이탈리아였다.[50] 수입은 수출에 비해 큰 변화는 없다. 그래도 주목할 포인트는 캐나다

---

50. 영국 국방부. (2018). Combat air strategy : An ambitious vision for the future.

등과 유사하게 최근 10년간 수출이 증가하고 수입이 감소하는 양상을 보인다는 것이다. 그리고 영국은 내수 시장에서 모든 장비가 자체적으로 공급되는 것은 아니다. 미사일, 일부 대형 항공기, 헬리콥터 등과 같이 일부는 주로 미국에서 수입한다.

[자료 2-6] 2010년대 영국의 수출 네트워크

출처 : SIPRI Arms Transfers Database

주요 방산기업

영국 방위산업은 글로벌 방산 시장에서 공급을 대표한다. 영국 내에서만 본다면 시장의 독점 또는 과점을 형성하는 소수의 대기업으로 구성된다. SIPRI Top 100에 따르면, 2018년 기준으로 BAE Systems, 롤스-로이스(Rolls-Royce), Babcock International Group, Cobham, GKN(Melrose Industries UK), Melrose Industries,

Serco Group, Meggitt, Devonport Royal Dockyard (Babcock International Group UK), QinetiQ 등 대략 10개 정도의 기업이 여기에 포함된다. 그중 BAE Systems는 국내뿐만 아니라 유럽에서도 지배적 기업이다. 해상 선박 분야에서는 BAE Systems와 Babcock의 과점 시장을 형성하고 있다. 이렇게 소수의 기업에 집중된 불합리한 시장에 대해 영국 국방부는 2018년에 해상 선박의 경쟁을 확대하기 위한 계획을 세우기도 했다. 실제 소수의 대규모 영국 주요 계약자 외에도 산업의 공급망을 형성하는 소규모 회사가 더 많기 때문에 정부는 이들의 참여를 확대시키려고 한다.

정부는 민영화를 원한다

앞서 설명한 것처럼 영국은 2차 세계 대전이 끝나고 기업의 국유화를 통해서 복지국가 실현을 목표로 한 적이 있다. 1960년 이후 영국 방위산업은 국가 및 사유 소유권을 모두 경험했다. 왕실 조선소, 국방연구기관, 왕실병기창(Royal Ordnance Factory), 항공기 회사인 Short Brothers에 상당한 국가 소유권이 있었다. 롤스-로이스는 1971년에 국유화됐다. 1977년에는 항공기와 조선 산업들의 국유화로 이어졌다. 조선 산업의 국유화로 조선, 선박 수리 등이 관련된 27개 회사가 합병돼 영국 조선소(British Shipbuilders)로 알려진 새로운 공공 법인이 설립됐다. 그러나 이런 흐름과 반대로 다시 민영화의 길을 걸었다. 현재의 산업구조는 민영화의 결과를 반영한다고 할 수 있다. 지금의 영국 산업구조를 이해하기 위해서는 마거릿 대처(Margaret Thatcher) 정부

(1979~90)의 방위산업의 국영화에서 민영화하는 과정을 이해해야 한다. 대처는 경제 전반에서 감세와 조세개혁, 노사관계 개혁과 노동 시장 유연성 확보, 대규모 공기업의 민영화, 공공부문의 경쟁도입, 규제 혁파 등을 통해 기울어져 가던 영국경제를 되살려 놓았다고 평가를 받는다. 강력한 정부 정책은 방위산업이라고 예외는 아니었다.

방산 부문에서 주요 민영화는 다음과 같다. 대처 정부에서 영국 방위산업의 주요 민영화의 시작은 1981년과 1985년에 영국 항공 우주 회사인 BAe(British Aerospace)의 주식 매각으로 이루어졌다. 이것은 BAe가 국가소유에서 개인소유 기업으로, 그리고 개인소유 기업이 특정 부문에서 국내 독점체계로의 변화를 의미했다. GEC(General Electric Company)는 회사의 마르코니 전자 체계(Marconi Electronic System) 부문을 BAe에 매각하는 것에 동의했는데, 그래서 탄생한 것이 바로 BAE Systems였다. 롤스-로이스의 경우, RB211 항공 엔진 개발에 있어 상당한 비용 초과로 인한 재정 파탄으로 1971에 국유화됐다. 이 국유회사는 1987년 주식 발행을 통해 민영화했다.[51] 그리고 조선 부문의 민영화는 1983년 이후 군용 함정 부문에서 시작됐다. 초기에 이와 같은 소유권 변경은 국내 독점이 경쟁 구조로 대체됐다는 것을 의미한다. 크게 보면 BAE Systems와 Babcock 두 거대 기업의 과점 시장으로 개편됐다. 시장이 개편되는 분위기 속에서 이 두 기업을 중심으로 주요 조선소들이 인수됐다. 예를 들어 Vosper Thomeycroft는 Babcock에 인수됐고, Barrow와 Yarrow 조선소는 BAe에 의해 인수

---

51. Parker, D. (2009). The Official History of Privatisation Vol. I : The formative years 1970–1987 (Vol. 1). Routledge.

되어 나중에 BAE Systems가 됐다. 왕실병기창은 전통적으로 국유 독점품인 탄약, 폭발물, 소형 무기, 전투 차량 등을 생산했다. 운영 효율성에 대한 지속적인 우려로 인해 왕실병기창을 하나의 부서로 판매해야 하는지 아니면 별도의 법인들로 판매해야 하는지에 대한 논쟁이 있었다. 결국 왕실병기창은 두 부분으로 민영화됐다. 전차 사업 부문과 리즈 공장(Leeds Factory)은 Vickers로 넘어갔으며, 나머지는 BAe에 판매됐다. 국유화에서 민영화된 사업 부문들은 민간 부문 독점을 창출하는 결과를 낳기도 했다. 이것은 영국 방산 시장에서 경쟁을 촉진하는 정부의 선호 정책과 상반되는 측면이 존재했다.

마지막으로, 영국 방위산업의 많은 민영화 이후에도 정부 소유의 국방 연구기관들이 남아 있었다. 이들은 1995년에 새로운 기관인 DERA(Defense Evaluation and Research Agency)에 합병됐다. 이 DERA는 2001년에 다시 해산해 두 조직으로 분할됐다. 더 큰 부분은 QineCiQ로 민영화했고, 나머지는 핵, 화학, 생물학적 연구 등과 같이 정부가 수행할 연구를 담당하는 국방과학기술연구소(Defense Science and Technology Laboratory)가 됐다.

트렌드 읽기

영국은 매년 국방부에서 정책 자료를 출판한다. 이 자료에서 영국의 주요 정책의 방향성을 읽을 수 있다. 영국 방위산업 정책은 조달 정책의 기초를 간략하게 설명한다. 그 내용을 살펴보면 다음과 같다. '⋯ 군대는 투자 대비 최고의 가치를 발휘할 수 있는 능력을 갖춰야 하며, 가능하면 전 세계 시장에서 열린 경쟁을 통해 이를 달성한다.'[52] 다시 말하면, 영국군의 전투력 향상을 위해 전 세계에 방산 물자 시장을 개방해 놓겠다는 의미다. 그러나 2017년 기준으로 새로운 국방부 계약의 58%가 비경쟁적 방식으로 체결됐다. 2010년 36%와 비교할 때 비율이 크게 증가했다. 왜 이런 현상이 발생하고 있을까? 그 이유는 영국의 경쟁 조달 정책에서 찾을 수 있는데, 다른 국가들과의 장기적인 협력으로 영국에 전략적, 군사적, 경제적 이익을 주는 곳을 고려하기 때문이다. 과거에 영국 정부가 이러한 선택을 했던 대표적인 예를 든다면, 미국의 F-35 프로그램일 것이다. 영국은 미국과의 F-35 프로그램에서 유일한 1단계(Tier) 파트너다. 대략 3,000대의 항공기 물량의 15% 사업 가치를 생산한다. 영국이 구매할 138대의 항공기를 100% 제작하는 것보다 훨씬 더 많은 양이다. 그리고 때로는 장기적인 파트너십(Partnership) 계약을 맺을 수 있는 곳을 고려하기도 한다. 예를 든다면, MBDA와 장기적인 계약 사례가 있다. MBDA는 영국 북서부의 새로운 제조 공장에 투자함으로써 500개 이상의 숙련된 일자리를 만드는 역할을 했다.[53] 전반적으로 영국 국방 조달은 계약을 통해 가치를 극대화할 수 있는 곳을 고려하기 때문에 비경쟁계약이 높아지고 있는 추세다.

영국 국방부는 중소기업에도 기회를 제공한다. 주요 방산업체 수준의 경쟁이 불가능한 경우, 영국 국방부는 중소기업에 초점을 둔 경쟁을 촉진하는 것을 목표로 한다. 2016년 기준 국방부는 16,500여 개 이상

---

52. 영국 국방부. (2017). Industry for Defence and a Prosperous Britain : Refreshing Defence Industrial Policy.

53. 영국 국방부. (2017). UK defence in numbers in 2017.

계약업체 중 약 6,000개 중소기업이 국방부와 직접 계약을 체결했다. 이는 중소기업이 방산 시장에 대한 진입비용을 줄여 능력이 있는 중소기업이라면 더 쉽게 국방사업을 수행할 수 있도록 하는 것이 목표다.

영국 방위산업 정책은 영국의 조선 부문에 가장 명확하게 공식화했다. 2017년에 '조선 산업 전략'을 발표했다. 여기에 있는 내용에 따르면, 영국은 더 많은 조선소를 지원해서 영국 해군에 현대적이면서 더 많은 선박을 제공해 줄 수 있는 효율적인 조선 기반을 마련하는 것이 목표다.[54] 그리고 국가 안보의 이유로 모든 영국 해군 군함은 영국에서 건조할 것이라고 한다. 이 전략에는 30년 마스터 플랜(Master Plan)이 포함되어 있다. 향후 30년 동안 영국 국방부가 요구할 선박의 수와 유형을 지정했다. 이 전략이 나온 배경에는 최근 영국의 조선 산업이 과거의 영광을 누리지 못하고 있기 때문이다. 이 문제에 대해 한 학자는 최근까지 정부는 비용 증가와 조달 시간 증가로 인해 원하는 수의 선박을 조달할 수 없었고, 수출에 성공하지 못했다고 지적하기도 했다.[55]

---

54. 영국 국방부. (2017). National shipbuilding strategy : The future of naval shipbuilding in the UK.

55. Parker, J. (2016). An independent report to inform the UK national shipbuilding strategy. Ministry of Defence.

프랑스 : 변화의 민첩성을 보여주다

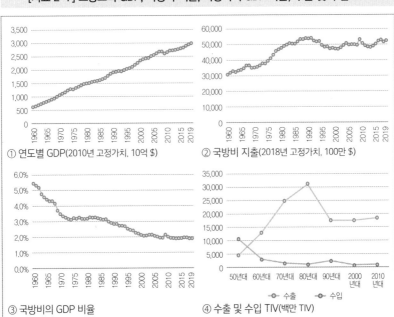

[자료 2-7] 프랑스의 GDP, 국방비 지출, 국방비의 GDP 비율, 수출 및 수입 TIV

① 연도별 GDP(2010년 고정가치, 10억 $)

② 국방비 지출(2018년 고정가치, 100만 $)

③ 국방비의 GDP 비율

④ 수출 및 수입 TIV(백만 TIV)

출처 : World bank, SIPRI Military Expenditure Database, SIPRI Arms Transfers Database

프랑스는 ①번 자료와 같이 1960년 이후 GDP가 꾸준히 성장했다. 주로 자동차, 기계, 의류, 화장품, 전자제품 등의 산업 분야에서 눈부신 발전을 이뤘다. 프랑스는 세계적인 화장품 브랜드를 가지고 있으며, 관광산업 또한 주 소득원이다. 프랑스는 G7 및 OECD(Organisation for Economic Cooperation and Development)의 회원국이기도 하다. 1949년 소련의 위협에서 서방을 보호하기 위해 창설된 집단 방위체제인 NATO(North Atlantic Treaty Organization)의 창립 멤버로 힘의 균형을 뒷받침했다. 그러나 1966년 샤를 드 골(Charles de Gaulle) 대통령(1959~1969)이 미국의 영향권에서 벗어나 독자 외교노선을 걷기 위한 명분으로 NATO 통합군사령부로부터 프랑스의 탈퇴를 결정했다(2009년에 NATO에 다시 복귀). 이후 서방국가지만 소련, 중국과 국교를 수립, 중화인민공화국의 UN대표권 승인 등 중립적인 외교를 표방했다. 1945년 이래 프랑스 국방 정책의 목표는 '전략적 자율성'을 달성하는 것이었다. 이로 인해 NATO에 대한 탈퇴뿐만 아니라 핵 억제력 구축, 자주적 방위산업의 발전을 이뤘다.[56] 그러나 이러한 위치를 갖는 데 상당한 재정적 지원이 필요했다. 실제 1960년 중반부터 ②번 자료와 같이 국방비 지출이 급격히 증가했다. 1990년대에 국방비 지출 감소는 냉전의 종식과 국가의 경제적 역할이 중요성이 대두되던 시기였기 때문이다. 최근까지 예산 절감의 압박에도 프랑스는 국방개혁을 통해서 세계적인 수준의 군사력을 유지하고 있다. ③번 자료에서 GDP에 대한 국방비 비율은 대략 2%를 상회하는 수준이다. 하지만, 프랑스는 2025년까지 이를 증가시킬 것이라고 군사사업법 2019~2025(Military Programming Law 2019–2025)[57]에서 밝히고 있다. 그리고 프랑스 국방 산업은 오랜 수출 역사를 가지고 있다. ④번 자료에서 프랑스 방위산업 수출은 1970년대에 크게 증가해서 1980년대에 정점에 도달한 후, 1990년대부터 큰 변화 없이 안정적으로 유지하는 모습이다. 최근에는 프랑스의 국방비 절감 압박과 맞물려 수출에 대한 중요성이 더

56. Fontanela, J., & Hébert, J. P. (1997). The end of the "French grandeur policy". Defence and Peace Economics, 8(1), 37–55.

57. Military Program Law 2019–2025 : "Renewing the Military", 인터넷 주소 : http://www.defense-Aerospace.com/article-view/release/190616/france-unveils-plan-to-invest-%E2%82%AC295bn-in-2019_2025-to-upgrade-military-equipment.html

강조되고 있다. 2010년대에는 프랑스의 주요 체계 통합 업체와 부품 공급 업체가 수출에 대한 기여도가 높다. [자료 2-8]에서 프랑스는 2000년대 수출 대상국이 61개였지만, 2010년대에는 95개로 증가했다. 그리고, 주변국들의 거래 또한 증가 양상을 보인다. 주요 수출국은 사우디아라비아, 카타르, 이집트, UAE 등을 포함한 중동뿐만 아니라 인도, 중국, 일본, 한국, 말레이시아, 싱가포르 등을 포함한 아시아, 그리고 비록 수출가치는 작지만 북미와 아프리카도 있다. 프랑스 방산 수출은 2015년과 2016년에 기록적인 수준을 기록했다. 주요 계약은 라팔(Rafale) 전투기, 헬리콥터 등을 포함하는 항공과 조선 분야에서 발생했다. 이에 더해서, 2016년 4월 중국의 확장에 대응하는 호주 해군의 차세대 잠수함 생산을 위한 프랑스 Naval Group의 성공적인 입찰은 아시아, 오세아니아 시장에서 프랑스 산업의 입지를 확실히 보여주었다. 프랑스 정부는 최근 10년간 수출과 국제공동개발에 대해 끊임없이 강조하고 있으며, 이에 대한 성과가 나오고 있는 것으로 보인다.

[자료 2-8] 프랑스의 2000년대와 2010년대 무기수출 비교

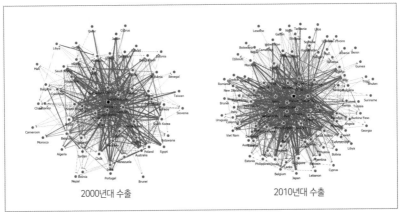

출처 : SIPRI Arms Transfers Database

합병과 민영화

역사적으로 프랑스의 방위산업은 안정적 성장을 경험했다고 하더라도, 2000년 이후 상황이 크게 바뀌었다. 미국과 유럽에서 새로 생겨난 대형 방산업체와 경쟁 증가, 가격과 혁신에 대한 압박, 국제 무대에서 새로운 경쟁사의 출현, 수출 고객들의 기술 이전 및 파트너십 측면의 요구 사항 증가 등이 그것이다. 이러한 환경 변화에 대한 대응으로 프랑스의 방위산업은 합병을 통해 소수의 기업으로 탈바꿈했다. 프랑스의 방위산업은 Airbus Group, MBDA, Naval Group, Dassault Aviation, Arquus, Nexter, Safran, Thales 등 8개의 주요 업체와 엔진 제작 업체들이 핵심이다. 이 중에서 Airbus, Dassault Aviation, Thales, Safran 등은 민간과 군사 부문에서 사업을 수행하는 반면, MBDA, Naval Group, Nexter, Arquus는 방산을 전문으로 하는 기업으로 발전했다. 이 8개 회사는 정부의 국방 계약에 대한 집중화가 점차 증가했다. 2015년부터는 정부 주문의 약 70% 이상을 받고 있다. 현재 이러한 방위산업 생태계가 조성된 것은 1960년대의 정부 정책과 변화된 산업 환경에 적응한 결과다.

1958년 5월 샤를 드 골(Charles de Gaulle) 장군이 권력을 잡고 프랑스를 현대적인 최첨단 군사력으로 만들겠다고 결심했을 때, 그는 무기의 설계와 생산에서 정부와 산업구조를 완전히 개혁하기 위한 정치적 조건을 만들었다. 이 개혁을 완수하기 위해 프랑스 방위산업은 1960년대부터 1980년대까지 국가 주도형 '규제 관리 시스템' 속에 있었다.[58] 이 시

---

58. Hébert, J. P. (1995). Production d'armement. Mutation du système français. Notes et études documentaires (Paris), (5009–10).

기에 주요 무기체계 별로 하나의 주요 방산업체를 만들면서 집중적으로 육성했다. 그래서 당시에는 무기 공장, 국영기업, 대체 에너지 및 원자력위원회인 CEA(Commissariat à l'énergie atomique et aux énergies alternatives), 프랑스 항공우주 연구소인 ONERA(Office National d'Etudes et de Recherches Aérospatiales) 등의 공공 기관이 프랑스 방산 부문을 주도했으며, 항공분야는 민간기업들과 협력하는 구조로 발전했다. 1961년 새로 창설된 군비대표단(Department of Military Affair)[59]은 핵의 개발과 이행을 위한 독립적 임무를 부여받기도 했다. 이것은 국가의 역할에 대한 우선순위가 높다는 것을 의미한다. 그리고 그 다음은 가격이나 기술적 성능과 같은 시장 상황을 고려했다는 것이다.

산업구조의 재건의 중심에는 기술혁신이 있었다. 정부 주도의 독창적인 혁신 노력은 무기 시스템의 설계, 생산, 구현, 유지, 현대화를 위한 방위산업기반을 안정화하는데 결정적 역할을 했다. 이를 위해 민간 연구를 국방 기관에 더 가까이 가져오고, 산업 생태계에서 연구를 촉진하는 것이었다. 그리고 프랑스만의 독특한 무기 공학과 엔지니어의 육성은 과학, 기술 및 산업 현대화 과정의 촉진제 역할을 했다.

1990년대에 들어와서는 냉전 종식으로 인한 국방비 증가에 대한 압박, 미국의 주요 방산업체들의 경쟁 증가, 영국, 독일, 이탈리아, 스페인의 국가 통합 운영 등과 같은 상황은 프랑스 정부의 역할에 의문을 주었다. 정도의 차이는 있었지만 Matra, Dassault Aviation, Thomson CSF, Sagem, DCN, GIAT, Snecma, Aerospatiale 등과

---

59. 프랑스 정부의 무기 시스템 구매, 개발 및 구매를 담당하는 프랑스 정부 국방 조달 및 기술을 담당하는 기관이다. 1977년에 DGA(Délégation Générale de l'Armement)로 개명되었다.

같은 전통적인 방산업체는 이러한 상황에 대응하기 위해서 '민영화'와 '합병'의 방향으로 움직였다. 국가 차원에서도 공공기관을 비롯한 산업에 대한 구조조정을 어떻게 할 것인가에 대한 고민의 시간이 다가온 것이다. 군사 항공 우주 분야에서 첫 번째 형태의 유럽화가 등장했다. 프랑스 Aerospatiale Matra, 독일 DASA, 스페인 CASA 합병 등으로 2000년 7월 Airbus그룹(이전 EADS)가 탄생했다. 2001년에는 Airbus가 37.5%, BAE Systems가 37.5%, Finmeccanica가 25%의 지분을 보유한 미사일 생산 업체 MBDA가 탄생했다. 2000년에는 국방 전자 부문에서는 Thales로 통합됐고, 2005년에는 엔진 및 항공 장비 부문에서 Safran으로 국가 차원에서 통합이 일어났다. 조선 분야에서는 1997년에 DGA가 산업 및 국가 활동의 분리 후, 2003년에 국영 자본을 일부 보유한 사기업이 되었다. 2007년에는 DCNS(Direction des Constructions Navales)로 이름을 바꾼 후, 2017년 지금의 Naval Group으로 개명했다. 지상 방산 부문의 변화도 동일한 패턴을 따랐다. 2001년 Renault Trucks Defense는 RVI(Renault Vehicules Industriels)를 경유해서 Arquus에 인수됐다. 2006년에는 ACMAT가, 그리고 2012년에는 Panhard General Defense가 Arquus에 인수됐다. GIAT(Groupement Industriel des Armements Terrestres)는 1990에 국유자본이 소유한 사기업인 GIAT Industries SA로 전환했다.

트렌드 읽기

프랑스는 지금까지도 방위산업에 있어 자주적이면서도 글로벌 추세에 맞는 민첩성을 보인다. 2019년 7월 14일에는 1789년 프랑스 대혁명을 기리는 기념일을 맞아 '우주군(Space Force)' 창설을 선언했다. 이러한 움직임과 더불어 프랑스가 미래에 어떤 방향으로 방위산업과 군사력을 발전시킬 것인가에 대한 방향을 보기 위해서는 2017년 전략 검토(Strategic Review of 2017)와 2019년 제정된 군사사업법 2019~2025를 살펴봐야 한다. 군사 사업법 2019~2025는 2017 전략 검토의 결론에 제시된 과제를 해결하기 위해 제정된 법으로 볼 수 있다. 이 공식 문서는 전략적 자율성의 필수 구성 요소로써 '강력한 프랑스 방위산업의 중요성'을 강조한다. 방위산업이 중요한 이유는 장비 공급의 보안, 국가의 주권 확보를 위해 필수 불가결한 요소라고 설명한다. 이에 걸맞게 국방비도 2025년까지 연금을 제외한 예산 기준으로 GDP의 2%까지 증액할 예정이다. 2019년에서 2023년 사이에 군에 1,980억 유로가 지원될 것이며, 이 중 절반 이상의 금액이 장비도입에 할당될 예정이다. 2025년까지 고려한다면 더 많은 금액이 할당될 것임을 예측할 수 있다. 이 예산이 사용될 주요 프로젝트는 육군의 기동력 개선을 위한 전갈사업(Scorpion Program), 해군의 FRJEMM(Frégate Européenne Multi-mission), FTI(Frégates de Taille Intermédiaire), 바라쿠다(Barracuda)급 잠수함 등과 같은 주요 선박 도입사업, 공군에서는 A400M 수송기, A330 MRTT 공중급유기 도입 등 사업들이 있다. 탄도미사일(Ballistic Missile), 원자력 잠수함(Nuclear-powered Submarines)[60]에 대한 연구 또는 샤를 드골 원자력 추진 항공모함(R-91) 대체 연구 등도 계획됐다.

---

60. 이를 SSBN이라 부른다. 이는 전략 핵탄도 미사일 잠수함을 의미하는 미국 해군의 잠수함 식별부호이다. 여기서 SS는 잠수함을 의미하며, B은 탄도 미사일을 의미하며, N은 원자력 추진을 말한다.

참고로, 유럽에서는 원자력 추진 항공모함을 보유하고 있는 나라는 프랑스가 유일하다.

독일 : 발전 잠재력이 큰 국가

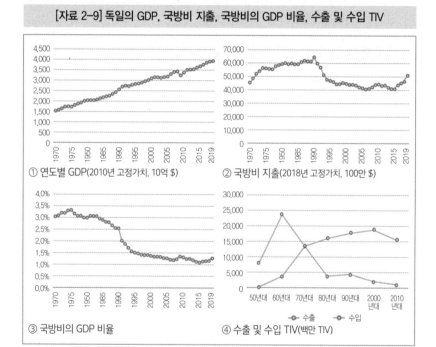

[자료 2-9] 독일의 GDP, 국방비 지출, 국방비의 GDP 비율, 수출 및 수입 TIV

① 연도별 GDP(2010년 고정가치, 10억 $)

② 국방비 지출(2018년 고정가치, 100만 $)

③ 국방비의 GDP 비율

④ 수출 및 수입 TIV(백만 TIV)

출처 : World bank, SIPRI Military Expenditure Database, SIPRI Arms Transfers Database

독일(독일제국(1871~1919), 나치독일(1933~1945))은 과거 1, 2차 세계대전의 주축 국가였다. 2차 세계 대전이 끝난 후 독일은 동독과 서독으로 분단됐다. 영국, 프랑스, 소련 등에게 막대한 배상금을 지불했다. 그리고 주요 산업 시설들이 해체 수순을 밟게 됐는데, 전쟁 후 대략 1,500개의 공장이 해체됐다. 이 수치를 1938년의 공장 숫자와 비교하면 대략 절반 수준으로 줄어들었다. 주로 서독에서의 이러한 해체절차는 1951년 즈음 비로소 끝났다. 1950년에만 706곳의 공장이 해체됐다. 철강 생산 능력은 67억 톤이나 감소했다.[61] 이것은 서독의 생활수준을 다시 1930년대로 돌아가게 했다. 어려운 여건 속에서도 서독은 1950~1973년 동안 연평균 5.9%의 높은 성장률을 기록하는 '라인강의 기적(Wirtschaftswunder)'을 이룩했다. 이 기간동안 독일은 경제성장, 고용, 물가, 국가재정 등의 측면에서 모범적인 국가로 발전하게 됐다. 이후 1970년대에는 글로벌 석유파동, 1990년대 막대한 통일비용에 대한 부담 등에도 ①번 자료와 같이 지속적인 성장을 이루어냈다. 2006년부터 세계 경제의 호황과 독일 산업의 경쟁력 회복, 정부의 과감한 구조개혁 정책 등에 힘입어 2006년(3.0%)과 2007년(2.5%) 견고한 성장률 기록하기도 했다. 2008년 세계 금융위기 여파로 2009년에 2차 세계대전 이후 최악의 경기침체를 경험하기도 했다. 그러나, OECD 회원국 중 상대적으로 신속하게 회복했으며, 꾸준한 성장률을 유지하고 있다. 1990년 서독과 동독의 통일 이후 긴장 완화와 더불어 통일비용 충당 등의 이유로 ②번 자료와 같이 국방비 지출을 급격하게 낮췄다. 이러한 추세는 그래프를 볼 때 현재까지 지속되고 있는 경향을 보이고 있지만 최근에 국방비가 다시 증가하는 추세다. ③번 자료에서 독일의 냉전이 심화되고 있었던 1970년대에는 GDP의 3% 이상을 국방비로 지출했다. 그러나, 이후 이 비율이 계속 낮아져 현재 GDP의

61. Gareau, F. H. (1961). Morgenthau's Plan for Industrial Disarmament in Germany. Western Political Quarterly, 14(2), 517-534.

1.2% 수준의 국방비를 지출하고 있다. 지난 2002년에 모든 NATO 회원국들은 군사비를 GDP 대비 2% 이상으로 늘리기로 합의했다. 이러한 약속에도 최근 올라프 숄츠(Olaf Scholz) 재무부 장관은 2024년까지 독일 국방비를 GDP의 2%까지 끌어올리겠다는 방침을 철회했다. 향후 이 비율을 독일의 재정 계획으로 유추해볼 때 2020년에는 1.37%까지 오르다가 2023년 1.24%로 하락할 전망이다. ④번 자료에서 보듯이 독일의 무기 수출 가치는 최근 상승세는 조금 주춤했지만 꾸준히 증가하고 있다. 1970년대 이전에는 수입 가치가 수출 가치보다 많았다. 그러나, 1970년대부터 수출이 수입보다 많은 가치를 차지하고 있는 것을 알 수 있다. [자료 2-10] 독일의 수출 네트워크에서 1980년대에 수출 국가 수가 58개에서 2010년대에는 68개로 증가했다. 그리고 과거에는 대부분의 수출이 NATO와 EU 회원국으로 편중됐다. 하지만, 지난 몇 년 동안은 NATO와 EU 회원국 이외의 국가로 수출 비중은 상당히 증가했다. 독일은 세계에서 가장 큰 방산 수출국 중 하나가 됐다. 세계 방산 수출에서 약 5~6%의 점유율을 차지한다. 그러나 독일이 일반 제조품의 세계 수출에서 차지하는 점유율과 비교해 본다면 방산 수출의 비중은 낮다.[62] 그래도 무기 수출에 대한 독일 방위산업 생산의 의존도는 시간이 지남에 따라 증가하고 있다. 2차 세계대전 이후 많은 공장의 문을 닫아야 했던 독일이 이제는 글로벌 방산 시장에서 입지를 점차 강화하는 추세다.

---

62. Krause, J. (2018). Deutschlands Rolle im internationalen Handel mit konventionellen Waffen und Rüstungsgütern : Sind wir die "Waffenkammer der Welt?" SIRIUS-Zeitschrift für Strategische Analysen, 2(2), 137-157.

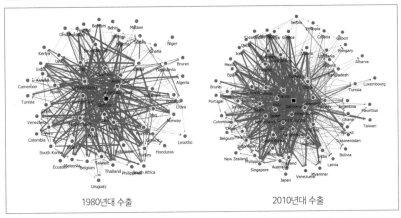

[자료 2-10] 독일의 1980년대와 2010년대 무기수출 비교

1980년대 수출

2010년대 수출

출처 : SIPRI Arms Transfers Database

방위산업의 비중은 어떠한가?

독일에는 연방 경제·에너지부(Federal Ministry for Economic Affairs and Energy)라고 부르는 BMWi(Bundesministeriums für Wirtschaft und Energie)라는 정부 부처가 있다. 이 기관에서는 매년 경제 보고서를 발간하는데 이 자료를 보면 독일에서 방위산업의 비중을 읽을 수 있다. 결론적으로, 거시 경제적 측면에서 독일 방위산업은 중요도가 낮다. 산업 고용, 부가가치, 수출 측면에서의 비중이 1% 미만이다. 최근 수년간 BMWi 보고서에 따르면, 약 200~250억 유로의 매출, 100~120억 유로의 부가가치, 국민 소득의 0.6%, 직접고용 약 60,000~70,000명, 그리고 독일 제조업의 1%를 약간 상회하는 간접고용 30,000~50,000명 정도의 위치를 차지한다. 그러나 수치적으로 단순하게 접근하면 중요한 포인트를 놓칠 수 있다. 왜냐면 일부 지역과 일부 산업 분야에서

방위산업은 매우 중요한 부분이 있기 때문이다. 즉 지역적 특색과 산업적 특색이 존재하는 것이다. 냉전 종식 이후, 지역 집중도가 높아졌고, 항공 우주와 조선과 같은 부문의 중요성이 상대적으로 커졌다. 판매 측면에서 항공 우주는 독일 방위산업에서 가장 중요한 부문이며, 그 뒤에 차량, 전자, 조선이 위치한다. 판매 측면이 아닌 부가가치나 고용과 같은 경제적 효과에 의한 순위는 약간 차이가 날 수 있다. 그 이유는 노동 생산성, 부품의 수입 등에서 차이가 발생하기 때문이다. 방위산업에 대한 매출도 부문별로 큰 차이가 난다. 조선 부문에서 국방은 아주 중요한 위치를 차지한다. 2010년에는 조선 매출의 50% 이상을 국방이 제공했다. 다음으로는 항공우주인데, 방산 관련 활동이 생산 활동의 20% 정도를 차지한다. 군용 트럭과 전투차량 제조가 독일 방위산업의 경쟁력이 큰 부문임에도, 산업 생산은 비교적 낮다.

주요기업, 그리고 작지만 혁신적인 기업들

독일에서는 국제적 명성을 가지고 있으며, SIPRI TOP 100 리스트에 거의 고정적으로 이름을 올리고 있는 4개 기업, 즉 Rheinmetall, Thyssen-Krupp, Krauss-Maffei Wegmann, Hensoldt가 있다. Rheinmetall은 독일 연방군(Bundeswehr)과 수출을 위한 대구경 화기와 탄약이 주요 생산품이다. Thyssen-Krupp의 Marine Systems 사업부는 세계 최고의 잠수함 생산 업체 중 하나다. 수상 선박과 PUMA와 같은 소형 장갑차도 생산한다. Krauss-Maffei Wegmann는 Leopard II 전차가 가장 잘 알려진 제품이지만, 소형 장갑 차량도 생산하고 있다. 마지막으로, Hensoldt는 독일에 본사를 둔 다국적 기업으로 국방, 보안 및 항공 우주 분야의 보호 및 감시 임무를 위한 센서 기술에 중점을 두고 있다. 주요 제품 영역은 레이더, 항공 전자 장치 등이다.

이러한 주요 기업이 독일에 있지만, 고용 측면에서 독일 최대의 방산 기업은 다국적 기업인 에어버스이다. 독일의 전체 방산 매출의 약 30%의 점유율을 가진다. 에어버스는 전자 부품부터 헬리콥터에 이르기까지 다양한 생산 포트폴리오를 독일 현지에 가지고 있다. 독일의 주요 방산 수출 기업으로서 역할도 한다. 독일의 에어버스는 민간 및 공공 소규모 무기 생산업체의 합병 및 인수의 결과로 독일 북부와 남부에 다수의 생산시설을 가지고 있다.

주요 4개 기업 그리고 에어버스 이외에도 국내 및 해외 시장에서의 판매 성공 여부에 따라 여러 해 동안 SIPRI Top 100 리스트에 이름을 올린 기업도 있었다. 여기에는 소형 함정 생산자인 Liirssen과 소형 무기 생산자인 Heckler und Koch가 포함된다. 이들은 기업의 규모가 크지 않으나, 특정 시장 부문에서 중요하기 때문에 언급할 가치가 있다. 이 두 회사는 독일 소규모 내수 시장 부문에서 강력한 경쟁력을 보유하고 있다. 전 세계적으로의 수출이 기업의 규모에 비해 활발하고 오랜 역사를 가지고 있다. 이 외에 독일의 방산 생산에 관련된 소규모 기업이 얼마나 존재하는지 정확하게 알기는 어렵지만, 한 자료에 따르면 독일 정부로 군사용 및 기타 군사용 제품을 판매한 중·소기업의 비중은 5% 정도 되는 것으로 추정했다.

다시 말해 독일의 방위산업은 주요 대기업의 집중도가 심한 상태라고 결론내릴 수 있다. 방위산업과 보안 산업을 함께 살펴본 또 다른 연구에서는 중소기업의 점유율이 더 크다고 추정했다. 하지만, 이는 보안 산업의 정의에 따라 점유율이 달라질 수 있으므로 앞서 설명한 방위산업 구조가 좀 더 설득력이 있는 듯하다.

독일 방위산업의 특징은 무엇인가?

2차 세계대전이 끝난 후, 독일 방위산업에 대한 연합군의 제재 환경 속에서 민간산업과 방위산업의 긴밀한 통합은 독일 방위산업 발전 과정의 특징이다. 특히, 지상무기나 차량, 그리고 조선분야에서 기술적으로 진보된 민간의 우수한 기술과 상호작용으로 발전했다.[63] 또 다른 특징은 2차 세계 대전 이후의 국방 기술에 대한 제제가 있었음에도 서독의 방위산업은 전쟁 이전 무기 생산 기술과의 조합으로 발전했다. 2차 세계 대전 당시 나치독일은 세계 최초의 타이틀을 가진 무기들의 전시회를 방불케 할 정도 첨단화를 이뤘다. 세계최초의 제트 전투기 Heinkel He280, 세계 최초의 양산 제트 전투기인 메서슈미트 Me 262, 세계 최초의 스텔스 항공기 Horten Ho 229, 세계 최초의 램제트(Ramjet) 엔진, 세계최초의 순항미사일 V−1 로켓, 세계최초의 탄도미사일 V−2 로켓, 세계최초의 지대공미사일 Fliegerfaust(Luftfaust으로 알려짐), 세계최초의 공대공 유도 미사일 Ruhrstahl X−4, 세계최초의 무선으로 조종되고 고체연료를 사용하는 공대공미사일 Henschel Hs 298, 세계 최초로 실용화된 공대공 로켓 Brodrakete R4/M

63. Creswell, M. H., & Kollmer, D. H. (2013). Power, Preferences, or Ideas? Explaining West Germany's Armaments Strategy, 1955−1972. Journal of Cold War Studies, 15(4), 55−103.

"Orkan"(Hurricane) 등 세계 최초로 첨단 무기를 개발했거나 설계한 예가 너무 많다. 잠수함 기술도 뛰어났는데, 1, 2차 세계 대전을 거치면서 1,540척을 건조했다는 사실은 놀랍다.

독일의 수출은 최근 증가하고 있는 추세인데, 다른 나라에는 없는 독일만의 특징이 방산 수출에도 있다. 그것은 여론의 중요성이다. 독일 국민 대상 여론 조사에 따르면, 해외로 무기를 수출한다는 것에 사람들은 호의적이지 않다.[64] 이것은 독일의 세계 전쟁에 대한 전범 국가로서의 역사에 대한 회의적인 분위기에 의해 형성된 것으로 보인다. 좌파인 녹색당(Bündnis 90/Die Grünen)이 더 제한을 요구한다. 보수적인 자유당(Deutschvölkische Freiheitspartei)이 현 상태 유지를 요구하는 주장과 함께 이러한 대중의 분위기는 독일 방산 수출 정책을 불안정하게 만든다. 그러나 현실에서 수년간 독일 방산 수출은 정부의 정책 변화보다는 해외 다양한 주요 고객 국가들의 수요의 변화와 고객과의 장기적인 공급 관계 등에 의해 주도되었던 측면이 컸다. 그리고 수출에 영향을 미쳤던 요소는 제3국에 대한 수출이었다.

독일 정부의 방산 수출 지침에서 국가 분류는 NATO 및 EU 회원국과 제3국으로 크게 구분한다. NATO 및 EU 회원국에 대한 무기 수출에 대한 제한은 없는 것이 일반적이지만, 제3국으로의 수출에는 공식적으로 독일의 안보 및 대상국과의 정책적 이익 측면에서 구체적인 정당화가 필요하다. 경제적 이익만이 제3국으로의 무기 수출이 정당화되지는 않는다. 2019년에 마지막으로 변경된 무기 수출에 대한 공식적

64. Brzoska, M. (2017). Rüstungsherstellung und Rüstungsexport : Gebote, Verbote und Paradoxien. In Handbuch Friedensethik (pp. 753-766). Springer VS, Wiesbaden.

인 정책에는 수입을 원하는 국가의 국제적인 행동의 적절성 및 무기 수입을 유지할 수 있는 경제적 능력에 대한 고려뿐만 아니라, 주요 인권 침해는 정부가 수출 라이센스를 거부할 수 있는 이유라고 명시하고 있다.[65] 그러나 무기 수출을 경제적 측면의 중요성을 고려하지 않는다는 공식적인 입장에 대해 의문을 가지는 학자들도 있다. 예를 들어 해군 함정 수출이 거부된 사례는 거의 없다. 2018년에는 사우디아라비아 정부가 예멘 전쟁에 관여한 것을 이유로 사우디아라비아에 대한 수출을 금지했다. 하지만 사우디아라비아에 의해 주문된 순찰선은 면제하기도 했다. 이러한 사례로 볼 때 경제적인 이유가 방산 수출에서 완전히 자유롭지 않은 것으로 보인다.

트렌드 읽기

독일 방위산업을 정리하자면, 거의 모든 국방기술을 보유할 정도로 첨단화 되어 있고, 강력한 무기를 생산할 수 있는 방위산업을 가지고 있다. 장갑차나 전차와 같은 지상무기 뿐만 아니라 잠수함, 해군 함정 등 해상무기의 건조에도 2차 세계대전 이후 축적된 노하우는 세계적인 경쟁력이 있다. 뿐만 아니라 소형 무기와 특정 유형의 대구경 포와 같은 작은 틈새에도 강력한 위치가 존재한다.

앙겔라 메르켈(Angela Merkel) 총리가 이끄는 독일 정부는 NATO 동맹국, 특히 미국의 압력으로 2018년에 2022년까지 국방 지출을 현재

---

65. Jahreswirtschaftsbericht (2018). 인터넷 사이트 : https://www.bmwi.de/Redaktion/DE/Publikationen/Wirtschaft/jahreswirtschaftsbericht-2018.html

수준에서 국민 소득의 약 1.3%에서 1.5%로 늘리기로 결정했다. 그런데도 최근 트럼프(Donald Trump) 미국 대통령은 NATO 군사동맹국들에게 계획대로 국방비를 GDP의 2% 수준으로 끌어올렸다. 그리고 주독 미군에 대한 방위비 분담금에 대해 추가부담을 요구하는 상황이다. 이를 이행하지 못할 경우 독일에 주둔 중인 3만 6천명의 군인 중 1/3에 해당하는 1만 2천명을 이전 배치하겠다고 으름장을 놓고 있다. 또한, 2018년 9월 독일 국방부는 2031년까지 독일군에 대한 현대화 계획을 제시했으며, 이를 위해서는 추가 예산이 필요하다. 이 두 가지 핵심 사항으로 볼 때, 향후 10년간 조달 비용이 크게 증가할 가능성이 높다. 1990년대 초부터 거의 완전히 민영화된 독일 방위산업 발전의 큰 기회가 찾아올 것이라 기대된다.

이탈리아 : 유럽과 미국 사이 애매한 포지셔닝(Positioning)

이탈리아의 경제는 다양화된 산업 경제로 프랑스, 영국과 인구 및 국내총생산 크기가 비슷하지만, 국내 경제에 있어 지역에 따른 경제 격차가 큰 편이다. 산업화된 북부와 달리 남부는 농업 중심으로 북부에 비해 발전이 덜하고, 실업률이 상대적으로 높다는 불균형이 존재한다. 자원에 대한 해외 의존도도 심한 편이어서 산업에 필요한 에너지와 원자재의 75%를 수입에 의존한다. 현재의 이탈리아 경제는 ①번 자료와 같이 다른 유럽 국가와 마찬가지로 꾸준히 성장해왔지만, 과거 10년 이상 GDP 성장률 0%대 전후를 기록하며 정체기에 접어든 상태다. 마

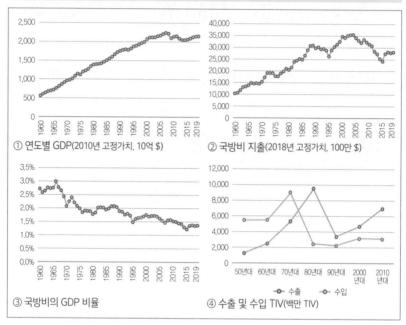

[자료 2-11] 이탈리아의 GDP, 국방비 지출, 국방비의 GDP 비율, 수출 및 수입 TIV

① 연도별 GDP(2010년 고정가치, 10억 $)

② 국방비 지출(2018년 고정가치, 100만 $)

③ 국방비의 GDP 비율

④ 수출 및 수입 TIV(백만 TIV)

출처 : World bank, SIPRI Military Expenditure Database, SIPRI Arms Transfers Database

테오 렌치(Matteo Renzi) 총리의 개혁정책이 성과를 내면서 2015년부터 0.8% 성장을 기록하며 경제 회생의 기반을 마련하기도 했다. 그러나 2016년 세계적인 저성장 기조 속에서 이탈리아는 1.5% 경제성장을 기대했으나 1.1% 성장에 그쳤고, 이후 0%대 전후의 성장률에서 벗어나지를 못하고 있다. 심지어 전망도 암울해서 2020~2024년의 경제성장률 전망치도 개선의 희망이 보이지 않는다. 이러한 경제적 암흑기는 ②번 자료와 같이 국방비의 지속적인 하락을 불러왔다. 그러나 이러한 어려운 여건 속에서도 2015년부터 국방비 지출이 증가하고 있다. 이는 방위산업 육성과 수출이라는 상업적 동기도 포함한 것으로 보인다. 이탈리아 정부는 방위산업의 수출을 장려하기 위해 외교 정책과 군사 임무에 참여하고 있다. 가장 최근인 2015년에 발표된 국제 안보 및 국방백서(White Paper for International Security and Defense)에는 '방산 수출은 정부 간 관계에 있어 군사 협력에 중요한 요소다. 수출을 통해 정부 간 파트너십 정책 및 기술 이전 프로그램을 개발할 수 있다. 이러한 관점에서, 국방부는 유능한 정부와 협력해서 국내 방위산업에 대한 지원을 계속 제공할 것이다'라고 명시가 되어 있다. 또한, 이 백서에서는 핵심 기술인 '주권적 역량'을 유지하기 위해서는 일부 기술을 국가적으로 유지해야 한다고 명시하면서 방위산업의 중요성을 강조하기도 했다. ③번 자료에서 GDP에 대한 국방비 비율은 지속적으로 낮아졌으나, 2015년부터 그 비율이 증가하는 것을 알 수 있다. 이는 최근 국방비 지출의 증가와 관련이 있다. ④번 자료에서 이탈리아의 방산 수출은 80년대 미국과 소련의 냉전이 극에 달했을 때, 방산수출의 최고점을 기록했다. 1990년대에는 냉전의 종식으로 방산 수출의 급격한 하락을 경험하기도 했다. 하지만 최근 몇 년 동안 또다시 이탈리아의 방산 수출이 증가하는 추세며, 항공 부문의 비중이 크다. 이에 반해 방산 수입은 80년대부터 낮은 수준을 유지하고 있다.

방위산업 구조와 주요 기업들

오늘날 이탈리아의 방위산업 환경은 SIPRI 100대 기업에 상장된 국영기업인 Leonardo(이전에 Finmeccanica)와 Fincantieri 두 개의 대형 방산기업이 주된 생태계를 조성하고 있다. 2018년 기준으로 SIPRI 100대 기업 리스트에 Leonardo는 상위 9위에 이름을 올렸고, Fincantieri는 59위를 차지했다. 이탈리아의 방산기업이 세계 10위권에 이름을 올리고 있지만 전체적인 방위산업의 규모를 고용수준에서 살펴보면 그렇게 크지는 않다. 항공, 국방 및 안보 협회인 AIDA(Associazione Italiana per l'Aerospazio)의 자료에 따르면, 2017년 말 직원 수는 약 50,000명 정도에 그친다. 이 중 Leonardo는 55% 정도를 고용하고 있다. Fincantieri는 15%, GE Avio(GE 항공 소유)는 7.7%를 차지했다. 세계 최고의 소형 무기 제조업체인 베레타(Beretta)와 피오치 무니지오니(Fiocchi Munizioni)는 각각 직원 수가 1,000명 미만이었고, 1.6%와 1.3%의 고용 비율을 보인다. Leonardo와 Fincantieri 주변은 수많은 하청 중소기업들로 둘러싸여 있다. 이탈리아는 서유럽의 인근 나라들과 비교할 때, 방위산업 전체 규모에 비해 중소기업의 수가 많은 편이다.

그렇지만 오늘날 이탈리아 방위산업은 수출 주도 산업으로 성장했다. 그리고 이탈리아의 외교 정책에도 영향을 미치고 있다. 이탈리아의 여러 기업은 이 2개의 거대 국영 방산기업을 중심으로 여러 외국 파트너와 연결되어 있다. 국제 협력 프로젝트에도 참여하고 있다. 가장 대표적인 예는 이탈리아가 참여하고 있는 F-35 프로그램이다. 이 프로그램에 참여 중인 Leonardo는 여러 하청 기업들과 연결되어 있다. 특히 전문 작업을 위해 수많은 전문화된 중소기업들과 연결되어 있다.

Leonardo의 역사를 거슬러 올라가 보면, 이 회사는 1948년에 최초 설립됐다. 2016년 Finmeccanica에서 Leonardo로 이름을 변경하면서 핵심사업은 통합 및 매각 과정을 거친 후 군사 부문에 거의 전적으로 집중하는 구조를 만들었다. Leonardo가 군사부문에 집중하는 구조는 갑자기 개편되었다기보다 과거 Finmeccanica부터 이어져 왔다고 볼 수 있다. 예를 들어, 1998년 Finmeccanica와 영국 GEC Marconi의 합작 투자는 국방 전자회사인 Alenia Marconi Systems를 만들었다. 이후 Alenia Marconi Systems는 2005년에 해체됐다. 이 Alenia Marconi Systems는 범유럽 최고의 미사일 생산업체 MBDA의 설립과 관련이 높다. MBDA는 2001년 Alenia Marconi Systems, BAE 시스템 및 EADS 간의 합작 투자로 설립됐다. 1999년에는 영국의 GKN과의 합작 투자로 세계 최고의 헬리콥터 생산업체인 Agusta Westland를 만들었다. 이 회사는 2004년에는 Finmeccanica에 의해 완전히 소유됐다. 이 확장 경로에서 2017년도에는 미국의 American DRG Technologies(현재 Leonardo DRS로 이름 변경)를 인수하기도 했다.

Fincantieri는 세계 최고의 조선소 중 하나다. 군용 및 민수 선박 모두를 건조한다. 2018년 회사가 제공한 데이터에 따르면, 총 판매에서 군사 판매 비율은 약 30%를 차지한다. 불과 십여 년 전인 2002년에는 모든 발주가 이탈리아 해군에서 이루어질 정도로 Fincantieri는 국가 계약이 전부인 적도 있었다. 그러나 세계적인 크루즈 여행에 대한 높은 기대에 의해 형성된 럭셔리 크루즈 선박의 세계 수요가 증가하는 추세는 최근 수익성에 긍정적인 영향을 줬다. 전반적으로 Fincantieri는 세계적 수준의 선박 공급에서 그 역할이 크게 증가한 것으로 보인다.

최근 Fincantieri는 국방부문에서 전 세계, 특히 북미 지역에서 사업을 확대했다. Fincantieri는 미국에서 Fincantieri Marine Group LLC와 Fincantieri Marine Systems North America Inc.를 소유하고 있다. 2008년에는 Manitowoc의 해양 부문을 인수하여 미국에서의 입지를 강화했다. 북미지역에서 Fincantieri의 주요 고객은 미국 해군과 미국 해안 경비대다. 최근 이 회사는 중동 지역에서 새로운 해군 선박 시장으로 사업을 확장하고 있다. 2016년 Fincantieri와 카타르 국방부는 7척의 선박 건설 계약을 체결했다. 이는 지난 30년 동안 Fincantieri가 수주한 최대 주문량이다. 2018년 기준으로 Fincantieri의 고객 포트폴리오에는 UAE, 이라크, 인도, 페루, 터키 등도 포함된다. 점차 다양한 국가를 대상으로 시장을 확장하고 있다.

트렌드 읽기

다른 많은 유럽 국가들과 마찬가지로 이탈리아 정부는 항상 국방 산업을 크게 지원해왔고, EU로부터 '유럽연합의 기능에 대한 조약 제346조'인 국가 안보 면제(National Security Exemption) 조항을 사용하여 유럽 및 국제 경쟁으로부터 자국의 방위산업 기반을 보호하며 발전시켰다.[66] 2000년대에 들어 글로벌 방산 수출 경쟁이 심화되면서 이탈리아는 방산 수출에 대해 국가에서 명시적인 지원을 해왔다. 국무 총리는 2012년에 경제 성장과 국가 경쟁력에 어떤 부문과 기술이 중요한지를 강조하는 칙령(Decree)(DPCM 253/2012)을 발표했는데, 이 내용에서 이탈리아 정부의 방위산업에 대한 헌신을 확인할 수 있었다.

정부의 노력에도 이탈리아의 방위산업은 EU와 미국의 중간자 입장에서 애매한 위치에 있음이 감지된다. 이러한 주장의 근거로 F-35

---

66. Flournoy, M. A., Smith, J., Ben-Ari, G., McInnis, K., & Scruggs, D. (2005). European defense integration : Bridging the gap between strategy and capabilities. Center for Strategic and International Studies.

전투기 프로그램이 대표적인 예가 될 수 있겠다. 미국의 록히드 마틴은 F-35의 윙 박스(Wing Box) 생산을 위한 하도급을 Leonardo의 항공기 부문(Alenia Aermacchi)에게 주었다. 여기에는 Marconi Selenia Communication, Avio, Gemelli, Galileo Avionica, Aerea, Selex Communication 등 또 다른 많은 하도급 업체들이 참여하고 있다. 그리고 이탈리아 Piedmont 지역에는 F-35 최종 조립 및 점검(Final Assembly and Check Out) 공장이 설립되어 이탈리아와 네델란드로 납품될 전투기가 조립되고 있다. 이러한 이탈리아와 미국의 관계는 프랑스와 독일과의 협력에 심각한 장애물이 되고 있다. 프랑스와 독일은 차세대 유럽 전투기 개발을 위한 공동 노력을 발표했는데, 이는 향후 유럽 공동 국방의 중심이 될 것이라고 전문가들은 예측한다.

정리하면, 이탈리아는 EU에 속한 국가로써 범유럽 기업에서 살펴봤던 EDAP와 유럽의 영구적 구조 협력과 연결된다. 동시에 미국과도 F-35를 통해 연결되어 있어 양측 모두에게 피아 식별이 곤란한 위치에 있다. 최근 이탈리아가 미국 기업을 인수한 사실 또한 이런 애매함을 증대시킨다. 향후 이탈리아는 자국의 이익을 위해 EU와 미국 중 하나를 선택해야 할지도 모른다. 그렇지 않으면 미래에도 애매한 위치 그대로 있을지도 모른다. 확실한 사실은 이탈리아가 어느 쪽으로 기우는가에 따라 방산 수출과 같은 성적표는 달라질 것이다.

터키 : 자립의 기로에 서다

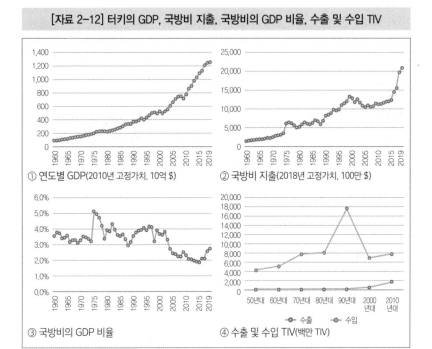

[자료 2-12] 터키의 GDP, 국방비 지출, 국방비의 GDP 비율, 수출 및 수입 TIV

① 연도별 GDP(2010년 고정가치, 10억 $)

② 국방비 지출(2018년 고정가치, 100만 $)

③ 국방비의 GDP 비율

④ 수출 및 수입 TIV(백만 TIV)

출처 : World bank, SIPRI Military Expenditure Database, SIPRI Arms Transfers Database

터키는 일곱 국가들, 즉 불가리아, 그리스, 조지아, 아르메니아, 이란, 이라크, 시리아와 국경을 맞대고 있다. 이것이 의미하는 바는 터키가 주변국들과 많은 갈등이 생길 수 있는 가능성을 내재한 국가라는 것이다. 이들 중에서 아르메니아는 20세기 초에 자행된 터키의 아르메니아인 학살 문제로 국경이 봉쇄된 상태다. 그리고 터키의 지정학적 위치가 가지는 또 다른 의미는 세계에서 가장 큰 석유 생산지인 중동과 소비지인 유럽을 연결하는 중간에 위치하기 때문에 전략적으로 중요한 요지를 차지하고 있다고 할 수 있다.

터키는 오스만 제국(Ottoman Empire)의 후계 국가다. 1차 세계 대전 이후 오스만 제국이 무너지고 1923년에 입헌 공화국으로 변화했다. 1923년에서 1983년까지 60년간 터키는 대체적으로 국가주의적 정책을 고수했다. 정부 예산을 엄격하게 계획하고 통제해서, 개인 부문 참여, 대외 무역, 외화 유통, 외국인 직접 투자 등을 정부가 제한했다. 그러나 1983년부터 투르구트 외잘(Turgut Ozal) 총리가 일련의 개혁을 주도했다. 그러면서 경제정책이 국가주의에서 탈피해서 시장 경제와 개인에 중점을 두는 쪽으로 바뀌었다. 이처럼 자유화 개혁 이후에 터키는 ①번 자료와 같이 급속한 성장을 이뤘다. 그러나 방만한 재정운용과 이에 따른 재정적자 및 국가채무 급증이 주원인이 되어 1994년 극심한 불황과 재정위기를 겪었다. 1994년 터키의 경제성장률은 −6.0%의 침체를 겪었고 이후 4년간 4~8%대의 경제성장으로 회복했다. 안타깝게도 이러한 성장 후면에는 연간 50~70%에 달하는 만성적인 높은 인플레이션이 자리잡고 있었다. 그리고 재정적자와 이에 따른 국가채무도 계속 누적됐다. 1999년 6월에 상황을 해결하기 위해 터키 정부는 포괄적인 경제구조 개혁프로그램 이행을 전제로 IMF(International Monetary Fund)의 지원을 받게 됐다. 그래도 2000년 말 재정적자 급증, 금융기관 부실 운영, 구조개혁 프로그램 불이행 우려 등에 따른 유동성 위기로 2001년에는 역사적으로 가장 심각한 경제위기를 맞게 됐다. 이에 또다시 터키 정부는 2002년 2월에 엄격한 재정정책과 구조개혁 강화 등 보다 강도 높은 IMF 경제개혁 과제 이행을 조건으로 160억 불의 구제 금융 지원 협정을 체결했다. 이후 2002년에서 2007년까지 GDP 성장률은 평균 7%대를 나타냈다. 그런데 이 수치는 세계적으로도 빠른 경제 성장이었다. 그러나 2009년에는 외부적 요인인 세계 금융 위기의 영향을 받아 또다시 침체로 이어지기도 했다. 이러한 경제적 변동성에도, ②번 자료와 같이 국방비 지출은 전체적으로 증가하는 패턴을 보여주고 있다. 최근에는 아주 급격한 증가가 있었다. 1923년부터 2004년 까지 정부 예산에서 가장 큰 비중을 차지한 국방비는 2004년 이후 2위로 떨어졌고, 교육 지출이 상대적으로 증가하는 패턴을 보여줬다. 위에서 언급한 경제적 위기 때는 큰 하락 변동폭을 그리기도 했다. 주목할 점은 최근에 군사비가 내부 및 외부 위협이 증가에 따라 눈에 띄게 증가하고 있다는 것이다. 주요 대외적 위협은 키프로스(Cyprus) 문제, 그리스와의 대륙붕 문제, 시리아 내전 및 이주, 아르메니아(Armenian) 문제, 이라크 분쟁, 테러 단체(DHKPC, FETO, PKK, ISIS 등) 등이 있다. 내부적으로도 최근 터키는 군사적으로 심각한 일을 겪고 있다. 2016년에 쿠데타 시도가 있었으며, 상당 수의 장병이 군대에서 방출됐다. 특히, 대부분의 전투 조종사가 FETÖ(Fethullahçı Terör Örgütü)라는 테러 단체와의 연결로 인해 공군에서 퇴출됐다. 또한, 이 기간동안 터키는 시리아에서 주요 군사 작전이 수행됐다. 그리고 이스라엘과 맺은 비공식 동맹을 종료했다.[67] 이렇게 많은 문제를 내부적으로 가지고 있고, 외부 위협에 시달리고 있는 국가를 찾아보기란 쉽지 않다. ③번 자료와 같이 GDP 대비 국방비 비율은 완만한 하락 추세를 보여준다. 2000년도 이전에 터키는 GDP의 3~5%를 국방에 할당했지만, 2000년도 이후의 수치는 급격히 감소했다. 그렇지만 2010년

---

67. Wiśniewski, R. (2015). Mlitary–Industrial aspects of Turkish defence policy. Rocznik Integracji Europejskiej, 9, 215–228.

초·중반을 제외하고 2%대의 높은 수준을 유지하고 있다. 최근에는 국방비 증가와 함께 이 비율도 증가 추세다. 이와 더불어 방위산업의 성장도 관찰되는데, 주요 기업들의 총 매출, R&D 지출 및 고용에서 상당한 변화가 있었다. ④번 자료에서 볼 때, 과거 터키는 방산 수출보다는 해외 구매를 통한 조달 정책이 지배적이었다. 그러나 2006년부터는 국내 조달에 우선을 두고 있다. 이러한 배경에는 터키의 조달기관인 SSB(Savunma Sanayii Başkanlığı)의 3단계 조달 전략과 관련이 있다. 이 전략에서 가장 우선순위를 두는 조달 방식은 국내에서 개발하고 조달하는 것이다. 터키 방산 시장에서 획득이 효율적이지 않은 경우에는 파트너십을 통한 공동 개발에 중점을 둔다. 만약 이러한 우선순위에도 조달이 어려운 경우, 해외 구매를 통해 조달이 이루어진다. 실제 이 전략은 공동 생산 및 절충 교역를 통해 터키 산업에 일자리가 제공됐다. 수년에 걸쳐 국내 개발로 전환됨에 따라 방위산업의 발전에 도움이 된 것으로 보인다. 과거 지속적으로 수입이 증가하다가 1990년대 최고점을 찍고 2000년에 들어와 수입하는 무기들의 가치가 급격하게 하락했다. 그러나 2010년대에는 다시 약간의 상승을 보여준다. 세계 무기 수출에서 터키의 점유율은 1% 미만이지만, 2000년대부터 무기 수출은 증가하고 있다. 터키는 오랜 기간동안 이라크, 시리아 및 테러 단체 PKK(Partiya Karkerên Kurdistanê)에 대해 국내에서 제조된 무기를 사용해서 군사 작전을 수행했다. 이러한 환경과 터키 방위산업의 기술적 진보는 터키가 이 지역의 주요 무기 수출국이 되도록 돕고 있다. 실제 터키의 수출은 2010년에 들어와서 수출 가치도 증가했다. [자료 2-13]에서와 같이 수출하는 국가나 단체의 다양성도 눈에 띈다.

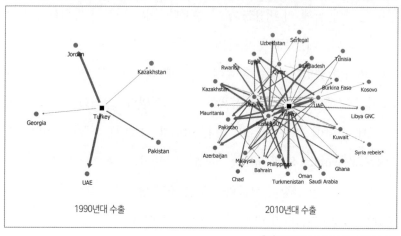

1990년대 수출   2010년대 수출

출처 : SIPRI Arms Transfers Database

방위산업 구조와 주요 기업들

SIPRI TOP 100 리스트에 이름을 올리고 있는 터키의 주요 방산기업은 Aselsan과 TAI(Turkish Aerospace Industries)가 있다. Aselsan은 1974년 키프로스 군사 개입 이후 TAAF(Turkish Armed Forces Foundation)에 의해 설립됐다. 최초 Aselsan은 자체 통신 시스템을 생산하는 것을 목표로 터키 육군을 위한 전술 무선 및 국방 전자 시스템을 생산했다. 그리고 나중에 제품 및 고객 범위를 확장했다. 주요 사업 부문은 마이크로일렉트로닉스(Microelectronics), 레이더 및 전자전 시스템, 보안과 같은 커뮤니케이션 및 정보 기술 등이다. 아제르바이잔, 요르단, UAE, 카자흐스탄, 남아프리카 등에 해외 계열사가 있으며, 4,600명 이상의 직원이 근무하고 있다. 2015년 11월에 사우디 아라비아 기업인 Taqnia Defense and Security Technologies와 함께 현지 합작 회사를 설립하기도 했다.[68] Aselsan의 가장 주목해야 할 특징으로는 터키 방산기업들 중 R&D 지출이 가장 많은 기업이라는 점이며, 대략 4.14억 달러다. 총 매출액에서 R&D 비중은 33%이며, 상위 250개의 R&D 지출 회사 중 1위를 차지했다.[69] 그리고 R&D에 고용된 직원 수는 총 직원 수의 절반 정도 된다.

TAI는 항공 우주 회사며, 이 기업은 항공 업계에서 외국 수입에 대한 국가의 의존도를 줄이기 위해 중요한 역할을 한다. TAI는 1984년 터키 및 미국 파트너가 설립했다. 터키 공군이 F-16을 도입하겠다는 결정과 함께 시스템 통합 및 F-16 비행 테스트를 수행했던 기업이다. 2005년에는 터키 주주들이 외국인 보유 주식을 인수하면서 구조조정 됐다. 구조조정과 함께 Turkish Aircraft Industries과 TAI는 Turkish Aerospace Industries, Inc.(TAI)의 지붕 아래 합병됐다.[70] 주요 전략 분야는 항공기, 항공 구조물, 헬리콥터, UAS(Unmanned Aerial Vehicle) 및 우주 시스템 등이다. 자회사인 TAI-TUSAS는 109대의 T-70 Black Hawk 헬리콥터를 제조하는 프로그램의 주요 계약자가 될 예정이다. T-70은 터키의 S-70 Black Hawk International 버전이다. 지분은 SSB가 45.45%, TAAF가 54.49%, 터키 항공 협회가 0.06%를 가지고 있다.

---

68. Turkey Defence & Security Report. (2018). 인터넷 주소 : https://store.fitchsolutions.com/defence-security/turkey-defence-security-report

69. 터키의 R&D 상위 250개 기업. 인터넷 주소 : http://www.turkishtimedergi.com/arge250/

70. Şennur S. (2017). Hava Savunma Sanayinin Ekonomik Analizi : Türkiye Ve İngiltere Karşılaştırılması.

터키 방위산업의 오래된 역사

터키의 방위산업의 역사는 오스만 제국으로 거슬러 올라간다. Fatih Sultan Mehmed가 이스탄불을 정복한 후, Tophane-i Amire는 Tophane 지역에 설립됐다. 최초의 방위산업 기관 중 하나였다. Tersane-i Amire는 Halic 조선소, Taskizak 조선소로 구성됐다. Taskizak 조선소는 1828년에 첫 군함을 건조했다. 1884년 호위함과 1886년 첫 잠수함을 완성하기도 했지만, 1차 세계 대전과 함께 폐쇄됐다. 그리고 앙카라(Ankara) 무기 공장은 독립 전쟁 중 소총 수리를 위해 1920년경에 설립되었다. 터키 공화국이 설립된 후 몇 년 동안은 항공 무기 공급을 위해 프랑스, 체코, 독일 등 외국에 의존했다. 터키 항공 협회인 THK(Turkish Aeronautical Association)는 항공기를 생산하기 위해 1925년 2월에 설립됐다. 이와 관련해, Kayseri 항공기 공장은 1925년 Kayseri에 독일 Junkers(Junkers Flugzeug-und Motorenwerke)사와의 파트너십 계약으로 설립됐다. 에스키셰히르(Eskisehir) 항공기 수리 공장은 1926년 기존 항공기의 유지 보수, 수리 및 개조를 위해 설립됐다. 1936년에는 Nuri Demirdağ가 이스탄불에 항공기 공장을 설립하고 Nu.37 항공기 생산을 시작했다. 그 공장은 1943년에 문을 닫기 전에 Nu.37 항공기와 많은 글라이더를 생산했다. 그리고 SIPRI TOP 100에 가끔 등장하는 MKEK(Machinery Chemical Industry Corporation)이라는 회사가 있다. 이 회사는 1935년에 문을 연 Mamak 방독면 공장을 시초로 하는데, 화학전에 대비한 군의 보호 수단인 방독면의 필요성을 충족시키기 위해 설립됐다. 1950년에는 국유기업으로 전환됐다.

1차 세계 대전 후, 터키 방위산업에서 상당한 발전이 있었지만, 2차 세계 대전에는 중립국을 유지함으로써 방위산업과는 거리를 두게 됐다. 1949년에는 터키는 NATO 회원국이 됐으며, 이후 터키는 방위산업을 포기하고 소비에트 연방(Soviet Union)과 바르샤바 협정(Warsaw Pact)에 대응해서 미국의 방위 지원에 기댔다. 그러면서 NATO와 미국의 교리, 계획, 교육, 조달 및 유지 절차에 크게 의존을 했다.[71] 1974년 터키가 키프로스 군사 개입 후, 미군은 터키에 대한 제재를 가했다. 터키는 방위산업의 필요성에 따라 항공기를 포함한 다양한 무기체계와 장비의 국내 생산을 시작했다. 비록 터키는 방위산업을 뒤늦게 시작했지만, 짧은 시간 내 상당한 진전을 이뤘다. MKEK을 포함한 몇 개의 조선소를 제외한다면, 1970년 이후 거의 모든 방산업체가 설립되어 지금에 이르고 있다.

터키에 대한 미국의 재제는 자급자족을 하는 방위산업 생태계를 만들도록 강요했다. 이러한 맥락에서 공군, 해군 및 육군 전투력 강화를 위한 신탁(Trust)이 1970년, 1972년, 1974년에 각각 설립됐다. 1987년에 이 세 가지 신탁들은 터키 국방 신탁으로 통합됐다. 국민들은 이 신탁에 상당한 기부를 했다. 짧은 시간에 이 국방 신탁은 1975년에는 Asekan, 1979년에는 Isbir, 1981년에는 Aspilsan, 1982년에는 Havelsan 등과 같은 재단을 만들었다. 이 재단들은 방위산업에 대한 투자를 해오고 있다. 오늘날에도 이들은 여전히 방위산업에서 중요한 위치를 차지한다.

---

71. Kurt, E. (2018). Türk Savunma Sanayii Tarihine Mikro Yaklaşim : Savunma Sanayii İşletmelerine Dair Bir Envanter ve Dönemselleştirme Çalişmasi (1836-2018), Yildiz Teknik Üniversitesi, Sosyal Bilimler Enstitüsü. İşletme Anabilim Dali. Yıldız Teknik Üniversitesi Sosyal Bilimler Enstitüsüunpublished MA thesis.

트렌드 읽기

터키는 오스만 제국 시절부터 방위산업이 발달했다. 하지만 2차 세계 대전 이후 미군의 지원으로 방위산업 기반이 쇄락해서 그 기반을 잃었다. 그러나 1980년대 미국의 지원 중단 이후 방위산업에서 단기간에 상당한 발전이 있었고, 2000년 이후에는 큰 도약이 있었다. 이 기간에 산업 생산과 국방 수출에서 상당한 발전이 관찰됐다. 특히 항공 산업의 발전이 두드러졌다. 터키는 2000년 이후 획기적인 성과를 지속 가능한 수준으로 유지하기 위해서는 최근 나타나고 있는 국제적인 문제들의 해결도 숙제로 남기고 있다.

터키는 최근 NATO와 미국으로부터 공급되는 방공 시스템의 조달 문제로 인해 NATO 국가 이외의 지역으로부터 방공 시스템을 구매하기로 결정했다. 최종적으로 러시아에서 S-400 미사일 시스템을 도입했다. 이 결정은 2017년에 터키와 러시아 간 25억 달러 구매 계약으로 이어졌다. 터키는 러시아와의 계약에 따라 1년 이내에 시스템 배터리 2개를 공급받는 반면, 2개는 국내에서 생산될 예정이다. S-400 납품 절차는 미국으로부터 반대에 직면했음에도 이행됐다. 이로 인해 앞으로 미국에서 제조된 방산 장비의 납품이 제한될 것으로 예측된다. 동시에 2017년에 프랑스-이탈리아 다국적 기업인 Eurosam은 터키 기업 Asekan 및 Roketsan과 장거리 항공 및 미사일 방어 시스템 개발 계약을 체결했다. 장기적으로는 자체 방공 시스템을 생산할 것으로 보인다.

그리고 터키 공군은 2018년 6월 미국 록히드 마틴으로부터 첫 F-35 전투기를 수령했다. 그러나 최근 러시아 S-400 미사일 시스템 도입과 관련 미국과의 관계가 악화되어 추가 판매가 제한 것으로 보인다. 최근에 F-35 사업 참여에서 제외되었다. 터키는 향후 F-35 전투기 납품에 대한 문제에 대응하기 위해 자체 전투기를 생산하는 것을 목표로 했다. 이를 위해 영국의 BAE Systems와 TAI는 2017년 1월 터키 현지 생산을 위한 5세대 전투기 개발에 대한 협력 계약을 체결했다. 이 다목적 터키 항공기(The Multi-role Turkish Fighter Aircraft)는 터키 공군의 F-16을 대체하고, 2030년까지 이 사업은 계속될 것이다.

2018~2022 SSB 방위산업 전략 문서에서 터키 방산기업의 목표를 4가지를 제시한다. 그 중 주목해야 할 키워드는 국제시장 진출, 자금조달을 위한 프로젝트 파이낸싱(Project Financing) 모델 구축, 국제 협력, 전략적 접근 등이다. 이러한 방향성을 볼 때, 터키는 국제 시장에서의 입지를 더욱 높이기 위해 자금과 해외 파트너를 찾기 위한 노력에 더욱 힘쓸 것으로 보인다.

폴란드 : 과거를 버리고 현재에서 길을 찾다

폴란드는 소련의 전 위성국이었다. 1991년 해체된 바르샤바 조약기구의 회원국이기도 했다. 1999년 이후에는 NATO 회원국인 특이한 이력을 가지고 있다. 폴란드는 오스만 제국, 스웨덴과 전쟁 등으로 국력이 쇠퇴했다. 3국(프로이센, 제정 러시아, 오스트리아)이 차례로 폴란드를 침입해 1795년부터 1918년까지 대부분 3국의 지배를 받았다. 제1차 세계 대전 중 우드로 윌슨(Woodrow Wilson) 미국 대통령(1913~1921)이 제창한 민족자결주의 원칙에 따라 1918년 독립했다. 2차 세계 대

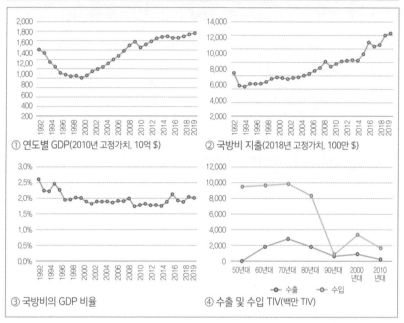

① 연도별 GDP(2010년 고정가치, 10억 $)

② 국방비 지출(2018년 고정가치, 100만 $)

③ 국방비의 GDP 비율

④ 수출 및 수입 TIV(백만 TIV)

출처 : World bank, SIPRI Military Expenditure Database, SIPRI Arms Transfers Database

전 중, 서부지역은 나치 독일에 그리고 동부는 소련에 분할 점령됐다가 1945년 해방됐다. 그러나, 냉전 기간을 거치는 동안에는 소련의 간섭 하에 있었다. 냉전 후 1990년대에는 경제가 혼란스러워 침체국면에 빠졌다. 그러나 1991년 이후 연평균 제조업 성장률이 9%를 기록했다. 실업률도 구 공산권 국가 중 극히 드문 수준인 15% 선을 유지할 정도로 경제가 좋았다. 자료 ①은 폴란드의 이러한 발자취를 보여준다. 폴란드는 냉전 이후 빠르고 지속적인 성장을 보여주었다. 그런데 2차 세계 대전 이후의 45년 동안 소련의 위성국이라는 소비에트 스타일(국유 및 중앙 계획)에 있었음에도, 경제체제를 개인 소유, 시장 주도 및 개방형(무역 및 외국인 직접 투자) 체계로 급격히 변화시키는 데 성공했다. 전반적으로 성공적인 프로세스는 서유럽의 이웃 국가들의 경제 수준을 따라 잡았고, 2004년 유럽연합 가입에 따라 유럽 선진국 경제체제에 더 많이 흡수하게 됐다. ②번 자료에서 1990년대 초 경제 침체가 국방비 지출에 영향을 주었다. 그러나 그 이후에는 전반적으로 경제성장과 더불어 군사비 지출이 지속적으로 증가했다. ③번 자료에서 GDP 대비 군사비 비율은 2% 전후로 일정하게 유지하고 있는 것은 경제성장과 더불어 국방비로 자원 할당을 꾸준히 해왔음을 보여준다. ④번 자료에서 최근 무기 수출은 과거에 비해 실망스러운 수준이다. 과거에 수출이 지금보다 나았던 이유는 소련의 위성국으로써 생산된 무기나 부품을 소련을 비롯한 바르샤바 회원국들로 수출한 것과 시리아, 리비아, 이집트, 이라크, 쿠바, 인도 등 비동맹 국가들로의 수출과 관련이 있다. 냉전이 진행됨에 따라 비동맹 국가들은 주로 아시아, 중동, 아프리카, 라틴아메리카 등에 산재해 있었다. 이 기간이 아마도 대부분의 폴란드 국영 방산기업의 생산 및 수출의 황금기였다고 할 수 있다. 현재는 수출이 과거에 비해 줄었지만 거래하는 국가들 수는 증가하는 추세. [자료 2-15]과 같이 주변으로 점차 복잡한 네트워크 양상을 보이고 있다. 그리고 무기 수입에 있어 폴란드는 과거 70년대에 정점을 찍고 계속 하락 추세. [자료 2-16]과 같이 과거에 수입 가치는 높았지만 수입하는 국가는 러시아와 같은 바르샤바 동맹국으로 한정됐다는 특징이 있다. 이에 반해 현재는 수입 가치가 절대적으로 줄어들었지만, NATO 국가들을 중심으로 수입 국가들은 과거에 비해 다양해졌다.

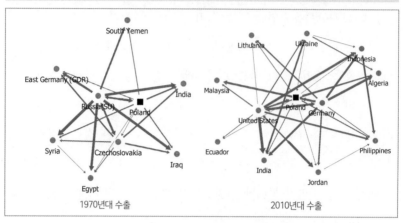

1970년대 수출

2010년대 수출

출처 : SIPRI Arms Transfers Database

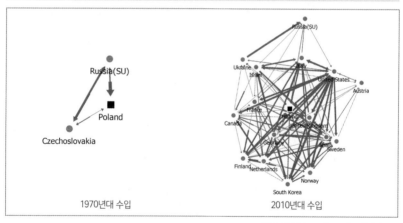

1970년대 수입

2010년대 수입

출처 : SIPRI Arms Transfers Database

역사와 산업구조

폴란드의 방위산업을 이해하기 위해서는 러시아와 마찬가지로 냉전 기간과 그 후로 나누어 살펴볼 필요가 있다. 먼저 냉전기간 동안 폴란 드의 방위산업에 대해 살펴보자.

냉전 기간

2차 세계 대전이 끝난 후, 미국을 포함한 국가들은 대부분 군대를 감축하고, 국방 생산을 다시 전시에서 평시로 전환했다. 하지만 소련은 1955년에 바르샤바 협정을 바탕으로 1940년대 후반의 전쟁 당시 군대의 규모와 준비 상태를 유지했다. 소련은 이 군사 임무를 군사 노동부 하에서 폴란드를 포함한 유럽 위성국에도 할당했다. 이것은 1930년대 소련의 포위 정신(Siege Mentality)과 마르크스주의(Marxism) 열망에 기반으로 한 우수한 사회주의 시스템으로 이끌기 위함이었다. 위성 국가들은 소련의 군사 명령에 전적으로 종속되어 모든 군사 표준, 사양 및 디자인이 소련에 의해 개발되거나 승인에 따라 움직였다. 소련의 위성 국가 중 가장 큰 폴란드는 소련의 붉은 군대(Red Army)와 함께 싸울 실질적인 징집 군대를 배치하는 한편, 방위산업은 전시 상황을 대비해 다양한 군용 장비의 부품 제작자 및 조립자로서 소련 군사 노동부에 통합됐다. 소련으로부터 할당된 군사 분업 하에서 위성 국가는 독립된 군사 물자 생산국이 될 수 없었지만, 중앙 집중적인 노동 분업은 소련에서 설계 및 승인한 표준, 장비, 구성품 및 소모품 등을 사용하여 비용 효율적인 방산 생산을 촉진했다. 각 국가별로 공간적 분업은 특정 기능 전문성을 육성하기 위한 것이기도 했다. 그러나 전략적으로 중요한 핵 능력, 전략적 운송 시스템, 통신, 우주 및 위성 시스템 등은 소련에서만 생산됐다. 이것들의 사용은 소련의 군사적 지배력을 유지하기 위해 붉은 군대로 제한됐다. 소련에 종속되어 운용되었던 폴란드의 방위산업은 소총에서 광범위한 탄약, 폭발물, 주력탱크, 장갑차, 자주포, 로켓 발사기, 군함, 레이더, 고정 및 회전익 전투기를 포함한 전체 스펙트럼이 있었다. 자국에서 사용할 수 있는 수많은 군용 부품과 하위 조립품을 생산 및 통합했다. 그리고 부분적으로는 자국산 무기 시스템도 있었다. 예를 들어 제트 훈련기 Iskra, 철교, 레이더 등과 같은 자국 디자인을 가지고 있었다. 그러나 이렇게 개발된 무기들은 소련의 표준이 아니었기 때문에 수요 한정으로 인해 대량 생산이 되지 않았다. 잠시 사용되다가 역사 속으로 사라졌다. 요약하면, 폴란드는 냉전 기간 중에 소련의 위성국가로 규모, 범위 및 응집의 경제를 활용해서 비교적 현대적이고 강력하며 저렴한 군용 장비를 대량으로 생산하는 분업 체계에 포함되어 있었다. 철저하게 소련 스타일의 장비와 부품 생산에 맞춰졌다.

냉전 종식 후

1991년 바르샤바 조약이 공식적으로 해체됐을 때, 폴란드는 소련 스타일의 방위산업 유산을 가지고 있었다. 소련 디자인과 표준에 대한 의존은 바르샤바 조약 국가에 대한 수출이 1990년대 초에 중단되면서 폴란드 방위산업의 수출 잠재력을 방해했다. 그래도 중동이나 인도와 같이 일부 국가는 소련 장비를 계속 사용하고 있었기 때문에 2000년대에 들어와서도 폴란드는 자국에서 점차 쓸모없는 무기를 계속 생산했고 수출도 했다. 또한, 폴란드 군이 과거로부터 도입한 무기의 유지 측면에서 일부 시스템 생산을 유지해야 했다. 예를 들어, 폴란드는 소련의 헬리콥터 Mi-2를 계속 현대화하고 있다. 하지만 폴란드가 미국을 비롯한 NATO 국가들과 연합작전을 하고 방위산업을 유지하기 위해서 이러한 임시방편적 수요는 불안정하며 근본적인 대책이 필요하다.

폴란드 정부는 이러한 연계되지 않는 과거와 현재의 상황을 극복하기 위해 3가지 방향을 가지고 방위산업 기반을 조정하고 있다. 첫째, 여러 방산업체들을 PGZ(Polska Grupa Zbrojeniowa)로 통합하는 것이다. PGZ는 국유 지주 회사로써 2014년 첫 단계 통합이 완료된 이 그룹은 연간 매출액이 16.2억\$에 이르고 SIPRI의 세계 100대 방산기업 목록에서 61위를 차지했다. 2017년과 2018년에는 각각 75위, 74위로 다소 하향 조정됐다. 2018년 기준으로 17,000명 이상의 직원을 고용하고 있으며, 약 13억\$의 매출을 기록했다. 2016년 이후 PGZ의 총괄 감독은 국방부에 있으며, 주력 자회사로는 HSW(Huta Stalowa Wola) 제철소, Nitro-Chem, ZM Bumar-Labedy 등이 있다. HSW는 자주포, 장갑차, 군용 차량 등 주로 지상장비를 생산하고, Nitro-Chem은 폭발물을 생산한다. Nitro-Chem의 경우 NATO의 최대 폭발물 공급 업체 중 하나이며, 생산량의 약 80%를 미국으로 수출한다. ZM Bumar-Labedy는 독일 Rheinmetall Landsysteme Gmbh와의 파트너십을 통해, 현재 128대의 Leopard 2A4 전차와 추가 Bergepanzer 복구 및 지원 차량을 현대화할 계획이다. 이러한 구조적 통합에 대한 노력에도 불구하고 여전히 폴란드의 방위산업 기반은 불안정한 상태이며, 회사 경영을 정치적인 임명자에게 맡기는 것도 전문성 측면에서 문제가 있어 보인다. 그룹 내 18개의 회원사들이 파산의 위험에 노출되어 있고, 다른 11개 회사는 잠재적으로 취약성을 가지고 있다.[72] 민간기업과 비교해서는 효율적이지 않다. 공공 부문의 합리화가 진행

---

72. Brandt, N. & Guérin, P. (2018. 3. 19.). Towards an innovative and inclusive economy in Poland. ECOSCOPE. 인터넷 주소 : https://oecdecoscope.blog/2018/03/19/towards-an-innovative-and-inclusive-economy-in-poland/

될 경우 많은 일자리가 없어질 수도 있다. 둘째, 일부 기업들은 외국 회사로부터 인수됐다. 예를 들어 PZL Mielec는 Lockheed Martin의 Sikorsky에 의해, PZL-Świdnik는 AgustaWestland에 의해 인수됐다. 마지막으로, 민간 방산기업에 대한 육성이다. WB Electronics는 1997년에 설립되어 폴란드 방산 부문에서 가장 큰 민간 회사로 빠르게 성장했다. 2009년에 WB Group으로 재편성됐다. 폴란드 UAV의 주요 생산자인 Flytronic에 대한 지분을 얻었으며, 2011년에는 통신 장비 제조업체 Radmor를 인수했다.[73] WB Group의 가장 중요한 제품라인은 디지털 통신 및 지휘 시스템인 Fonet과 포병 사격 통제 및 전투 관리 시스템인 Topaz이다. 현재 800명 이상의 직원을 고용하고 있는데, R&D 엔지니어가 절반 이상인 것도 특징이다. 또 다른 민간 회사는 폴란드 최대의 민간 조선회사인 Remontowa 조선소다. 이례적으로 이 조선소는 PGZ의 자회사들(Osrodek Badauczo-Rozwojowy Centrum Techniki Morskiej와 PGZ Stocznia Wojenna)이 포함된 컨소시엄을 이끌고 있다. 폴란드 방위산업에서 일반적으로 국유기업이 주요 계약자 및 컨소시엄 리더로 선정되기 때문에 이 경우는 보기 드문 경우다. 그러나 여전히 국방 주문량이 변덕스럽고, 조달 지연이 발생하고 있는 상황이어서 기업들은 여전히 취약성에 되어 있는 것이 현실이다.

---

73. Lentowicz, Z. (2010. 9. 29.). WB Electronics przejmuje Radmor. Rzeczpospolita. 인터넷 주소 : https://www.rp.pl/artykul/542239-WB-Electronics-przejmuje-Radmor.html

트렌드 읽기

폴란드 방위산업은 폴란드가 바르샤바 조약에 가입하고 소련식 국방 생산 체계에 편입했던 역사, 그리고 소련이 붕괴 후에는 NATO에 가입하는 변화 속에서 완전한 적응을 못하고 있다. 역설적으로 폴란드 방위산업은 과거 냉전 시절에 소련이 지시한 군사 노동 분담 아래 있을 때 가장 번성했다. 그러나 소련으로부터 물려받은 시스템은 새로운 제품과 프로세스를 혁신함에 걸림돌이 되었으며, 결과적으로 NATO 국가들의 제품들과 경쟁하기에는 부적합하다. 정리하자면, 폴란드는 정부의 노력에도 새로운 NATO 중심인 현실에 적응하기가 어려운 상태다.

폴란드는 수출의 비중이 크지 않은 국가이기 때문에 방위산업의 규모, 범위 및 수익성은 대부분 정부에 의한 국내 국방 지출로 유지된다. 즉 국가에서 무엇을 개발 및 생산하고, 무엇을 수입해야 하며, 어떤 비용을 지불할지 결정함으로써 방위산업 기반이 정부에 거의 종속되어 있다. 따라서 폴란드의 방위산업은 정부가 조달 예산을 해외 수입품으로 전환하고 자국에서 만든 제품에 대한 주문이 취소되거나 지연되는 경우 국내 방산 기반이 더욱 취약해진다. 이러한 상황을 극복하기 위해 정부의 조달 주문이 증가할 수 있도록 정부를 압박하기에는 폴란드의 방산 기반의 시장 파워가 너무 작다.

최근에 폴란드 정부는 미국으로 더 가까이 가려는 노력을 하고 있다. 미국으로부터 군사 장비의 수입량을 늘림으로써 미국의 신임을 얻는 것이 안보에 대한 장기 전략에 더 유리하다고 판단하고 있는 것이다. 이는 방위산업 측면에서 2가지 기회비용을 발생시킨다. 첫 번째 기회 비용은 국내 방산업체들이 새로운 경쟁력 있는 제품을 개발하고 생산 시설을 현대화할 수 있는 기회를 박탈한다. 그리고 제품을 보다 저렴하고 수출가능하게 만들 수 있도록 자원이 제공되는 것을 막는다. 비록 절충교역을 통해 얻을 수 있는 자국의 이익도 과거의 사례로 비춰볼 때 적지 않았다. 하지만 최근 들어 미국 정부와 대규모 미국 방산업체는 지적 재산을 보호하기 위해 엄격한 ITAR 조항을 적용한다는 것은 폴란드 정부가 취할 수 있는 이득이 과거와 같지 않을 것임을 알아야 한다. 따라서 폴란드에서 증가하는 미국산 무기는 폴란드 방위산업의 자체 혁신을 통한 국산화를 저해할 것으로 보인다. 두 번째 기회비용은 미국과의 손을 잡음으로써 유럽에서 방위산업 협력 기회가 감소될 것이다. 폴란드 정부는 이러한 상황을 예방하기 위해서 유럽 국방 부문에 폴란드를 다방면으로 통합시켜 유럽 무기체계의 공동 개발과 공급에 있어서 혜택을 누릴 수 있도록 노력을 기울여야 할 것이다.

스페인 : 기로에 선 스페인, 어디로 갈 것인가?

스페인은 1960년대부터 4개년 개발 계획을 5차례에 걸쳐 시행하면서 경제성장을 이루어 냈다. 그 과정 속에서 1970년대에는 오일쇼크로 경제가 큰 타격을 입기도 했으며, 1990년대 초에도 경제 위기를 겪었다. 스페인의 경제 성장이 우상향하는 형태를 보여주었지만 가장 문제가 되었던 시기는 ①번 자료에서 2008년 금융위기 발 부동산 거품의 붕괴가 된 시기였다. 거품은 1998년경 정부가 부동산 규제를 완화하고, 1999년 유로화 도입 이후 저금리 기조를 이어가면서 전국적으

[자료 2-17] 스페인의 GDP, 국방비 지출, 국방비의 GDP 비율, 수출 및 수입 TIV

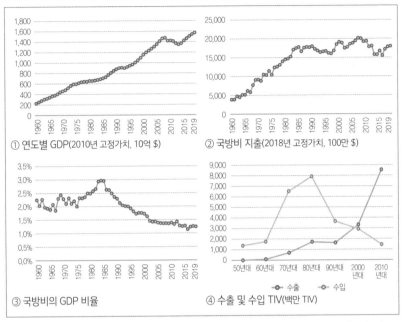

① 연도별 GDP(2010년 고정가치, 10억 $)

② 국방비 지출(2018년 고정가치, 100만 $)

③ 국방비의 GDP 비율

④ 수출 및 수입 TIV(백만 TIV)

출처 : World bank, SIPRI Military Expenditure Database, SIPRI Arms Transfers Database

로 부동산 열풍이 불면서 시작했다. 그 결과 가계부채가 급증하는 결과를 낳았다. 스페인 부동산은 2007년 정점을 찍은 뒤 2008년 세계금융위기의 여파로 가격이 급락하면서 빚을 갚지 못한 사람들이 늘어나자 은행의 부실이 심각해지면서 위기가 찾아왔다. 여기에 더해 2008년 유럽에 불어닥친 경제 위기 여파까지 영향을 미쳤다. 스페인 정부는 수습책으로 은행의 부실에 공적자금을 투입했지만, 부실규모가 너무 커져 국가재정이 망가졌다. 2007년 거품 붕괴 이전엔 GDP 대비 공공채무비율이 70%로 유럽에서 독일과 더불어 가장 낮았으나, 은행에 공적자금 투입은 이를 100% 수준까지 폭증시켰고, 버티지 못한 스페인 정부는 결국 구제 금융을 신청했다. 금융위기 이전 스페인의 경제성장률은 선진국 평균을 한참 상회했으나, 이는 거의 전적으로 부동산 버블에 힘입은 건설경기 호황의 결과라는 평가도 있다. 이런 위기를 거쳐 현재의 스페인은 부동산 거품 경제 위기에서 점차 벗어나고 있다. ②번 자료에서 국방비 지출도 경제 상황과 유사한 패턴으로 변화를 경험했다. 2008년 금융위기에서 많은 국방비의 삭감이 있었으며, 이때 발생한 하락 폭의 깊이는 GDP의 변화량보다 더 깊었다. ③번 자료에서 GDP 대비 국방비의 비율은 냉전이 종식된 이후에 끊임없이 낮아지고 있으며, 2008년 이후에는 더 낮아진 경향이 있음을 알 수 있다. 그러나 최근 들어 국방비의 증가와 더불어 이 비율도 증가되는 추세다. ④번 자료에서 스페인의 방산 수출은 2000년대부터 급격한 증가가 있었다. 방산수출 가치가 낮았던 1990년대와 2010년대를 비교하자면 수출 가치가 크게 증가했다. 2016년 자료에 따르면, 수출은 방산 생산량의 83%를 차지했으며, 주로 항공기, 선박, 전자 장비 등이 전 세계에 판매되었다.[74] 그리고 [자료 2-18]에서와 같이 수출을 하는 국가들의 수가 25개에서 49개로 약 2배 증가한 것도 특징이다. 이 자료는 스페인의 방위산업이 2010년대 들어 확실히 글로벌 공급망에 포함되어가고 있음을 보여준다. 2008년 글로벌 금융위기가 시작된 이후 스페인의 방산 수출은 전체 매출의 40%에서 80% 이상으로 두 배 정도 증가했다. 스페인의 방산수출이 증가할 수밖에 없었던 이유는 자연스럽게 조성된 국내 방산 시장에 있었다. 당시 스페인 국방 예산의 급격한 감소로 관련 기업들은 이에 대한 의존도를 낮출 수밖에 없었고, 이러한 의존성을 탈피하기 위

74. Industria de Defensa de España. Informe 2017. 인터넷 주소 : https://www.defensa.gob.es/Galerias/dgamdocs/La_Industria_de_Defensa_en_Espaxa_2017.pdf

해 기업들은 민수 시장과 국외 방산 시장 모두에서 다각화의 길을 찾게 되었다. 이러한 자구책의 성공은 국내·외 시장에서 더 큰 규모의 경제 효과를 마련해주었다.

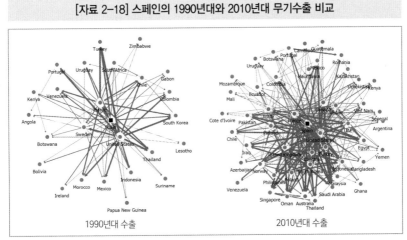

1990년대 수출 · 2010년대 수출

출처 : SIPRI Arms Transfers Database

방위산업의 구조를 살펴보자

스페인 방위산업을 전체적으로 평가하자면 다른 EU 국가들과 비교할 때 19세기와 20세기에 경제 부문의 산업화 지연으로 후진성을 가지고 있었으며, 비교적 최근에서야 많은 발전을 이룬 사례이다.[75] 실제 스페인 내전(1936~1939)에서 스페인 군대는 그다지 진보적인 무기체계를 보여준 것이 없었다. 스페인 내전이 끝날 무렵에는 부분적인 경제 봉쇄로 산업정책이라는 것이 유명무실한 상황도 있었을 만큼 산업이

75. Carreras, A. Y. & Tafunell, X. (2010.). Historia económica de la España contemporánea (1789-2009).

발달하지 못했던 국가였다. 산업화가 유럽의 다른 국가들과 비교했을 때 더디게 발전했던 역사 속에서도 2018년 SIPRI TOP 100에 스페인 방산기업 Navantia가 76위에 올랐다. 스페인의 방위산업을 이해하기 위해서는 이 조선회사인 Navantia에 더해 2개 주요 기업, 즉 항공우주 회사 CASA(Construcciones Aeronáuticas SA)와 육상무기회사 Santa Barbara에 대해 추가적으로 이해하는 것이 필요하다. CASA와 Santa Barbara가 SIPRI TOP 100에 이름이 보이지 않는 이유는 모두 외국계 회사의 일부이기 때문이다.

CASA는 EADS에 속했지만 EADS가 Airbus 그룹으로 통합되면서 현재는 Airbus 그룹 내 Airbus Military에 속해있다. CASA는 1923 년에 설립되었지만, 회사의 성장은 매우 복잡한 단계에 따라 현재에 이 르게 되었다. 1971년에 INI(National Institute of Industry)에 통합되 었고, 이후 독일 DASA와 프랑스의 Aérospatiale-Matra에 통합되었 다. 이후에는 EADS를 거쳐 현재의 Airbus 그룹내에 위치하게 되었다. 초기의 항공기 조립은 독일 및 이탈리아와 같은 다른 국가의 라이센 스 하에서 수행되었지만, 이후 C-207 Azor와 같은 자체 민간항공기 모델의 생산을 시작했다. 군사 영역에서 F-5 전투기는 1965년에 미 국 노스롭과 협력하여 생산을 시작했다. 1950년대에 HA-200 Saeta 를 개발하기도 했지만, 상업적 성공은 제한적이었다. 이후 스페인 정 부의 Mirage III 항공기의 구매는 절충교역을 통해 CASA가 생산에 참 여하게 해 주었고, 1982년 미국으로부터 F-18을 구입하면서 CASA 가 생산에 또 다시 참여했다. 최근에는 C-235, C-295, Eurofighter Typhoon 등을 조립하여 수출하고 있다.

Navantia는 LHD(Landing Helicopter Dock), 호위함(F-110), 잠수함(S80) 등과 같은 모든 종류의 선박을 공급한다. 이를 통해 스페인은 유럽 조선 및 주요 선박의 주요 수출국이 됐다. 지금은 이름이 Navantia이지만 이 회사를 이해하기 위해서는 1947년으로 거슬러 올라가야 한다. Navantia는 국영기업인 Bazan de Construcciones Navales Militates의 창설을 시작으로 하고 있으며, 이 시기에 INI의 지배 구조 속에 있었다. 1950년대와 1960년대에 주요 역할은 군함의 현대화였다. 1970년대와 1980년대에의 선박건조는 프랑스 DCN의 지원을 받아 Dolphin급, Galerna급 호위함 및 잠수함으로 사업이 확장됐다. 이 시기에 Principe de Asturias 항공모함도 북미 디자인을 기반으로 건조됐다. 당시 몇 안 되는 항공모함을 건조할 수 있는 기업 리스트에 이름을 올리기도 했다. 태국으로 수출한 기록도 남아 있다. 1980년대 중반부터 주문 물량이 감소하면서 경영상 큰 위기를 겪기도 했다. 1990년대 후반에 Bazan de Construcciones Navales Militates는 AESA와 합병해서 Izar라는 회사를 만들었다. 이후 현재의 이름인 Navantia로 변경되었다. 스페인에서는 조선이 중요한 분야이기 때문에 Navantia로 주변으로 중소기업들과 함께 중요한 산업 복합체를 형성하고 있다.

Santa Barbara는 미국 General Dynamics가 소유한 회사다. 육상 차량, 포, 총기, 탄약 등을 공급한다. 국영기업으로 1959년에 설립된 Santa Barbara는 1970년대에 프랑스의 기술 지원을 받아 AMX-30과 같은 전차를 제조하기 시작했다. 그러나 지속적인 회사의 손실은 2001년 정부소유로부터 민영화의 길을 걷게 됐다. 이후 미국 회사인

General Dynamics에 매각됐다. 주요 생산품으로는 지상무기의 부품에 초점을 두고 있다. 대표적인 완제품 모델로는 미국의 M1 Abrams 전차, 독일의 Leopard 2E 등이 있다.[76]

트렌드 읽기

역사적으로 스페인의 방위산업은 스페인 산업 발전에 중요한 역할을 했다.[77] 스페인 내전 이후, 유럽에서 스페인의 산업이 제대로 자리를 잡지 못했던 시절 방위산업의 역할이 현재의 스페인을 만드는데 큰 역할을 했다. 특히 항공우주, 전자, 소프트웨어, 통신 등의 분야에서 민간 산업에 적용할 수 있는 새로운 혁신을 창출하는데 큰 기여를 했다. 국방의 많은 분야에서 첨단 지식을 가진 인적 자본의 필요성을 제기했다. 국방 제품에서 요구하는 품질 요구 사항은 민간 하청 업체의 혁신을 촉진했다. 이러한 역사를 바탕으로 현재도 방위산업은 스페인의 산업에서 중요한 위치를 차지한다.

그래도 스페인의 방위산업은 미래 발전 가능성 측면에서 볼 때, 유럽 방위산업 내에서 너무 중간적이다. 우선, 크기 측면에서 CASA, Navantia, Santa Barbara는 스페인 자국의 방산 시장에서 점유율이 50%가 넘음에도 BAE Systems나 탈레스와 같은 EU 최대 기업의 규모보다 크기가 훨씬 작다. 또한, 유럽에서 차지하는 비중도 그리 크지

76. Garcia Alonso, J.M. (2010). La base industrial de la defensa en España. Ministerio de Defensa.

77. Molas-Gallart, J. (1992). Military production and innovation in Spain (Vol. 2). Psychology Press.

않다. ASD(Aerospace and Defense Industries Association of Europe)에 따르면, 스페인의 방위산업은 유럽 국방의 4.8% 정도의 점유율을 보인다. 과거 유럽의 주요 국가들은 국가 내 또는 유럽 내 통합을 증가시켜 무의식적으로 대기업을 선호했던 경향과 비교할 때, 스페인은 너무 크지도 작지도 않은 기업들로 구성된 무난한 방위산업 생태계를 가지고 있다. 그리고 혁신적 측면에서도 정부의 적은 예산의 지배를 받고 있기 때문에 미사일, 위성, 헬리콥터, 항공 전자 장비 등과 같은 자본집약적인 부문에서 혁신의 한계를 보인다. 그래서 이들 기업은 개발 및 생산 능력에 한계점이 보인다. 따라서 필요한 일부 장비만 군에 공급하고 있다. 이러한 스페인 방위산업의 애매한 포지셔닝은 다른 방산 선진국 시장에서는 더 작은 점유율을 유지하게 만들었다. 후진국에서는 낮은 인건비에 점유율이 잠식당하기도 한다. 즉, 스페인의 방위산업은 프랑스나 독일과 같은 혁신으로 무장한 대기업들과 쉽게 경쟁할 수 없다. 일부 유럽 국가만큼 인건비가 낮지도 않아 가격경쟁력에서 경쟁력이 크지 않다. 종합적으로 규모, 소유 구조, 낮은 수익성은 스페인 방위산업의 미래에 부담으로 작용할 것이다.

이러한 중간자적인 문제를 해결하기 위해서 스페인은 우선 일관된 산업 및 방산 정책과 더불어 전략적 고려가 필요해 보인다. 먼저, 방산업계의 통합이다. 과거 미국과 유럽이 했던 것처럼 국가적 차원의 경쟁력을 유지하고 생존하기 위해 비즈니스 규모를 늘려야 할 필요성이 있다. 국내 시장 관점에서 볼 때, CASA는 그나마 민간 시장에서 운영되고 있다. 그러나 Navantia와 Santa Barbara는 민간 시장에 제한적이다. 이러한 상황을 보다 근본적으로 해결하기 위해서는 주요 방산기업들이 국제 시장에서 운영해야 한다. 왜냐면 그들의 생산량은 내부 수요에 더 많은 수요처가 필요로 하며, 혁신을 위한 R&D 투자의 경우 해외 시장에서의 판매를 통해서만 상각될 수 있기 때문이다. 다음으로, 공격적 혁신이 필요하다. 스페인의 방위산업은 최근으로 올수록 R&D의 예산 제한으로 혁신 활동은 대부분 방어적 혁신에 중점을 두었다. 군에서 필수적으로 요구하지 않는 한, 국방에서 생산 방법 및 장비의 혁신은 드물었다. 스페인 기업들은 일반적으로 민간 시장에서 사용되는 성숙한 방법과 기술로부터 이익을 얻었다. 마지막으로, 해외 진출을 위한 교두보가 필요하다. 스페인 주요 회사들은 해외에 큰 자회사를 가지고 있지 않다. 단지, 상품과 서비스를 판매할 가능성을 모니터링할 목적으로 주로 남아메리카 지역에 작은 판매 및 대표 사무소를 가지고 있다. 2001년에 CASA가 폴란드의 PZL Warszawa – Okęcie를 인수한 것은 매우 특이한 경우였다.

스위스 : 중립국의 한계, 해외에서 답을 찾다

스위스는 지하자원이 없고 국토도 협소하지만, 2차 세계대전 이후 대표적인 고소득 국가로 발전됐다. 스위스의 산업구조는 전 세계 어느 나라에서도 견주기 어려운 고도의 산업화와 발전된 경제구조를 갖추고 있는 전형적인 선진국형이다. 이를 바탕으로 GDP는 ①번 자료와 같이 지속적인 성장을 했다. 놀라운 사실은 작은 국토 면적과 8백 5십만의 인구에도 전 세계 20위권의 수출국이라는 것이다. 주로 원자재를 수

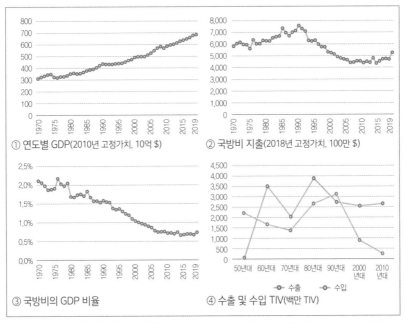

[자료 2-19] 스위스의 GDP, 국방비 지출, 국방비의 GDP 비율, 수출 및 수입 TIV

① 연도별 GDP(2010년 고정가치, 10억 $)

② 국방비 지출(2018년 고정가치, 100만 $)

③ 국방비의 GDP 비율

④ 수출 및 수입 TIV(백만 TIV)   ─●─ 수출   ─●─ 수입

출처 : World bank, SIPRI Military Expenditure Database, SIPRI Arms Transfers Database

입해서 우수한 기술력을 통해 고부가가치 제품을 생산 및 수출하는 기술·노동 집약적 경제체제를 이루고 있다. 이러한 결과를 가져다준 배경에는 최고의 전문 기술교육을 받은 인적자원의 역할이 주요했다. 제조업종 중에 의약 산업은 세계적인 수준이며, 인구 800만의 작은 나라인 스위스에서 전 세계 의약품의 4%가 생산될 정도다. 대표적으로 로슈(Roche), 노바티스(Novartis) 등의 글로벌 유명 기업이 스위스에 있다. ②번 자료에서 국방지출은 냉전 종식 이후로 계속 줄어드는 추세다. 1990년에 정점에 도달한 후, 일부 구간인 2015년에서 2017년까지는 증가했지만, 전체적으로는 냉전 종식 후 감소했다. ③번 자료에서 증가하는 GDP와 감소하는 국방비 지출의 추세에 따라 GDP대비 국

방비 비율은 하락하는 추세다. 1970년대 2% 이상에서 2018년 0.7%의 비율로 거의 1/3로 줄었다. 전형적으로 직접적인 위협이 없는 중립국이라는 특성이 반영된 결과다. ④번 자료에서 스위스는 변동성이 일부 있지만, 1990년대부터 일정한 수준의 무기 수출 가치를 유지하고 있다. 2015년 이후 무기 수출액에 대한 SIPRI 데이터는 스위스가 세계 14위의 무기 수출국이라는 것을 보여준다. 주요 수출품은 항공기, 방공 시스템, 센서 등 다양한 편이나 탄약과 장갑차 수출이 1/3 정도를 차지한다. 2018년 스위스 정부는 무기 수출 규정을 자유화하려는 노력을 광범위한 대중들의 비판에 따라 포기한 일이 있었다. 이 사건을 미뤄 보아 향후 스위스의 무기 수출에 대한 증가는 한정적일 것으로 예측된다. 방산 수입은 냉전 이후에 급격한 하락을 보여주었다. [자료 2-20]에서 1990년대와 2010년대에 수입을 하는 국가의 수나 종류에는 큰 변화가 없지만, 그 가치가 급격히 줄었다. 이는 평화 배당금으로 삭감된 국방비의 급격한 하락과 무관하지 않다. 일반적으로 스위스는 작은 무기, 탄약, 장갑차 등은 국내 방위산업에서 공급하고, 전투기나 방공 시스템 등과 같은 고가의 첨단 장비는 수입되며, 기종 선정은 국민투표를 거친다. 2014년에 차세대 항공기로 록히드 마틴의 F-35, 보잉의 F-18 Super Hornet, Eurofighter Typhoon, Saab Gripen, Dassault Rafale을 대상 기종으로 검토했고, Saab Gripen E 도입을 국민투표에 부쳤으나 거부되기도 했다.

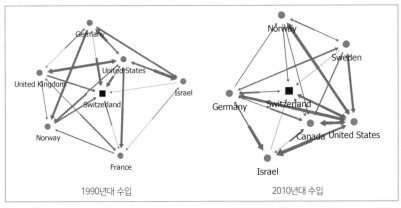

[자료 2-20] 스위스의 1990년대와 2010년대 무기수입 비교

1990년대 수입

2010년대 수입

출처 : SIPRI Arms Transfers Database

중립국의 지위와 군대

스위스의 방위산업을 이해하기 위해서는 국제적으로 중립국 입장을 유지하고 있다는 점을 이해해야 한다. 역사적으로 이들은 산악지형의 이점을 활용해서 자연 방어막을 형성했다. 침략자에게 상당한 비용을 부과한다고 위협해서 공격을 저지하는 것이 목표였다. 중립 정책은 군대가 국제 평화 유지 임무에 참여는 하지만, 다른 국가의 무력 충돌과 무관하다는 것을 의미한다.

비평가들은 적이 없는 중립국에 군대가 필요한지 의문을 제기한다. 현재 국방 행정은 DDPS(Federal Department of Defence, Civil Protection and Sport)가 담당하고 있으며, 스위스의 군대는 징병제로 모집되며 육군과 공군으로 구성된다. 바다가 없어 해군이 없는 것이 특징이다. 대신에 육군이 작은 순찰선들로 호수 보호 역할을 제공한다. 총 군인은 약 160,000명이며, 자국 방어 임무를 수행한다. 이 군대의 규모는 2005년 군 개발계획인 '2008~2011 Development Stage'의 결과이다. 보다 많은 자원을 치안작전에 투입하고, 전통적 의미의 방어에는 자원투입을 축소하되, 평화 촉진 임무를 위한 노력은 배가하려는 취지였다. 육군의 경우 2009년부터 총 9개 여단을 8개 여단으로 축소했다. 공군 주요 방공부대는 총 15개 부대에서 9개 부대로 줄었다. 스위스 군의 규모 축소는 국내 방산업체에 부정적인 영향을 미쳤다. 국내 무기 시장의 규모가 크게 줄었다는 것을 의미한다. 무기생산의 직접 고용은 1990년에 약 9,700명의 고용 수준이었다. 2000년에는 3,700명으로 하락했다.[78] 산업 규모는 스위스가 독립 정책에서 상호 의존 정책으로 전환함에 따라 스위스 국방 정책의 변화도 반영됐다.

산업 구조

중립국 스위스의 위치는 방위산업 정책에 영향을 미친다. 스위스는 군사 동맹국이나 다른 국가의 군사적 지원을 받을 자격이 없다. 이러한 이유로 스위스는 국가 안보에 필수적인 핵심 기술을 제공하는 보안 관련 기술 및 산업 기반, 즉 STIB(Security-relevant Technology and Industry Base)가 비록 작은 규모지만 존재한다. 산업은 소수의 대기업과 다수의 소기업으로 구성된다. 추정치에는 총 100개 회사가 있다. 대기업 중 일부는 다국적 대기업의 자회사다. 대기업 중 SIPRI TOP 100에는 RUAG만 있지만, 주요 수출 회사로 Rheinmetall, Mowag,

---

78. Armada. (2013). Defence Industry of Switzerland, Armada International, Bangkok, Thailand, edition 2013.

Pilatus 등도 주목해야 한다.

현재의 산업 형태는 1990년대 소유권, 구조의 변화 및 규모의 축소 결과다. 스위스 조달 기관인 Armasuisse는 국가의 독립과 무기 공급의 안전을 위해 스위스 최대 무기회사이자 핵심 파트너인 RUAG를 만들었다. 육군의 가장 중요한 산업 파트너. 대공 시스템 생산업체인 Oerlikon Contraves는 독일 회사인 Rheinmetall에 인수됐다. 군용 차량 회사인 Mowag는 처음에는 미국의 General Motors에, 나중에는 General Dynamics에 의해서 인수됐다.

트렌드 읽기

스위스는 국방 및 국방 산업정책이 국제적 중립성과 지리적 여건에 의해 결정되는 독특한 사례다. 냉전 이후에 계속된 국방비의 평화 배당금으로의 전환 분위기는 앞으로도 계속될 것으로 보인다. 한 가지 주목해야 할 사실은 정부는 국내 내수 시장의 축소로 인해 수출 시장을 그 돌파구로 여기고 있다는 사실이다. 그리고 무기 수출에 대한 지원도 계속될 것으로 보인다.

앞서 설명했듯이, RUAG는 스위스 최대의 무기 생산 기업이다. 2018년 SIPRI Top 100에서 95위를 차지했다. RUAG는 1998년에 설립됐고, 항공 및 기타 방산 분야에서 국제적인 명성을 얻고 있다. 자국 내수 시장에서는 무기를 업그레이드하고 유지관리에 중점을 둔 기업이지만, 2019년에 큰 변화를 위한 결정이 내려졌다. 세계적 항공우주 기술그룹으로 회사를 발전시키고, 향후 회사를 민영화할 계획으로 사업을 분리하는 것이었다. 실제 2020년에 들어와 RUAG는 RUAG MRO[79] Switzerland와 RUAG International의 두 자회사를 가진 새로운 지주 회사가 됐다. RUAG MRO Switzerland는 약 2,500명의 직원을 고용하고 있다. 스위스 군대에 서비스를 제공할 책임을 가진다. 그리고 RUAG International은 약 6,500명의 직원이 있으며, 향후 민영화 과정을 거친 후 글로벌 항공우주 분야에 중점을 둔 비즈니스를 꾸려나갈 예정이다.

스웨덴 : 새로운 시장 기회가 오고 있다

[자료 2-21] 스웨덴의 GDP, 국방비 지출, 국방비의 GDP 비율, 수출 및 수입 TIV

① 연도별 GDP(2010년 고정가치, 10억 $)

② 국방비 지출(2018년 고정가치, 100만 $)

③ 국방비의 GDP 비율

④ 수출 및 수입 TIV(백만 TIV)

출처 : World bank, SIPRI Military Expenditure Database, SIPRI Arms Transfers Database

---

79. Maintenance, Repair, and Operating Supply

유럽에서 스웨덴의 산업화는 19세기 말 후발주자로 시작했다. 협소한 내수시장은 산업화 초기부터 기업의 국제화를 촉진해서 수출을 장려했다. 1, 2차 세계대전 당시에는 중립을 유지하여 국내 산업을 보호할 수 있었다. 전쟁 후 유럽의 수요에 힘입어 제조업 위주의 수출 주도형 경제로 발전했다. 산업화의 후발주자로서 뒤늦게 발전을 가져다 준 원동력은 스웨덴이 보유한 풍부한 자원이었다. 풍부한 삼림자원은 초기 산업화 과정의 핵심 분야였던 제지산업의 발전에 크게 기여했다. 북부지역에 매장된 광물자원은 철강이나 기계와 같은 중공업 분야 발전의 원동력이 됐다. 1960년대 들어와서 유럽공동체(European Community)와 NATO 국가들이 주도한 무역자유화 정책과 더불어 안정적인 국내 정국은 연평균 6.5% 수준의 성장이 가능하게 했다. 세계 최고의 모범적인 사회복지 국가로 발전하게 됐다. 이 시기에는 산업의 구조조정도 이뤄졌다. 목재와 철강 중심의 소비재와 1차 산업의 비중은 줄이는 반면, 기계 산업과 같은 고부가가치 제조업 등과 같은 2차, 그리고 3차 산업의 비중을 늘려나갔다. 1990년대 초와 2008년에는 금융위기를 겪었으나 정부의 안정화 정책과 기업의 구조조정을 통해 극복하기도 했다. 2014년 이후에는 소비 진작과 건설 부문 확대를 통해 현재에도 높은 성장세를 이어가고 있다. 지속적인 경제 성장과는 대조적으로 ②번 자료에서 국방비 지출은 냉전 이후 서서히 하락하는 양상을 보이다가 2008년 금융위기 때 급격한 감소가 있었다. 그러나 2010년대 들어 다시 과거 냉전 시기의 수준으로 회복하는 증가세를 보였다. ③번 자료에서 GDP에서 국방비가 차지하는 비율은 지속적으로 하락하는 모습을 보인다. 이는 경제성장 만큼 국방비가 증액되지 않은 점이 반영된 결과를 보여준다. 또한, 1%를 약간 상회하는 정도의 비율은 다른 유럽 국가에 비해서 다소 적은 편이다. ④번 자료에서 스웨덴은 국방으로의 자원을 적게 할당했는데도 방위산업이 수출 주도형으로 발전하고 있음을 알 수 있다. 특히, 스웨덴은 냉전 이전과 이후의 수출 양상이 다른 패턴을 보여준다. 냉전 이전과 비교해보면 냉전 이후 수출이 확연히 증가했다. 그 이유는 정부가 방위산업을 수출 주도형 생태계로 탈바꿈하려는 노력이 반영된 결과로 보인다. 냉전 이후 국내 수요와 새로운 프로그램의 수가 점차 감소함에 따라 2000년대 들어서 스웨덴 정부는 기업들이 수출에 더 많은 참여하도록 장려했고, 수출 지원에 더 많은 자원을 할당했다. [자료 2-22]는 1990년대와 2000년대 스웨덴의 수출 네트워크를 보여준다. 수출 가치도 증가된 것을 알 수 있지만, 수출 국가도 27개에서 35개로 증가했음을 알 수 있다. 그리고 과거와 비교해 더 많이 글로벌 방위산업 가치사슬에 참여하고 있다는 것을 짐작할 수 있다. 증가된 수출은 스웨덴 방산업체에게 수익을 창출해서 방산 기술 및 역량에 대한 투자 자금을 지원했다. 국방으로부터 나온 혁신은 스웨덴 산업 전반으로 혁신이 분사되는 선순환 구조를 만들었다. 2000년대 방산 수출의 우수한 성과에도 2010년대에는 약간 주춤했다. 이 방산 수출 가치의 하락이 2000년대 급격한 상승에 대한 조정인지 더 하락으로 이어질 것인지는 좀 더 지켜봐야 할 것이다. 수출의 증가와는 반대로 수입은 지속적으로 낮아지는 추세다.

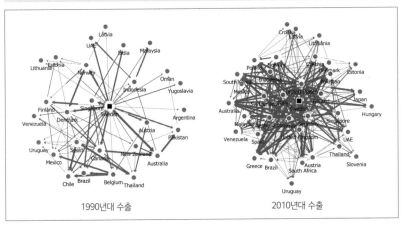

[자료 2-22] 스웨덴의 1990년대와 2000년대 무기수출 비교

1990년대 수출 　　　　　　2010년대 수출

출처 : SIPRI Arms Transfers Database

방위산업의 현재와 과거

스웨덴 방위산업은 직접 국방 개발 및 생산에 약 30,000명의 직원을 고용하고 있는 작지 않은 규모를 가지고 있다.[80] Saab 그룹이 총 무기 생산량의 약 75%를 차지할 정도로 강력하게 지배하고 있다. Saab 그룹의 매출은 항공에서 약 45%, 지상무기에서 약 20%, 함정에서 약 15%의 점유율을 가진다. 제품 포트폴리오에는 Gripen 전투기와 차세대 Blekinge급 잠수함(A26)도 포함되어 있다. 해군 함정 및 잠수함을 위한 Saab Kockums는 별도의 사업 영역으로 구성되어 있다. 그다음 스웨덴을 지배하는 기업은 영국계 회사인 BAE Systems Sweden이다. 이 회사는 2개의 계열사를 가지고 있다. BAE Systems Sweden

---

80. Säkerhets- och försvarsföretagen(SOFF : 스웨덴 방위산업 담당 기관). 인터넷 주소 : www.soff.se

Hagglunds와 BAE Systems Sweden Bofbrs이다. 전자는 장갑 차량 및 관련 시스템 등을, 후자는 대구경 포, 함포 및 탄약 등을 개발하고 생산한다. 마지막으로, 로켓 추진체를 위한 에너지 재료를 개발하고 생산하는 Nammo가 있다. 이 회사는 1998년 핀란드, 노르웨이 및 스웨덴의 국유 탄약 시설이 통합된 결과다.

스웨덴은 방위산업의 역사가 아주 길다. 현재를 이해하기 위해서는 과거를 살펴볼 필요가 있다. 비록 스웨덴이 1, 2차 세계대전에서 중립을 지켰지만, 더 이전인 17세기와 18세기에 스웨덴은 전쟁에 적극적으로 참여한 국가였다. 17세기 초 스웨덴은 발트 해(Baltic Sea) 주변의 대부분을 통제할 정도로 주변에서 강대국의 위치를 차지했다. 자연스럽게 무기 공급을 위한 방위산업이 발전했다. 당시에 1646년 철광석 공장으로 설립된 Bofors, 1689년 함정제작을 위해 설립된 Karlskronavarvet, 1552년에 설립된 Akers krutbruk(2018년 폐업) 등이 있었다. 이 중 Bofors는 아직까지 BAE Systems Sweden Bofbrs로 그 이름을 가지고 있다. 1, 2차 세계대전에서 피해를 입지 않은 스웨덴은 이후 광범위한 방위산업 기반을 조성했다. 전투기 개발 및 생산은 Saab, 대구경 포와 미사일은 Bofbrs, 함정과 잠수함은 Karlskronavarvet와 Kockums 등과 같이 정부의 통제 아래 전문화의 길을 걸었다.

이렇게 발전된 기업들은 1986년에 정부기관인 FFV(Försvarets Fabriksverk)에 집중됐으며, 1991년에는 국유 국방 대기업인 Celsius 라는 이름으로 보다 상업적으로 개편됐다. 1999년 스웨덴 정부의 국내 방위산업에 대한 시장 자유주의 거버넌스 정책에 따라 Celsius는 매각됐는데, 대부분은 사유화되거나 Saab에 의해 인수됐다. 매각 과정에서 외국 기업들도 많은 참여가 이뤄졌다. 1997년 영국의 Alvis plc가 Hagglunds를 인수한 것을 시작으로 Bofors는 2001년 미국의 United Dofense에 의해 인수됐다. 이후, 2004년에 Alvis plc이, 그리고 2005년에는 United Defense이 BAE Systems에 인수했다. 잠수함 및 선박 기업인 Kockums는 독일의 HDW에 인수됐다. 이와 함께 몇몇 다른 소규모 기업들도 외국계 회사에서 인수됐다. 스웨덴은 유럽뿐만 아니라 글로벌 시장관점에서 이 매각을 보고 있었고, 이러한 인수 과정을 거치면서 현재의 스웨덴 방위산업 구조를 이루게 됐다.

핵심 키워드는 '협력'

스웨덴은 1980년대 중반까지 국방 기술 전문성과 무기 개발의 강점이 탁월했다. 자체 전투기는 물론 해군 함정 및 잠수함, 대구경 포, 장갑차, 레이더, C3I 등을 자체 생산했다. 세계에서 가장 앞선 데이터 링크 체계를 개발하기도 했다. 주로 파괴적인 혁신보다는 점진적 혁신이 필요한 분야인 기존 무기체계의 혁신에 집중했다. 이 과정에서 스웨덴은 수십 년 동안 미국과 강력한 협력이 있었고, 항공전자, 추진기 등 특정 첨단 기술의 이전이 주요했다. 스웨덴은 매우 자립했지만, 전투기와 특정 미사일 등과 관련된 중요한 기술은 미국에 의존하는 형태였다.

냉전 기간 동안 정부에서는 대외적으로는 미국과 국내에서는 방산업체, 획득 조직, 군, 국유기업, 민간기업, 학계 등이 긴밀한 상호 작용을 할 수 있도록 강력하게 지원했다. Saab의 주 소유주인 Wallenberg가

(家) 사람들은 은행, 산업, 정치, 정부 등에 종사하며, 방위산업 전반에 관여했다. 이러한 중앙 집중식 관리는 1946~1992년 동안 스웨덴 방위산업이 정치적 합의 관점에서 안정적인 상태를 유지했다.[81] 그 결과 자연스럽게 방위산업은 기술적으로 정교하고 현대적이며 비용 효율적이어야 한다는 컨센서스(Consensus)가 형성됨으로써 방위산업 전반에 혁신이 자리잡을 수 있었던 것이다.

1990년대 들어 스웨덴의 방위산업은 독일이 이끌었던 Iris-T 프로그램, NATO의 요구로 다국적 기업들이 참여했던 NH90 프로그램, 6개국이 참여했던 Meteor 프로그램, 미국과 공동으로 개발한 Excalibur 프로그램 등에 참여했다. 최근에는 브라질 기업인 Embraer과의 Gripen E/F 모델 공동개발에 참여했고, 브라질은 36대의 Gripen E/F를 인수했다. 가장 최근에는 Saab와 스웨덴 정부는 2019년 7월 영국 및 이탈리아와 함께 FCAS(Future Combat Air Systems) 전투기 개발 프로그램의 파트너로 참여한다고 선언했다. 그리고 스웨덴 정부와 Saab는 A26 잠수함 개발을 위한 국제 파트너를 찾고 있다고 한다.

트렌드 읽기

스웨덴 국방부는 5년마다 국방백서를 발간한다. 국방백서는 다음 국방 계획 기간 동안에 대한 개요를 제공한다. 가장 최근인 2019년 5월에 발표된 백서는 2021~2025년 동안의 군의 역량과 획득 예정인 무

---

81. Karlsson, B. (2015). Svensk försvarsindustri 1945–1992. Försvaret och det kalla kriget FoKK.

기체계가 정리되어 있다. 먼저 눈에 띄는 사실은 군 병력을 2025년까지 60,000에서 90,000명으로 증강할 것이다. 그리고 공중 무기체계에서는 새로운 훈련기 획득, 휴대용 대공 미사일 시스템 획득 등이 포함된다. 해상 무기체계는 Visby급과 Gotland급 호위함과 잠수함의 업그레이드가 포함된다. 2025년 이후에는 추가 잠수함 획득도 계획되어 있다. 지상 무기체계에서는 기존 주력전차의 업그레이드, 새로운 포사격 시스템, 군수지원 관련 장비의 새로운 도입 등을 진행할 예정이다. 또한 국방 R&D를 위한 추가 재정을 배정할 예정이라고 명시되어 있다. 이를 통해 방위산업 측면에서 알 수 있는 사실은 우선 자국 내에 있는 많은 기업이 혜택을 본다는 것이다. 우선은 Saab 계열사들을 고려할 수 있다. Aeronautics, Kockums, Dynamics 등의 자회사들이 수주를 받을 것이며, BAE Systems에서는 Hagglunds, Bofors가 혜택을 보게 될 것이다. 그렇다고 모든 수주가 스웨덴 국내 업체에만 돌아가지는 않을 것이다. 스웨덴의 국방획득을 담당하는 FMV(Försvarets Materielverk)와 군이 2007년에 발표한 물자 획득 전략에 따르면, 다른 국가와의 협력을 강조하고 있다.

여기서는 획득 방법의 우선순위를 4단계로 정하고 있는데, 첫째는 다른 국가와 함께 기존 장비의 업그레이드, 둘째는 다른 국가들과 협력을 통한 기성 무기체계 확보, 셋째는 국제 협력을 통한 개발, 마지막으로 국내 개발로 명시하고 있다. 이에 따라 국내업체 뿐만 아니라 해외업체들도 스웨덴 정부의 미래 파트너로 향후 병력증강 및 새로운 무기체계 도입과 업그레이드를 위한 자원할당에서 혜택이 돌아갈 것으로 보인다.

우크라이나 : 위기를 기회로 만들다

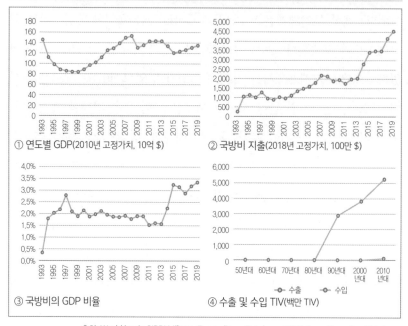

[자료 2-23] 우크라이나의 GDP, 국방비 지출, 국방비의 GDP 비율, 수출 및 수입 TIV

① 연도별 GDP(2010년 고정가치, 10억 $)

② 국방비 지출(2018년 고정가치, 100만 $)

③ 국방비의 GDP 비율

④ 수출 및 수입 TIV(백만 TIV)

출처 : World bank, SIPRI Military Expenditure Database, SIPRI Arms Transfers Database

우크라이나는 소련으로부터 1991년 독립 후 ①번 자료의 GDP 변화에서 보듯이 위기와 기회의 롤러코스터 속에 있었다. 독립 초장기에는 새로운 중앙정부의 경제 통제의 와해로 과중한 에너지 수입 부담, 정치적 불안정 등의 복합적인 문제가 겹치며 경제적 파탄에 이르기도 했다. 위기 속에서 1994년 레오니드 쿠치마(Leonid Kuchma) 대통령이 취임했고, 적극적인 시장 경제로의 개혁 추진으로 산업생산이 증가하면서 물가와 통화가 안정되기 시작했다. 1998년 러시아 외환위기의 영향을 받기도 했지만, 1999년 쿠치마 대통령의 재집권과 동시에 강력한 통화안정 정책과 개혁을 이어나가면서 위기를 피해가기도 했다. 혼란의 1990년대를 정리하자면, 1991년부터 8년간 연속되었던 마이너스 성장을 극복하고 1999년부터는 거시경제가 안정되고 경제성장이 이뤄졌다고 할 수 있다. 이후 2004년부터 2008년까지 연 10%에 가까운 경제성장을 이룩하는 놀라움을 우크라이나는 보여줬고, 외환 보유고가 확대되고 환율이 안정되면서 국제신용도도 지속적으로 상승됐다. 2005년 빅토르 유셴코(Viktor Yushchenko) 대통령 취임 이후 유럽연합에 가입하려는 노력이 본격화됐다. 2008년에는 세계무역기구인 WTO(World Trade Organization)에 가입했다. 정부의 세계 자본주의 체제의 편입을 위한 노력 속에서 2008년 세계 금융위기의 파급으로 외환위기에 직면하게 됐다. 이 여파로 2009년 경제성장률이 −14.9%에 이르렀으나 2010년 IMF의 구제금융 지원 후 다시 4.2%에 달하는 경제성장을 보이면서 경제가 회복됐다. 그러나 2014년에는 러시아와의 크림 위기와 동부 지역 내전으로 인해 최악의 경기 침체기를 다시 맞았다. 다행히 국제사회와 IMF의 원조 속에서 2016년 경제성장률이 2.3%를 시현했고, 환율도 점차 안정세를 되찾았다. 2017년에는 경기회복세가 좀 더 뚜렷해지면서 전반적인 경제 상황도 점차 안정세를 되찾기 시작했으며, 2019년에는 경제성장률이 1.5%를 기록했다.

우크라이나 군대는 소련으로부터 독립 후 낮은 투자와 부패로 전쟁 준비를 하는데 어려움이 있었다.[82] 1990년대와 2000년대에 우크라이나 영토 보전에 대한 직접적인 위협이 없는 상황에서 우크라이나 군대에

---

82. Puglisi, R. (2015). Heroes Or Villains? : Volunteer Battalions in Post-Maidan Ukraine. Istituto Affari Internazionali (IAI).

대한 자금 지원이 크게 줄어들었다. 결과적으로 우크라이나 방위산업에 대한 예산이 감소했다. 그러나 2014년 크림 위기 이후 ②번 자료와 같이 우크라이나 군의 재건은 군사비의 급격한 증가를 가져왔다. 긴장감이 고조됨에 따라 방위산업은 우크라이나 군의 요구를 충족시키기 위해 총동원됐다. 이러한 상황에서 자국 내 방위산업의 생산은 수출에 거의 독점적으로 초점을 맞추어져 있었던 것으로부터 운영 중인 무기체계의 수리, 저장된 장비의 전력화 등을 포함해서 내부 수요로 우선순위가 바뀌었다. 또한, 이러한 분위기는 ③번 자료와 같이 2014년 이후에 국방비의 GDP 비율을 증가시켰다. 이 그래프를 통해 크림 위기는 우크라이나의 국가자원 배분에 상당한 영향을 줬다는 것을 볼 수 있다. ④번 자료에서 우크라이나는 소련으로부터 독립한 1990년대 이후 방산 수출이 급격하게 늘어났다. 주의해야 할 점은 우크라이나의 이러한 방산 수출 증가는 다른 국가들과는 그 특성이 다르다는 것이다. 우크라이나가 1991년 소련으로부터 독립했을 때, 영토에 저장된 방대한 양의 무기와 탄약을 물려받았다.[83] 우크라이나의 무기 수출의 대부분이 과거 소련 시절의 비축된 물량에서 나왔으며, 때로는 UN 금수 조치 국가를 포함한 회색 지역 시장(Grey Area Market)으로 수출되기도 했다.

우크라이나의 방위산업 대표 : 우크로보론프롬

우크로보론프롬(UkrOboronProm)은 SIPRI 100대 방산기업 리스트

---

83. Griffiths, H., & Karp, A. (2008). Ukraine : Coping with Post-Soviet Legacies. Contemporary Security Policy, 29(1), 202-228.

에 등록된 유일한 우크라이나 방산기업이다. 이는 공공 컨소시엄으로써, 약 100여개의 방산기업이 우크로보론프롬에 등록되어 있으며, 우크라이나의 방위산업을 대표한다. 우크로보론프롬은 2011년 12월 빅토르 야누코비치(Viktor Yanukovych) 정부에 의해 행정 기능을 합리화하고 최적화하기 위해 마련된 대규모 행정 개혁의 틀에서 만들어졌다. 우크로보론프롬의 목표와 과제는 무엇보다도 회원의 활동을 조정하고 규제하는 것이다. 해외에서 우크라이나 기업 이미지 개선, 공급망 합리화, 우크라이나 기업 및 해외 파트너와의 R&D 활동 강화 및 투자 유치 등에 대해 활동한다. 세부적으로, 연구, 마케팅, 전시회 및 박람회의 해외 대표, 해외 투자 유치, 외국 기업과의 R&D 파트너쉽 협상 등을 하고, 원자재 수입과 운송 수단 제공 등 중개인 역할도 담당한다. 우크로보론프롬이 2011년 창설된 배경에는 러시아의 Rosoboronexport가 우크라이나 방위산업에 대한 대화자를 식별하라는 요청에 대한 응답이기도 했다. 러시아의 Rosoboronexport는 국방 관련 및 민·군 이중 용도 제품, 기술 및 서비스의 수·출입을 위한 유일한 러시아 중개 기관이다. 즉, 우크로보론프롬은 러시아와 우크라이나 방위산업의 생산 및 유지 보수 측면에서 강력한 협력을 위한 수단의 창구였던 셈이다. 실제로 러시아 방위산업과 정부 대표들은 우크라이나 국방부 또는 산업생산부(Ministry of Industrial Production) 중 어디가 국방 산업을 책임지고 있는지 파악하는데 어려움을 겪었다고 한다. 우크라이나 방위산업은 러시아와 밀접하게 관련되어 있었기 때문에 2014년 크림 위기 이전에는 러시아에서 조립될 주요 시스템의 부품을 생산이 방위산업에서 큰 비중을 차지했다.

방위산업의 발전 : 크림 위기 이전(1991~2013)

우크라이나가 1991년 독립을 했을 때, 2013년 Ukrainain Defense Review의 자료에 따르면, 소련 방위산업의 30%와 국방 연구개발 역량의 20% 정도를 물려받았다고 한다. 산업 규모로 보자면 1,840개 기업에 270만 명의 직원에 일하는 정도다. 과거 소련은 우크라이나의 풍부한 철광석 및 석탄을 활용하기 위해 주요 방위산업을 우크라이나에 집중적으로 배치했다. 전체 분업체계에서 항공우주, 조선 등 주요 전략산업을 우크라이나가 담당했다. 이러한 산업 기반은 독립 후 우크라이나 경제 성장의 기반이 됐다. 전략산업 이외에도 자동차, 정유, 비철금속, 시멘트, 전기제품, 섬유, 섬유, 의료기기 등이 발전했다. 소련의 전체주의적 시스템 속에서 우크라이나의 이러한 발전은 2013년 11월, 야누코비치 대통령의 EU – 우크라이나 협정 서명 거부로 2014년 2월 22일 새 임시 대통령이 취임함에 따라 분위기가 완전히 뒤바뀌게 됐다.

방위산업의 발전 : 크림 위기 이후(2014~)

2014년 3월 러시아에 의한 크림반도의 합병과 동방 분리주의자들에 대한 지원은 러시아에 대한 우크라이나의 인식을 깊게 변화시켰다. 러시아를 적대 국가라는 인식과 함께 2014년 3월 29일 우크로보론프롬이 회원 기업들에게 군사 생산품 및 부품을 러시아로 수출하는 것을 금지하는 모라토리엄(Moratorium)을 발행한 사건은 러시아와의 방위산업 협력은 불가능하다는 것을 확인시켜주었다. 새로 선출된 페트로 포로첸코(Petro Poroshenko) 대통령은 여기에 더해 국가 안보 및 국방 위원회(Ukrainian National Security and Defense Council)의 결의를 통해 민·군 이중 용도로 사용 가능한 품목까지도 수출 금지 품목으로 포함시켰다. 이러한 조치들은 러시아 국방에서 사용 가능한 모든 수출을 금지하는 것과 다름없었다.[84]

이러한 조치들은 단기적으로 러시아 방위산업에 위협을 초래했다. 우크라이나가 선택한 전략적인 이 금지령은 러시아에게 있어서 전함이나 헬리콥터 등과 같은 군의 현대화 계획에 막대한 영향을 미쳤다. 부품을 복제하거나 중국의 수입품으로 대체하도록 강요했다. 또한, 이는 장비의 비용을 증가시켰다. 그리고 최종 제품의 성능을 저하시키는 2차 문제도 발생시켰다. 러시아는 피해를 최소화하기 위해서 우크라이나 기술자를 유치하려는 노력과 중국이나 벨로루시(Belarus)에 본사를 둔 우크라이나 기업을 통해 우회적으로 부품을 공급받는 일도 있었다.[85]

크림 위기 이후 변화된 상황은 러시아 뿐만 아니라 우크라이나 방위산업에도 악영향을 미쳤다. 2014년 7월과 2018년 2월 사이의 우크로보론프롬의 책임자인 Roman Romanov에 따르면, '우리의 방위산업은 러시아로부터 약 30,000여개의 품목을 수입해왔고, 러시아와의 협력 종료로 인해 333억 UAH(2억 달러)을 잃었다'고 했다.[86] 실제 러시아

---

84. Malmlöf, T. (2016). A case study of Russo-Ukrainian defense industrial cooperation : Russian dilemmas. The Journal of Slavic Military Studies. 29(1). 1-22.

85. Ukrainian Week, Finding the balance, April 28, 2017. 인터넷 주소 : https://www.pressreader.com/ukraine/the-ukrainian-week/20170413/281517930981201

86. Ukrainain Defence Review, January-March, 2015. p. 10.

는 우크라이나 방산 수출의 40~70%를 흡수했고,[87] 우크라이나 방산 기업의 70%는 부품 공급을 위해 러시아에 의존할 만큼 상호 의존적 관계였다.[88] 우크라이나 방위산업은 주로 수출을 지향하는 부품 산업이다. T-84 전차와 일부 항공기를 제외하고 완전한 무기 시스템을 거의 개발하지 않았다. 우크로보론프롬는 러시아와의 산업 연계가 끊어짐에 따라 러시아 기업이 공급한 제품을 보완하기 위해 30,000여개의 교체 부품을 찾아야 하는 상황이 발생했다. 주로 미국과 유럽에서 대체할 수 있는 부품을 찾으려고 노력했다. 그리고 2015년부터 우크로보론프롬은 우크라이나의 지방 정부와 수입 대체 프로그램을 시작했다. 이 수입 대체 정책의 결과로 BTR-4 장갑차에서 우크라이나 부품의 비율이 2014년에 약 45%에서 2018년에 약 90%로 증가했다. 대략 10%만 러시아를 제외한 타국 수입부품을 사용함에 따라 점차 러시아에 의존하지 않게 됐다.

우크라이나 방패(防牌) 전략

크림 위기가 끝나고 2016년부터 우크로보론프롬에 의해 우크라이나

87. Birnbaum, M. (2014. 8. 15). Ukraine factories equip Russian military despite support for rebels. Washington Post. https : //www.washingtonpost.com/world/europe/ukraine-factories-equip-russian-military-despite-support-for-rebels/2014/08/15/9c32cde7-a57c-4d7b-856a-e74b8307ef9d_story.html

88. Vlasova, A. (2014. 5. 25.) Poroshenko : Ukrainian companies to produce everything Ukrainian army needs. Kyiv Post. https : //www.kyivpost.com/article/content/may-25-presidential-election/poroshenko-ukrainian-companies-to-produce-everything-ukrainian-army-needs-355231.html

방패(Ukrainian Shield) 전략이 시작됐다. 이 전략의 가장 중요한 목표는 기술 집약적이고 수익성이 높은 새로운 무기를 개발해서 우크라이나가 세계 최대 무기 수출국 중 하나가 되는 것이다.[89] 목표에 도달하기 위한 구체적인 방법은 '협력', '집중', '표준' 3가지 키워드로 정리할 수 있다.

먼저, '협력'적 관점에서의 접근이다. 크림위기 이전 우크라이나 방위 산업은 투자가 부족했다. 그 이유는 소련 시절 대규모 비축과 제한된 국방 예산, 그리고 소련 시절 장비의 유지 및 보수에 중점을 두고 있었기 때문이었다. 그러나 크림위기 이후 세계 최대의 수출국이 되기 위해서는 혁신의 유입이 필요했다. 그래서 우크라이나는 기술 이전을 받기 위해 외국 투자를 유치했고, 유럽 및 미국 기업과 산업 협력에 중점을 뒀다. 대외적으로 보다 매력적인 투자처임을 홍보하기 위해 무기 생산 경험, 실력대비 낮은 인건비의 엔지니어를 내세우는 등 여러 가지 마케팅 활동도 병행했다. 또한, 대한민국의 히딩크식 인재 영입에도 성과를 냈다. 가장 눈에 띄는 영입은 미국 부시(Bush) 행정부에서 DARPA의 전 수장인 Anthony Tether를 채용한 것이었고, 이를 통해 우크라이나의 과학 기술 부문 전체를 재구성했다.[90] 이 같은 사실은 우크로보론프롬 사무국장 Pavlo Bukin이 우크라이나 Verkhovna Rada에

---

89. UkrOboronProm catalogue 2016-2017. https : //ukroboronprom.com.ua/design/files/ Catalogue_2016_2017_compressed.pdf

90. Mehta, A. (2018. 3. 1.) What is DARPA doing in Ukraine? Defense News. March 1, 2018. https : //www.defensenews.com/global/europe/2018/03/01/what-is-darpa-doing-in-ukraine/# : ~ : text=WASHINGTON%20E2%80%94%20DARPA%2C%20the%20 Pentagon's%20high,in%20its%20hybrid%20warfare%20challenge.&text=This%20is%20 not%20the%20first,W.

서 열린 의회 'National Innovation System : State and Legislative Development' 청문회에서 밝혔다. GARDA(General Advanced Research & Development Agency)라는 이름을 가진 플랫폼을 새로 만듦으로써 미국의 DARPA를 복제하고, 개발자, 신생 기업, 투자 자금 및 군을 하나로 묶는 것을 목표로 하고 있다. 그리고 우크로보론프롬은 대학 및 연구소와 파트너십을 구축하고 있다. 방위산업 경력에 관심이 있는 학생들이 학습 목적으로 방위산업 시설을 사용하도록 양해 각서에 서명도 했다.

다음으로, '집중'적 관점에서의 접근이다. 앞서 설명했듯이 우크로보론프롬에는 100여개 이상 기업이 포함되어 있다. 정리가 되지 않은 이러한 기업의 분포는 중복, 비효율적 내부 경쟁, 협력 부족 등의 결과를 초래했다. 이러한 문제를 종합적으로 해결하기 위해서 우크로보론프롬은 항공, 장갑차, 조선, 고정밀 무기, 레이더, 통신 및 전자전 등 5개 부문으로 클러스터링을 시작했다. 각 클러스터에는 하나의 주요 회사를 중심으로 한 생태계로 구성된다. 예를 들어, 2016년 5월에 처음으로 생성된 항공 클러스터는 Antonov를 중심으로 UAC(Ukrainian Aircraft Corporation)을 만들었다. 이 클러스터를 통해 우크로보론프롬은 원자재 구매를 중앙 집중화, 생산 효율성 개선, 민간 파트너와의 협력을 촉진, 일반적인 마케팅 및 판매 전략을 개발 등의 목표로 운영되고 있다. 또한, 클러스터는 러시아에서 수입되었던 예비 부품의 공급을 대체하는 역할을 할 것으로도 기대한다.

마지막으로, '표준'적 관점 접근이다. 포로첸코 대통령은 2020년까지 여러 차례 NATO 표준으로 완전히 이행하기를 원한다고 말했다. 이

말 속에는 정치적·군사적·경제적 의미를 모두 내포하고 있다. 방위산업이 NATO 표준을 따른다는 것은 정치적·군사적으로는 NATO 국가로부터 향후 안보 협력을 전제로 하고 있다. 점차 협력의 강도가 강해질수록, NATO 표준과 호환되는 장비가 필요할 것이다. 또 다른 의미에서 표준을 따른다는 것은 경제적 인센티브도 있다. 이것은 NATO 국가들이 진출한 국제 시장의 공급망에 진입함을 뜻할 뿐만 아니라 향후 공동 프로젝트를 할 수 있는 가능성도 시사한다. 실제 2017년에는 NSPA(NATO Support and Procurement Agency)는 우크라이나 방산기업을 국방 제조업체 목록에 추가할 것이라 했다. 이는 우크로보론프롬이 NATO 회원국에게 제품 및 서비스 공급을 위해 입찰에 참여할 수 있음을 의미한다.

트렌드 읽기

우크라이나는 2014년 크림 위기를 전후로 완전히 새로운 방위산업 환경을 맞이하고 있다. 우크라이나는 전체적인 여건의 어려움 속에서도 2014년 전과 후에 우크라이나의 방위산업이 가진 장점들을 잘 살려서 미래에 대한 대응을 잘하고 있다고 평가받는다. 크림위기 이후에 우크라이나가 여러 가지 상황에 대한 대응을 살펴 볼 때, 향후 우크라이나 방위산업은 다음과 같이 전망된다.

먼저 우크라이나는 소련 장비를 현재도 사용하고 있는 시장에서의 매출의 증가가 기대된다. 비록 소련은 더 이상 존재하지 않고 새로운 장비를 생산하지도 않지만, 기존에 소련 장비를 사용하는 국가에서 새 장비를 구입할 수단이나 능력이 없다면 유지 보수 및 현대화 시장은 아직 존재하며, 일부 국가에서는 매우 중요하다. 2014년 서방의 러시아에 대한 경제 제재 이후, 이 시장의 주역이었던 러시아를 대신해 우크라이나의 매력이 증가하고 있다. 왜냐하면 우크라이나 방위산업은 소련 장비, 특히 항공기 및 장갑차의 유지 보수 및 업그레이드에 관한 상당한 전문 지식을 보유하고 있기 때문이다. 주요 대상 장비로는 Mig, Sukhoi, Ilyushin 등이 생산했던 항공기들과 BMP 또는 BTR 장갑 차량, T계열 전차 등이 여기에 해당한다. 업그레이드와 관련해 우크라이나는 구형 장비에 새로운 무장포탑뿐만 아니라 현대화 키트도 제안한다.

또한, 우크라이나는 미래 먹거리 창출을 위해 국제적 협력을 통한 연구개발도 관심을 가지고 있다. 이를 통해 새로운 디자인을 만들고 국제 파트너로부터 새로운 기술을 얻는 것을 목표로 한다. 대표적인 협력 국가의 예로는 폴란드, 터키, 중국, 사우디아라비아 등이 있다. 우크라이나 Artem은 폴란드 공군의 R-27 공대공 미사일 공급을 위해 폴란드 전자 회사인 WB Electronics와 컨소시엄을 만들었고, ZRN-01(Stokrotka) 다중 로켓 발사기 시스템을 개발하기도 했다. 그리고 터키와의 군사 장비 계약 및 방위산업 협력 프로젝트도 무수히 많다. 대표적으로, 2017년 5월 터키의 TAI와 우크라이나의 Antonov는 2018년 7월 합작 투자를 계약했으며, 2018년 7월에는 우크라이나 군용 무인기 개발에 관한 양해각서를 체결했다. 동시에, Antonov와 터키의 Aselsan은 An-178 수송기의 전자 장비를 제공하기 위한 또 다른 양해각서를 체결했다. 우크라이나와 중국과의 관계는 중국이 해외 금융 계약을 통해 우크라이나의 Motor Sich 회사를 통제하려고 시도함에 따라 관계가 나빠졌지만, 2014년 이후 많은 협력이 관찰됐다. 이 두 나라가 상호 협력을 하는 이유는 우크라이나의 입장에서 중국은 러시아를 대체할 만한 매력적인 판매 시장이었고, 중국의 입장에서는 러시아가 수출을 거부한 헬리콥터와 제트 엔진, An-225 Mirya 등과 같이 대형 전략기, 전차 엔진, 해군 가스 터빈 등과 관련된 기술에 접근하기 위해 우크라이나가 좋은 대안이었기 때문이라는 사실은 흥미롭다. 사우디아라비아 기업인 KACST(King Adbulaziz City of Science and Technology)와 TAQNIA Aeronautics는 우크라이나 항공회사 Antonov와 An-132D 수송기를 개발했다. 사우디 정부는 6대의 An-132D를 이미 주문했으며, 다른 버전으로 80대의 항공기를 구입하는데 관심을 가지고 있다. 정리하자면, 우크라이나에게 있어서 크림위기는 방위산업 발전의 새로운 시발점이 되었고, 지난 몇 년간 걸어온 성과는 놀랄만한 부분들이 많다.

아시아 권역

중국 : 혁신의 한계를 극복하고 미래로!

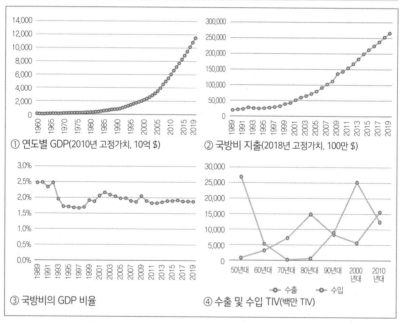

[자료 2-24] 중국의 GDP, 국방비 지출, 국방비의 GDP 비율, 수출 및 수입 TIV

① 연도별 GDP(2010년 고정가치, 10억 $)

② 국방비 지출(2018년 고정가치, 100만 $)

③ 국방비의 GDP 비율

④ 수출 및 수입 TIV(백만 TIV)

출처 : World bank, SIPRI Military Expenditure Database, SIPRI Arms Transfers Database

1949년 사회주의 정권의 수립 후 정치적 이데올로기에 치우쳤던 계획경제는 대약진 운동, 문화대혁명 등을 거치면서 성공적이었다고 평가하기에는 다소 한계가 있다. 1979년 이후 수정된 경제정책으로 등소평(鄧小平) 주석의 개혁개방 정책이 등장했다. 이후 이 정책은 더욱 가속화되면서 명실상부하게 중국 경제는 세계 경제의 흐름에 편입했다. 중국은 11차 5개년 계획(2006~2010)을 거치면서 세계 2위 경제대국으로 부상했다. 그리고 12차 5개년 계획(2011~2015), 13차 5개년 계획(2016~2020)을 거치면서 내수 소비 확대, 중국 경제사회의 디지털 전환 등의 정책을 추진하면서 괄목할만한 성장을 이어가고 있다. 이러한 성장과 더불어 자료 ②와 같이 국방비 지출도 지속적으로 증가했다. 그리고 중국은 ③번 자료에서 국방비의 GDP 비율은 2% 전후로 일정하게 유지하고 있다. 현재 글로벌 G2 국가의 위상을 경제와 군사 측면에서 지켜나가고 있다. ④번 자료에서 보듯 1950년대에 새로 설립된 중국은 외부로부터 수입이 많았다. 이는 소련의 군사 원조와 장비 수입에 대한 의존성이 컸기 때문이었다. 소련으로부터 무기 시스템을 비롯한 도면, 생산 시설 등을 도매 방식으로 수입했다. 소련의 많은 고문의 도움을 받아 군사 부문과 방위산업 기반을 중국에 효과적으로 이식했다.[91] 이후 중국과 소련이 분열된 시기에는 소련으로부터 무기 수입이 확연히 줄어들었다. 중국은 그 이전에 수입된 구식 소련제 무기체계로부터 역공학(Reverse Engineering)에 의존해서 혁신을 꾀하려 했다. 이 시기에 핵무기와 추진 시스템과 같은 전략적으로 중요한 분야에서 국산화의 길

---

91. Li, X. (2007). A history of the modern Chinese army. University Press of Kentucky.

에 착수하기도 했다. 주목할 만한 혁신에는 원자폭탄(1964), 수소폭탄 (1967), ICBM(1971), 핵 잠수함 추진 시스템의 개발 등이 있었다.[92]

냉전 이후, 1990년대와 2000년대에 외국으로부터 무기 수입이 크게 증가하는 패턴을 보였지만, 2010년대에는 다시 줄고 있다. 그리고 상업적 이익을 위한 실제 무기 수출은 1980년대 이전부터 시작됐다. 파키스탄에 탄도 미사일과 같은 문제가 있는 품목의 수출이 증가했다.[93] 1990년대에 들어와서 중국은 [자료 2-25]와 같이 대부분 동남아시아 국가(파키스탄, 스리랑카, 방글라데시, 태국, 미얀마, 라오스 등)와 일부 아프리카 국가(탄자니아, 수단, 이집트, 케냐 등)를 대상으로 무기를 수출했다. 이 시기에는 Norinco라는 최대 단일 수출사와의 협력과 함께 낮은 단계 기술의 무기가 중국의 수출 품목이었다. 2000년대에 들어와서 국내 생산 능력의 향상으로 중국은 오랜 고객 파키스탄과 동남아시아 및 아프리카 대륙에 있는 개발도상국에게 더 복잡한 무기 기술을 제공하는 단계로 발전했다. 지난 몇 년 동안 중국의 무기 수출은 전투기(J-31), 훈련기, 다양한 군함, 잠수함, 미사일 시스템 등과 같은 정교한 무기체계가 포함되기 시작했고, 해외 제품 마케팅에 능숙해졌다. 최근 중국에 진출한 새로운 시장으로는 알제리, 사우디 아라비아, 모로코, 베네수엘라, 에콰도르, 페루, 나이지리아, 케냐, 태국, 인도네시아, 카자흐스탄 등이 있으며,[94] 수출국에 대한 네트워크도 점차 복잡해지고 있다.

92. Bussert, J., & Elleman, B. (2011). People's Liberation Army Navy : combat system technology, 1949-2010. Naval Institute Press.

93. Segal, G., & Yang, R. (Eds.). (2013). Chinese economic reform : the impact on security. Routledge.

94. Raska, M. (2017). Strategic Contours of China's Arms Exports.

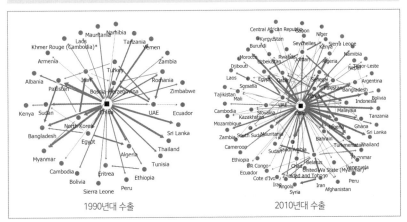

[자료 2-25] 중국의 1990년대와 2010년대 무기수출 비교

1990년대 수출 | 2010년대 수출

출처 : SIPRI Arms Transfers Database

중국의 방위산업 역사와 현 체계

중국의 현재 방위산업의 상태를 이해하려면 역사를 살펴보는 것이 중요하다. 1970년대 후반, 등소평의 개혁개방 정책은 중국의 방위산업에서 침체와 동시에 발전을 가져왔다. 먼저, 침체할 수밖에 없었던 이유는 경제재건 정책이 주로 국방을 강화하기보다는 사람들의 생활수준을 개선하는 데 중점을 두었기 때문이다. 국가의 자원할당은 곧 방위산업에서의 수요 감소를 가져왔다. 그 결과, 모든 방산기업들은 관리를 개선하려는 노력에도 지속적인 위기에 처해 있었고 누적된 손실을 입었다.[95]

한마디로, 중국의 방위산업은 1990년대 중반에 굉장히 위축된 상태였다. 이러한 상황을 극복하기 위해 당국은 방산기업의 민간 생산으

---

95. Cheung, T. M. (2009). Fortifying China : The Struggle to Build a Modern Defense Economy. Ithaca, NY : Cornell UP.

로의 전환을 촉진하는 정책을 채택했다. 그 결과, 방산 부문 가동률은 1978년에 약 8% 수준에서 1990년대 초 약 70%로 9배 정도 증가했다.[96] 대부분의 민간제품은 기술 수준이 낮고 가치가 낮은 품목이었기 때문에 이러한 조치는 방산기업에게 성공을 가져다주지는 못했다.[97] 그리고 당시 큰 성과를 기대할 수 없었던 방산 부문에서 사업정리와 해고 등의 절차는 피할 수 없었다.[98]

그렇지만 개혁개방 정책은 기업의 성과는 뒤로하고서라도 기술적 큰 틀에서 중국에 변화의 물결을 일으켰다. 1980년대에 들어 미국의 관심이 소련에 대한 전략적 포위에 있는 동안, 중국은 이전에는 달성할 수 없었던 서구의 군사 기술에 접근했다.[99] 중국 무기 엔지니어들은 서구 기술진들을 접촉할 수 있었다. 그리고 미사일, 소나(SONAR : Sound Navigation Ranging), 추진체, 전자 장치 등 서구 무기 기술을 구입했다. 프랑스 Exocet과 Crotale 미사일, Sea Tiger 항공 수색 레이더, 이탈리아 Aspide 미사일 등 다른 국가들과 미사일, 전자장비 등과 같은 첨단 장비의 공동 생산에도 참여할 수 있었다. 더불어, 서구 전문가의 도움을 받아 중국의 방위산업의 구식 생산 공장을 업그레이드하기도 했다. 역사상 유례가 없었던 서방 세계의 선진 방

96. Joffe, E. (1995). The PLA and the Chinese economy : The effect of involvement. Survival, 37(2), 24–43.

97. Frankenstein, J. (1999). China's defense industries : a new course?. Peace Economics, Peace Science and Public Policy, 5(1), 187–216.

98. Cheung, T. M., & Tai, M. C. (2001). China's entrepreneurial army. Oxford University Press on Demand.

99. Medeiros, E. S., Cliff, R., Crane, K., & Mulvenon, J. C. (2005). A new direction for China's defense industry. Rand Corporation.

산 기술과 설비에 대한 접촉은 1989년 7월 4일 천안문 대학살 이후 서방국가의 중국에 대한 무기 통상 금지령으로 갑자기 종료됐다. 중국은 추가 국방 기술 이전을 위해 러시아와 소련의 위성 국가였던 우크라이나에게 손을 뻗었다.[100] 대표적인 예로써, 우크라이나는 중국으로 C-band AESA(Active Electronically Scanned Array) 레이다 프로토타입(Prototype)을 기술이전했다. 이것은 Type 052C 구축함에 최초로 통합된 중국의 이지스 전투 체계(Aegis Combat System)의 시초가 됐다.[101] 1998년에는 Admiral Kuznetsov급 항공 모함 Varyag는 우크라이나에서 중국으로 이관됐다. Varyag의 수석 디자이너 발레리 바비치(Valery Babich)를 포함한 우크라이나 전문가들의 도움을 받아 항공 모함의 건조를 완성했던 적도 있었다. 2000년이 되기 전의 중국의 방위산업은 재래식 무기의 디자인, 개발 및 제조에 있어 기술진보가 있긴 했다. 그러나, 그 성공은 제한적이라고 평가하기도 한다.[102] 그러나 2000년 이후에 들어와 세계에서 가장 진보된 서구 무기 생산업체들과의 교류를 제한하는 무기 통상 금지령 하에서도 놀라운 기술적 진보를 달성하게 된다. 이 같은 성과가 나오게 된 이유를 외부적 요인과 내부적 요인으로 구분해서 생각해볼 수 있다.

먼저 외부적 요인으로, 중국은 다양한 독창적인 복제 전략들의 채택,

100. Kirchberger, S. (2017). The end of a military-industrial triangle : arms-industrial co-operation between China, Russia and Ukraine after the Crimea crisis. SIRIUS - Zeitschrift für Strategische Analysen, 1(2), 1-19.

101. Wertheim, E. (2005). The Naval institute guide to combat fleets of the world. Naval Institute Press.

102. Bitzinger, R. (2016). Arming Asia : Technonationalism and Its Impact on Local Defense Industries. Taylor & Francis.

서방 국가와의 학문적 접촉, 서구 및 소련제 무기의 역공학을 활용, 사이버 스파이와 같은 국가에서 후원하는 스파이 활동 등이 서방의 제재에도 기술적 성과를 달성하게 해줬다.[103] 실제, 중국은 러시아와 Su-27 전투기, Kilo급 잠수함 등에 대한 역공학에 대한 혐의로 기소가 되면서 여러 번 마찰을 일으키기도 했다.[104] 그리고 중요한 기술 유입의 통로는 국가마다 일관성이 없이 수출 통제 강도가 제각각인 민·군 공용기술에 있었다. 다양한 우주 기술과 더불어 헬리콥터, 수중 음파 탐지기, 선박 디젤 엔진 등과 같은 선진화된 기술을 민간 기술로 획득할 기회는 중국의 기술 유입이 완전히 차단되지 않았다는 것을 의미했다.

마지막으로, 중요한 기술 유입의 통로는 2008년 금융위기 이후 위기에 처한 서방의 항공 우주 및 방산기업에 대한 M&A는 해외로부터 중요한 기술을 얻는 수단이었다. IHS Jane's는 2009년에서 2014년까지 한정된 기간에만 중국이 미국을 포함한 서방 국가들의 상용 항공 우주 회사 12건 이상의 인수가 있었다고 보도했다.[105] 이들 중 일부는 의도와 상관없이 중국으로 중요한 기술이 이전되는 결과를 낳았다. 예를 들어, 2008년 영국의 반도체 제조업체인 Dynex Semiconductor를 인수한 중국은 항공기 전자 투석기 시스템(Electromagnetic Catapult System)을 구축하기 위한 칩을 제조할 수 있는 능력을 갖출 것으로 봤

103. Joske, A. (2018). Picking flowers, making honey. Australian Strategic Policy Institute, October, 30.

104. Minnick, W. (2015. 11. 20.). Russia-China Su-35 Deal Raises Reverse Engineering Issue. Defense News.

105. Nurkin, Tate. (2015. 7. 30.). Catching Up : China's Space Programme Marches On. Jane's Defence Weekly.

다. 오랫동안 전자 투석기 기술은 미국이 유일한 사용자가 될 것으로 예상했지만, 당시 이 M&A를 통해 중국도 머지않아 동일한 기술을 소유할 것으로 전문가들은 판단했다.[106]

기술진보의 내부적 요인은 1990년대 후반에 들어와 국방 예산을 증액해서 국산화 개발을 공식적으로 지원, 국가 소유 자회사들의 국내 주식 시장 상장 및 자본을 조달하도록 공식적으로 장려하는 등의 노력에서 시작됐다. 외관적으로 확연한 변화는 국유 부문 기업 및 기관들의 주요 구조조정을 통해 시장 원리에 의해 움직일 수 있도록 새로운 대기업으로 재편성된 것이었다.[107] 각 부문의 독점적 상황에 경쟁의식을 도입하기 위해 5개의 분야에 각각에 2개씩 그룹 법인으로 변경해서 10개 국영 대기업으로 새롭게 개편됐다.

2002년에는 11번째 대기업인 CETC이 새롭게 주요 국방전자 부문에 설립됐다.[108] 2008년에 대기업의 수는 AVIC 1과 AVIC 2라는 두 항공 법인이 AVIC으로 통합된 후 다시 10개로 줄었다. 2018년 초에는 두 개의 핵 산업 기관 CNNC와 CNECC(China Nuclear Engineering & Construction Corp.)가 재결합되어 CNNC가 됐다. 현재의 구조조정 된 대기업은 총 9개로 [표 2-2]와 같다. 9개의 국영 대기업은 광대하고 계층적 네트워크로 셀 수 없이 많은 자회사 및 연구기관을 보

---

106. Huang, P. (2017. 12. 15.). By Snatching Up British Company, China Closes Gap on US Naval Supremacy. The Epoch Times.

107. Bitzinger, R. (2016). Arming Asia : Technonationalism and Its Impact on Local Defense Industries. Taylor & Francis.

108. Cheung, T. M. (2009). Fortifying China : The Struggle to Build a Modern Defense Economy. Ithaca, NY : Cornell UP.

유하고 있다. 이 자회사들은 다양한 위치에 흩어져 있다. 하지만 9개의 대기업 본사는 모두 베이징에 있으면서 아주 높은 중앙 집권방식을 추구하는 것이 특징이다. 이 회사들은 모든 방산 부문을 대표하며, 거의 모든 국방 R&D를 책임진다.[109] 그리고 주로 컴퓨터와 정보 기술의 새로운 분야에 있는 큰 민간기업 중에서 4개의 기업, 즉 화위기술유한공사(Huawei Technologies), 중흥통신고빈유한공사(Zhongxing Telecommunications Equipment), 대당전신과기산업집단(Datang Telecom Technology), 거룡신식기술유한공사(Great Dragon Telecommunications Equipment)는 민·군 이중 기술 분야에서 중요한 방산 시장 참가자가 되었다.

2000년대 들어 방산 부문이 상업화와 구조조정 과정을 거치기 이전에는 완전히 다른 형태로 대기업들이 존재했다. 군수부(Ministry of Ordnance), 핵 자원부(Nuclear Ministry) 등과 같은 5개의 정부 부처의 형태였다. 1982년, 이 정부 부처들은 기계건설부(Ministry of Machine Building), 원자력산업부(Ministry of Nuclear Industry), 항공산업부(Ministry of Aviation Industry), 전자산업부(Ministry of Electronics Industry), 방위산업부(Ministry of Ordnance Industry), 조선산업부(Ministry of Shipbuilding Industry), 우주산업부(Ministry of Astronautics Industry) 등 총 7개의 다른 이름을 가지고 있기도 했다.[110]

109. Robertshaw, S. (2014). Shooting Star. China's Military Machine in the 21st Century. Transl. Ivan Khokhotva. Minneapolis : East View Press.

110. Ding, S. (1994). Economic Reform and Defence Industries in China. International Institute for Strategic Studies.

[표 2-2] 중국 방위산업 부문의 9개 대기업

기업 이름	분야	주요 생산품
중국항공공업집단공사(AVIC) 中国航空工业集团公司 China Aviation Industry Corporation	항공	전투기, 폭격기, 수송기, 훈련기, 헬기, UAV
중국항천과기집단공사(CASC) 中國航天科技集團公司 China Aerospace Science & Technology Corporation	우주/미사일	우주선, 위성
중국항천과공집단공사(CASIC) 中国航天科工集团公司 China Aerospace Science & Industry Corporation	우주/미사일	우주선, 발사체, 미사일
중국선박공업집단공사(CSSC) 中国船舶工业集团公司 China State Shipbuilding Corporation	조선	구축함, 잠수함, 상선
중국선박중공집단공사(CSIC) 中国船舶重工集团公司 China Shipbuilding Industry Corporation	조선	조선, 엔진, 배터리, 수리
중국병기공업집단공사(CNGC) 中国兵器工业集团公司 China North Industries Group Corporation	군수/지상체계	전차, 장갑차, 포
중국남방공업집단공사(CSGC) 中国南方工业集团公司 China South Industries Group Corporation	군수/지상체계	자동차, 오토바이, 총기, 광학전자제품
중국핵공업집단공사(CNNC) 中国核工业集团公司 China National Nuclear Corporation	핵	핵연료, 핵에너지, 핵무기, 핵발전소
중국전자과기집단공사(CETC) 中国电子科技集团公司 China Electronics Technology Group Corporation	국방전자	통신장비, 전자장비, 소프트웨어 개발

트렌드 읽기

2012년 이후 시진핑(習近平) 행정부 하에서 방위산업이 번성하고 있다. 2050년까지 중국을 세계 과학 기술 리더로 탈바꿈시키겠다는 분명한 목표에 힘입어, 방위산업은 높은 수준의 정치적 및 경제적 지원을 누리고 있다.[111] 중국의 지도자들은 국유 은행 부문에 대한 통제력을 활용하여 방대한 자본을 신용을 통해 방위산업에 투입했다. 2017년 IHS Jane's의 데이터에 따르면, 2007년 이후 국가 국방 분야에 대한 국영 은행의 모든 공개 발표 대출 거래는 미공개 거래는 두고서라도 6천억 위안(약 880억 달러)에 달했다.[112] 최근 들어, 국방 대기업과 국유 은행 간의 상호 주식보유, 즉 '산업-금융-군사 복합체'의 출현이 나타나는 경향이 있다.[113] 예를 들어, 방산 그룹 NORINCO와 CSSC가 중국 Everbright 은행의 전략적 투자자가 되었고, AVIC, CNNC 및 CASC가 중국 농업은행(Agricultural Bank)의 주요 투자자가 되었다. 이와 같은 대규모 금융 지원을 바탕으로 시진핑 행정부의 주요 성과로는 항공모함, Type 054A 및 052C 등과 같은 많은 수의 구축함의 지속적 건조를 포함하여 J-20, J-16, 헬리콥터 등과 같은 항공기 개발 등이 있다.[114] 이러한 추세는 경제 및 금융이 안정적으로 유지되고, 아시아 태평양 지역의 군사적 긴장과 중·미 경쟁으로 유발된 위협 인식이 증가

111. Nurkin, T. (2015. 7. 30.). China's Space Programme Marches On. Jane's Defence Weekly.

112. Grevatt, J. (2017. 5. 3.). A Great Leap Forward. Jane's Defence Weekly.

113. Grevatt, J. (2011. 3. 8.). China to Double Lending to Strategic Industries. Jane's Defence Weekly.

114. Raska, M. (2014). The Chinese Defence Industry in 2030. in The Global arms IndusTry In 2030. 31-33. Event Report, RSIS.

하는 현 상태가 지속된다면 계속될 것이다.

최근에는 서방으로서의 수출도 식별이 된다. 2016년 처음으로 포스트 소비에트 국가인 투르크메니스탄(Turkmenistan)에 HQ-9 방공 시스템 공급 계약을 체결했고, NATO 회원국인 터키에 이 방공 시스템을 제안하기도 했다. 앞으로 일대일로(一帶一路)의 일환으로 태국이나 필리핀과 같이 전통적으로 미국과 동맹관계에 있는 국가들에게 결속을 약화시키기 위한 수단으로 무기 수출을 사용할 가능성도 있다. 이러한 행보가 계속된다면 가까운 미래에 지정학적인 경계 없이 비용과 저렴한 서비스 및 업그레이드 패키지로 세계 최고의 무기 수출국 중 하나가 될 가능성은 언제나 상존한다.

그래도 아직 중국의 방위산업은 분명한 한계가 존재한다. 최근 중국은 러시아에서 Su-35 전투기 24대 수입을 결정했다. 여기서 흥미로운 사실은 전투기 1대당 예비엔진을 2대가 아닌 6대를 비정상적으로 주문했으며, 이 엔진을 중국이 개발한 J-20 스텔스 전투기에 통합할 가능성이 있다고 한다.[115] J-20 스텔스 전투기는 엔진 출력에서 문제를 겪고 있는 것으로 언론을 통해 이미 알려져 있다. 유사하게, J-10 전투기와 J-11 전투기는 러시아 엔진을, L-15 훈련기는 우크라이나 엔진을 사용하고 있다. 다시 말해서 중국은 여전히 주요 항공기의 엔진과 주요 무기 시스템의 고급 부품은 수입에 의존하고 있는 상태다. 또한, 독일, 프랑스 및 우크라이나 제조업체의 라이센스 계약에 따라 중국에서 생산되는 선박용 디젤 및 가스 터빈과 함께 함정의 추진 분야에

---

115. Schwartz, P. (2017). Russia—China Defense Cooperation : New Developments. In The ASAN Forum.

서도 유사한 한계가 존재한다.

중국은 첨단 기술 분야뿐만 아니라 시스템 중심의 통합 혁신 역량이 부족하다. 이것은 중국이 단일 기술 혁신에 중점을 두고 있으므로 보다 복잡하고 고도로 엔지니어링되고 시스템 중심적인 분야에서 혁신할 수 없기 때문이다. 이것이 의미하는 것은 중국이 지금까지는 진정한 혁신을 추구했다기보다는 빠른 추종자에 가까운 상태였다고 평가할 수 있다. 중국의 두뇌사냥 계획인 '천인계획(千人計劃)'이 이러한 시스템적 혁신 문제를 해결하려는 하나의 해결 방안일 것이다. 여기에 더해 중국은 제조업의 혁신 생태계에도 문제점을 안고 있다. 전 국토에 산재한 산업 시설의 광범위한 복제, 겹치는 계획 구조, 소비에트 조직의 유산, 비효율성, 부패 및 실제 내부 경쟁의 부재, 초과 생산 능력 그리고 산업 내에서 협력이 거의 없다.[116] 이러한 문제들로 서구 무기 업계 선두 주자들과의 기술 격차는 좁아지더라도 완전히 사라지지는 않을 것으로 보인다.

일본 : 제자리걸음에 머물 것인가?

일본은 1868년 이후 메이지 시대의 근대화와 서양으로부터 합리화된 경제 형태를 습득했다. 오늘날 일본의 많은 기업이 이 시기에 설립됐다. 이 시기의 개방정책은 일본을 아시아에서 가장 빠른 발전을 이룰 수 있게 했다. 하지만 태평양 전쟁에서 패배한 후 일본의 경제는 해외

---

116. Cheung, T. M. (2011), Rejuvenating the Chinese Defense Economy : Present Developments and Future Trends, SITC 2011.

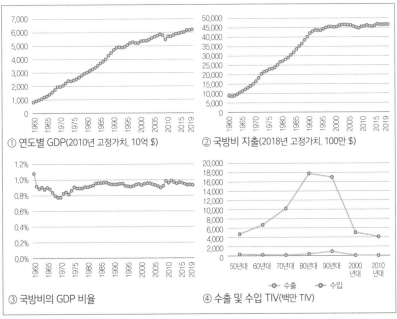

[자료 2-26] 일본의 GDP, 국방비 지출, 국방비의 GDP 비율, 수출 및 수입 TIV

① 연도별 GDP(2010년 고정가치, 10억 $)

② 국방비 지출(2018년 고정가치, 100만 $)

③ 국방비의 GDP 비율

④ 수출 및 수입 TIV(백만 TIV)

출처 : World bank, SIPRI Military Expenditure Database, SIPRI Arms Transfers Database

식민지와 국내 생산설비의 상실로 인해서 붕괴됐다. 그러나 전쟁 후 농촌과 도시의 소비시장을 확대하고, 결정적으로 1950년에 발발한 한국전쟁은 일본에 군사보급기지로서의 특수경기를 낳게 했다. 경공업, 중화학공업 등 산업발전에 큰 자극을 주었을 뿐만 아니라 자유 진영 국가의 일원으로서 국제시장에 복귀하는 속도를 가속화했다. ①번 자료에서 1960년대에서 1980년대는 일본 경제가 크게 성장한 시기였다. 대략 1960년대에는 10%, 1970년대에는 5%, 1980년대에는 4%의 높은 경제 성장률을 유지했다. 특히, 수출 신장은 1956년 이후의 일본 경제의 고도성장에 크게 공헌했다. 그러나 1970년대 후반에 40년 만에 닥친 세계 경제 경기후퇴의 파동은 일본 경제에도 장기적이고 심대한 타격을 주었다. 일본의 빠른 성장 기조는 1990년대에 이르러 둔화되기 시작했다. 부동산 가격에 낀 과도한 거품이 1989년을 정점으로 크게 붕괴해 이에 따른 후유증으로 10년 이상 긴 불황에 들어섰다. 이러한 불황은 2000년 전·후에 잠시 회복됐다가, 2000년의 밀레니엄 불황과 더불어 다시 침체됐다. 1991년부터 후퇴하기 시작한 거품경제의 붕괴에 따른 충격에서 벗어나지 못하고 2000년대에 들어서도 불황이 계속되고 있다. 2008년 전 세계를 타격한 금융위기는 2008년 2/4분기를 기점으로 일본의 실질 GDP 성장률이 마이너스로 전환되게 만들었다. 2012년 말 출범한 아베 신조(Abe Shinzo) 내각은 경제성장을 최우선 목표로 삼고 장기적 디플레이션 탈피를 위한 금융 및 재정정책을 시행했다. ② 번 자료에서 1960년대부터 1980년대까지 일본의 급속한 성장기 시대의 국방비 증가는 1980년대 자위대 능력을 크게 신장시키는 밑거름이 되었다. 그러나 1990년대에 들어와 일본 경제 침체와 정부의 경기부양 지출 및 부채는 국방 지출 확대에 제동을 걸었다. 2013년까지 정부 공공 부채는 GDP의 200%에 도달했으며, 선진국에서 가장 높은 수준이었다. 이러한 상황은 국방 예산의 정체 뿐만 아니라 장비 조달 또한 감소하게 만들었다. 그러나 2012년 아베 총리의 취임과 함께 이러한 추세는 변화하기 시작했다. 정부의 연간 국방비는 2013년에서 2018년 사이 1~2% 증가했다. 실제로, 2018년 아베는 일본 최대의 국방 예산을 마련하기 위해 2019/2020의 국방 예산을 전년도 대비 2.1% 증가한 5.3조엔(430억 달러)을 요청했다.[117] ③번 자료에서 일본은 대부분의 기

---

117. Japan's Defense Ministry eyes record defense budget amid North Korean and Chinese threats, (2014), thejapantimes.

간 동안 GDP대비 국방비를 1% 이내로 유지하고 있다. 이것은 일본이 오랫동안 GDP 대비 1%만 쓴다는 원칙[118]을 유지했기 때문이며, 이러한 제약이 경제 규모에 비해 일본의 군사력을 상대적으로 약하게 유지할 수밖에 없도록 만들었다. 여기서 해석상 주의해야 할 점은 경제 규모 대비 국방비라는 것을 이해해야 한다. 일본은 GDP가 상대적으로 타국에 비해 큰 수치이기 때문에 GDP에서 1%만 써도 일본의 국방비를 넘는 나라가 몇 없는 것이 현실이다. ④번 자료에서 수출은 뒤에서 설명할 일본의 반군사주의(Anti-militarism) 원칙, 즉 1967년과 1976년에 자진해서 재정한 무기 및 군사 기술 수출 금지 원칙에 의거 제한되었기 때문에 그 수치가 지속적으로 낮게 유지되고 있다. 무기 수입의 경우, 냉전이 극에 달했던 시기이면서 동시에 경제가 호황이었던 1980~90년대에 가장 활발했다. 이후 일본경제가 어려워지고 냉전이 종식됨으로써 무기 수입도 크게 줄어들었다. 그러나 최근 아베 총리는 미국산 무기 수입을 늘리고 있다고 언론을 통해 자주 보도되고 있다.

헌법 제8조와 반군사주의 원칙

메이지 시대(1868~1912)의 유명한 격언인 '풍부한 나라(Rich Nation), 강력한 군대(Strong Army)'에 따라, 일본은 오랫동안 자국의 방위산업을 전략적 통합과 국가 안보 자율성 유지를 위한 필수 수단으로 간주했

---

118. 미키 다케오 전 총리가 일본이 더 이상 군사대국이 되지 않는다는 명분으로 내건 원칙이다. 원칙 자체는 나카소네 야스히로 총리가 폐기했지만 실제로 1% 언저리를 넘는 경우는 극히 드물었고, 2019년 예산에서 이 원칙을 본격적으로 깨부수려 해서 논란이 되고 있다.

다.[119] 그 결과, 20세기 초에 일본은 위대한 제국들 중 하나였으며, 최첨단 항공기와 군함 생산국이 됐다.

1945년 태평양 전쟁에서 일본의 치명적인 패배는 헌법 제9조와 다양한 반군사주의 원칙에 의해 비무장화와 최소한의 국방 능력을 유지를 강요했다. 헌법 제9조의 첫 번째 단락에서 일본은 주권과 국제 분쟁 해결을 위한 무력 사용으로써 전쟁을 포기했다. 그리고 헌법 제 9조 두 번째 단락에서 일본은 첫 번째 단락의 목적을 달성하기 위한 육군, 해군, 공군의 유지를 금지했다. 전쟁 가능성 자체를 형성하는 능력을 빼앗겨 군사 생산의 유형과 양을 제한받았다. 일본의 방위산업은 멸종 가능성에 직면했다. 산업 당국은 모든 방산 생산을 금지했고, 전쟁물자와 관련 있는 주요 민간 대기업을 소규모 회사로 분할되기 시작했다. 예를 들어, 미쓰비시중공업(Mitsubishi Heavy Industries), 미쓰비시전기(Mitsubishi Electric), 이시카와지마-하리마중공업(Ishikawajima-Harima Heavy Industries), 가와사키중공업(Kawasaki Heavy Industries) 등이 여기에 해당한다.

그러나 이러한 분위기는 계속 이어지지 못했다. 1950년 한국전쟁 발발은 미군의 전쟁물자에 대한 새로운 수요를 창출했고, 일본 국방 생산을 다시 활성화했다. 이는 황폐한 경제의 성장을 자극했다. 여기에 더해 일본의 정책 입안자들은 국가 자치권을 보장하는 데 도움이 되는 자국 방위산업 기반의 재건에 대해 마다할 이유는 없었다. 한국전쟁이 끝나고 미국과 소련을 중심으로 한 냉전이 동아시아를 장악함에 따라 1951

---

119. Samuels, R. J. (1994). "Rich Nation, Strong Army" : National Security and the Technological Transformation of Japan. Cornell University Press.

년 미·일 안보 조약이 체결됐다. 일본은 극동 방어를 위한 미국 기지를 제공했고, 1954년에는 일본 자위대(自衛隊)가 창설됐다. 일본이 점진적으로 군사화가 되고 있었지만, 태평양 전쟁 패배의 유산과 헌법 제9조의 영향은 군사력의 조달 및 사용에 대한 제약을 계속 가하고 있었다.

그러나 시간이 지날수록 헌법 제9조에 기반한 일본의 반군사주의 원칙은 점진적으로 침식됐다. 1980년대에 자위대는 소련이 일본 북부 침공을 방지하고, 일본의 미국 전력 투사를 위한 방어막 제공에 중점을 둔 주요 양적 및 질적 확장을 했다. 이때 주요 무기체계 확장이 있었는데, 육상은 중전차와 포, 해상은 구축함 및 대잠전 능력, 공중은 요격 능력 등을 구비했다. 2000년대 들어와서 탄도 미사일 방어 체계를 남쪽으로 배치해서 중국의 해양 활동, 동중국해 외곽 섬 영토에 대한 침략, 북한의 위협에 대응하는 등 기술적으로 발전된 능력을 갖추게 됐다. 이동안 일본은 미국과의 안보 관계를 점차 심화시켰다. 2000년 중반까지 국회는 다양한 시나리오에서 미국을 지원하는 자위대의 자기방어를 가능하게 하는 광범위한 법안을 통과시켰다.[120] 일본은 태평양 전쟁 후 안보 정책과 군사 능력의 선택 사이에서 헌법적 및 반군사적 제약과 새로운 외부 안보 동인의 긴장 사이에서 끊임없는 탐색을 하고 있다. 일본의 안보 기여에 대한 미국 안보 파트너의 기대치가 높아지고 동아시아 지역 및 전 세계적으로 변화하는 안보 환경에 대응할 필요성에 따라 헌법상의 제약을 확장하고 재해석하고 있다는 평가가 학자들 사이에서는 지배적이다.

---

120. Hughes, C. (2013). Japan's re-emergence as a 'normal' military power. Routledge.

흥미로운 방위산업 생태계

일본의 방위산업 생태계는 다른 국가들과 비교했을 때 독특하고 흥미롭다. 상위 대기업들은 규모는 크지만, 방산에 대한 집중도가 크지 않다. 중소기업들은 규모는 작지만, 전문화되어 있고 방산에 대한 집중도가 높다. 예를 들어 중소기업은 일본과 미국 간에 공동 개발한 SM(Standard Missile)-3 미사일 업그레이드의 많은 주요 구성 요소를 생산한다. 이 중소기업들은 상위 20개 대기업과는 달리 방산에 50~90%를 의존한다. 일본의 주요 방산 대기업은 2018년 기준 SIPRI TOP 100에 미쓰비시중공업, 가와사키중공업, 이시카와지마-하리마중공업, Fujitsu, Mitsubishi Electric Corp., NEC Corp. 등 6개의 기업이 이름을 올리고 있다. 방산 생산은 이들 대기업에 집중되어 있다. 그러나 주로 방산의 비중보다는 민간 생산에 초점을 맞추고 있다.

미쓰비시중공업은 지난 20년 동안 판매 및 계약 측면에서 선두 방산 업체로 유지하고 있으며, 일반적으로 매년 정부 계약의 25% 전후를 확보해왔다. 그런데 회사가 전체 매출에서 방산 부문이 차지하는 비율은 약 10% 전후다. 이러한 방산에 대한 집중도가 낮은 현상은 다른 주요 대기업들에서도 관찰되는 현상이다. 대기업들의 매출 구성이 민수 쪽으로 치우치는 집중도의 불균형은 장점이 되기도 한다. 일본 기업들은 대규모 민간 생산에 소규모 국방 생산을 포함시키면 스핀-온(Spin-on)과 스핀-오프(Spin-off)에 대한 R&D와 제조 이점을 극대화할 수 있다고 보았다. 실제, 민간에서의 사용을 위해 개발된 반도체는 일본 미사일 및 레이더에 스핀-온 되었고, 전투기에 사용되는 합성된 소재들은 민간 항공기에 스핀-오프가 된 사례 등 상호 긍정적인 영향을 준

사례들이 역사적으로 많이 존재한다.

일본 정부의 코쿠산카 프로젝트

반군사주의에 의거 수출에 제한을 받아온 일본의 방위산업은 외부 시장 확장의 한계로 정부의 예산에 지배됐다. 일본 정부의 방위산업 정책은 국가 경제발전을 자국의 기술력으로 부흥시키겠다는 개념인 기술민족주의, 즉 '고쿠산카(Kokusauka, 국산화)'에 있었다. 이는 일본의 방위산업의 재건과 진흥에 최종적인 목적을 둔 '정부 주도 방산 혁신 정책'이라고 할 수 있다. 일본 전문가 사무엘스(Richard J. Samuels)는 그의 저서에서 일본이 힘 있는 나라가 된 이유는 고쿠산카에 있다고 강조하기도 했다.

일본의 일반적인 기술 국산화 순서는 먼저 직접 구매하거나 라이센스 제품을 사용하고, 국내 생산으로 대체하는 순서를 따랐거나 따르고 있는 패턴을 보인다. 특히, 미사일 프로그램에서 주요한 성과가 있었다. F-15J, F-4J, F-86F, F-104J 전투기, T 시리즈 훈련기, 그리고 C-1 수송기를 위한 라이센스 및 국산화 생산을 혼합해서 항공기 생산 재건에 성공했다. 이러한 성공은 F-2, F-4J과 F-15J 전투기 및 엔진, P-3C 정찰 항공기의 사례에서와 같이 기술의 학습과 혁신에 있었다. 성공 뒤에는 F-1이 생산에 들어가자마자 거의 쓸모없게 된 것 같은 시행착오도 있었고, 미국의 압력으로 기술 개발을 멈추어야 할 때도 있었다.

한편 일본은 자체 PXL 정찰기 생산을 자제하고, 미국으로부터

P-3C 라이센스 생산을 강요받기도 했다. 그런데도 일본은 새로운 국산화 프로젝트를 지원해서 방위산업 전반에 새로운 토종 혁신을 시도했다. 이미 국산화해서 전력화를 마친 P-1 정찰기, C-2 수송기, 그리고 새로운 형태의 스텔스 전투기인 ATD-X(Advanced Technology Demonstration-X) 등은 일본의 새로운 도전을 말해준다. 또한, 일본은 민·군 공용기술과 군사 응용 프로그램을 통해 새로운 기술 경로인 우주 프로그램을 구축했다.[121] 일본이 완전한 국산화 제품이나 국제적으로 경쟁이 가능한 주요 무기체계를 생산하지는 못하더라도, 이러한 무기체계들의 가장 중요한 구성 요소인 기술을 관리할 수 있다는 점에서 전략적 성공을 거둔 셈이다. 다시 말하자면, 일본은 비교적 작은 방위산업 기반을 보유했으나, 국제 경쟁에 발맞추어 왔다. 또 미래에 완전히 독립된 무기 시스템을 생산할 잠재력을 가지게 되었다.

민간-군사 통합 모델 : 뜨거운 침대? 핫베드(Hot Bed)

캠프리지(Cambridge) 영어사전에 따르면, 핫베드(Hot Bed)란 'A place or situation where a lot of a particular activity.'로 정의되며, '많은 행위들이 이루어지는 장소' 정도로 해석할 수 있겠다. 의미의 연속선상에서 방위산업에서 핫베드란 '민간과 군용 생산이 함께 이루어지는 장소'를 의미한다. 일본은 태평양 전쟁 패배 이후 군비 생산에 제약을 받는 상황에서 무기 개발의 비용과 기술적 위험의 대부분을 민간 부문

---

121. Kallender, P., & Hughes, C. W. (2019). Hiding in Plain Sight? Japan's Militarization of Space and Challenges to the Yoshida Doctrine. Asian Security, 15(2), 180-204.

으로 떠넘기게 됨에 따라, 독특한 방산 R&D와 생산 시설이 발달되었다. 이는 민·군이 공동으로 사용할 수 있는 설비인데, 미쓰비시중공업의 경우 하나의 설비에서 군용 및 민간 항공기를 조립하기 위해 동일한 작업자를 사용하는 것으로 유명하며, M-90 주력전차는 지게차와 불도저와 같은 특수차량과 동일한 최종 조립 라인에서 생산된다.[122] 이와 같은 설비 형태는 2가지의 장점을 지닌다. 첫째는 국가 비상사태에 빠르게 무기 생산 체계로 전환할 수 있다는 것과, 둘째는 평시 저조한 생산 운영을 유지할 수 있다는 것이다. 이러한 설비형태는 민간과 군사기술의 상호 확산, 즉 스핀-온과 스핀-오프에도 도움이 되었다고 평가받는다.

갈라파고스 제도와 닮은 일본의 방위산업

남미의 에콰도르(Ecuador)에서 거의 1,000Km나 떨어진 곳에 19개의 섬으로 구성된 갈라파고스 제도(Galápagos Islands)는 16세기 스페인의 함선에 의해서 처음 발견됐다. 당시 이곳에 가득했던 거북이들 때문에 스페인어로 거북이를 뜻하는 갈라파고스라는 이름이 붙여졌다고 한다. 육지에서 오랜 시간 동안 떨어져 있었던 탓에 시속 400Km로 비행한다는 군함새와 같이 학계에도 잘 알려지지 않은 각종 진귀한 동식물들의 보고였다. 스페인 함선이 다녀간 이후로 많은 국가의 배가 이곳을 들렀고, 또 다양한 외부의 종이 유입되었다. 그 결과, 고유종들은 점

---

122. Samuels, R. J. (1994). "Rich Nation, Strong Army" : National Security and the Technological Transformation of Japan. Cornell University Press.

점 개체 수가 줄어서 지금은 대부분 멸종 위기에 처해 있다. 왜냐면 토착종들은 대부분 오랜 세월 동안 고립되었던 탓에 새로운 환경에 적응하는 능력을 상실했기 때문이다. 이처럼 '갈라파고스 효과'란 외부의 변화에 적응하지 못해 점점 도태되어가고 있는 모습을 뜻한다.

일본 방위산업은 정부에 의해 직접적인 해외 경쟁으로부터 상대적으로 보호되어왔다. 기술 민족주의에 기반한 무기체계의 국산화는 경쟁이 없었기 때문에 장비 가격의 상승이라는 갈라파고스의 고유종을 육성했다. 실제 M-90은 생산량이 적어 세계에서 가장 비싼 주력전차에 해당된다. 그러나 최근에 외부로부터 변화가 찾아왔다. 아베 총리 집권과 함께 국내 조달 수준이 급격히 낮아진 것이다. 그 이유는 일본은 F-35A와 Osprey V-22를 포함해서, 미국에서 고가의 무기 시스템을 구입하기 시작했기 때문이다. 미국 트럼프 대통령이 동맹국의 장비 구매를 늘리기 위해 일본을 압박함에 따라 이지스(Aegis) 시스템을 포함해서 더 많은 무기체계를 조달할 것으로 관측되고 있다. 이러한 현상은 한정된 수요만 존재하던 일본의 방산 시장에 악영향을 줄 수 있음을 의미한다.

굳이 최근이 아니더라도 일본의 방위산업은 축소된 시장 변화에 적응하지 못하고 어느 정도 위기를 맞고 있었다. 많은 중소기업은 이미 방위산업을 이탈하고 있으며, 대기업들은 민간 시장으로 눈을 점차 돌리고 있다. 대표적으로 미쓰비시중공업, 가와사키중공업, 이시카와지마-하리마중공업은 현재 방산 시장의 축소를 보완하기 위해 민간 항공 우주 시장에 더 많이 투자하고 있다. 최근에 일본 정부는 10대의 AH64D Apache Longbow 헬리콥터를 인수한 후 예산 압박으로 62

대의 잔여 물량은 구매 주문을 취소했던 사건은 일본 정부와 현재 방산 업계의 상황을 잘 말해준다. 계약 당사자인 후지중공업(Fuji Heavy Industries)은 보잉에 이미 라이센싱 비용으로 400억 엔을 지불한 상태였다.

최근에는 한정된 시장에서 오는 위기에 대한 자구책으로 기업 통합과 국제협력에 대한 움직임이 관찰된다. Toyo Tsushinki는 2004년에 방산 전자 부문을 NEC로 이전했다. 2002년 NKK, Hitachi는 군사 조선을 Universal Shipbuilding에 통합했다. 2001년 이시카와지마－하리마 중공업, 가와사키중공업, Mitsui Zosen은 작업 공유 계약을 체결했다. Nissan Motors는 Renault가 인수한 후 항공 우주 부문을 2000년 이시카와지마－하리마중공업로 이전해서 방산부문을 정리했다. 2017년에는 국제협력으로 이탈리아와 레이더 및 정찰 항공기의 성능 향상에 중점을 둔 방위산업 기술 공유 계약을 체결했다. 그리고 향후 전투기에 사용되는 전자 시스템에 대해 영국 국방부와 공동 연구를 수행할 것이라고 발표했다. 2014년 영국과 Meteor 공대공 미사일의 공동 개발에 대한 의사를 표시했다. 2013년에는 국방 장비 협력 체제에 서명했다. 그러나 일본은 무기 수출 금지로 인해 현재까지 국제협력이 매우 제한적이다. 특히 공동 개발 및 공동 제작 측면에서 미국을 제외하고 국제사회에서 고립돼 있는 것이 현실이다.

트렌드 읽기

　일본의 방위산업 기반은 기술민족주의에 대한 의존으로 어려움을 겪고 있다. 일본은 지금까지 국제무대에서 방관자로 기술민족주의에 치우쳐 무기의 국산화를 추구해왔으며, 미국에 지나치게 의존적이었다. 그러나 이 같은 갈라파고스 제도로부터 벗어나기 위해서는 다른 국가들과 마찬가지로 국내 및 국제 방산 회사들의 통합을 통해서 새로운 무기 플랫폼을 개발하고 규모의 경제를 추구하여 가격 경쟁력을 가져야 할 필요성이 있어 보인다. 하지만 여전히 방위산업에 있어 국산화가 국가 자치의 필수 구성 요소라는 인식을 갖고 있다. 다행히 최근 들어 국산화만으로는 실행 가능한 접근법이 아니라는 사실을 받아들이기 시작했다. 물론 이론적으로는 갈라파고스 제도를 벗어나기 위해서 광범위한 양자 및 다자간 방산 파트너십을 개발하는 것도 좋은 대안이다. 이 옵션에 대한 일본의 노력은 이미 주요 유럽 국가, 호주 및 인도와의 협력 관계를 구축하려는 시도에서 나타났다. 그러나 미일 안보 조약[123]으로 인해 이 옵션은 쉽지 않은 대안이라고 봐야 할 것이다. 왜냐면 여러 고성능 전투기와 SM – 3 Block IIA와 같은 탄도 미사일 방어 체계뿐만 아니라 전투기 엔진 부품, 레이더 등과 같이 일본이 국제적으로 공동개발에 사용할 수 있는 가장 중요한 무기 플랫폼과 부품은 많은 부분이 미국으로부터 온 기술이며, 아직까지 미국 이외의 국제 안보 협력에 대한 일본의 상대적인 경험 부족은 일본이 단기적으로 다른 국가를 선택

---

123. 미일안보조약의 주된 내용은 일본이 무력공격을 받았을 때 미일 약국이 공동대처 한다는 것(제5조)과, 미군의 일본 주둔을 인정(제6조)한다는 것이다. 일본은 이 조약에 따라 안보의 상당 부분을 미국에 의존해왔고, 현재도 기본적으로 이 노선을 견지하고 있다.

하기가 쉽지 않을 것이기 때문이다.

일본이 따라갈 가장 전략적인 방향은 현재의 상태, 즉 미국과의 동맹 틀을 유지하는 현재 방향을 계속 유지하는 것이다. 일본은 이 구조 내에서 방위산업에 대한 문제를 풀려고 노력해야 할 것이다. 이 속에는 여러 가지 시나리오가 나올 수 있는데, 일본이 국방 예산을 늘려 미국 무기 수입을 늘리면서 동시에 자국의 방위산업을 육성하려고 하는 방향, 미국과 일본이 더 깊은 수준으로 방위산업을 통합하려는 방향 등을 생각 할 수 있다. 만약 그렇지 않고 미국산 무기 수입에만 일본 정부가 계속 집중한다면, 일본의 방위산업 기반은 미국에 완전 점령당하거나 몰락할 수도 있을 것이다.

인도 : 관습 타파로 살아남기?

인도는 끊임없는 개방과 친시장 정책으로 1960년 이후 ①번 자료처럼 꾸준한 경제성장을 이뤘다. 과거 1947년 인도가 영국으로부터 독립한 직후에는 전형적인 농업국이었다. 공업기반 부족, 전근대적 사회제도, 사회간접자본이 미비했다. 1950년대 초부터 중공업 발전과 농업 생산기반 강화에 중점을 두고 수입대체산업을 육성하기 위해서 경제발전계획을 추진했다. 그 결과, 1970년대는 공업화와 식량 자급에 성공했다. 1980년대에는 석유를 증산하고 세계 경제가 침체에서 회복됨에 따라 연평균 5%대의 성장을 실현했다. 1990년에 발발한 걸프전이 인도 경제에 악영향을 주어 외환위기가 초래되기도 했다. 그러나 IMF

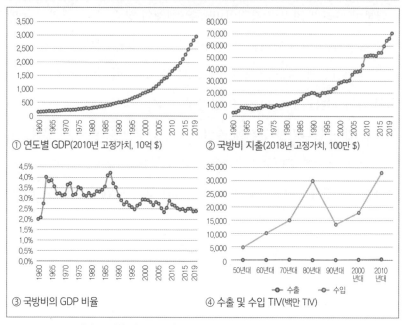

[자료 2-27] 인도의 GDP, 국방비 지출, 국방비의 GDP 비율, 수출 및 수입 TIV

① 연도별 GDP(2010년 고정가치, 10억 $)

② 국방비 지출(2018년 고정가치, 100만 $)

③ 국방비의 GDP 비율

④ 수출 및 수입 TIV(백만 TIV)

출처 : World bank, SIPRI Military Expenditure Database, SIPRI Arms Transfers Database

의 지원으로 이를 극복했다. 나라심하 라오(Narasimha Rao) 총리의 지도 아래 1991년 신 경제정책 경제개혁과 개방정책을 추진했다. 이후에 정권에 상관없이 개방, 자유화, 친시장, 친기업적 경제개혁에 중점을 둔 인프라 확충과 투자환경 조성으로 민간과 외국인 투자를 유인함으로써 경제성장과 함께 일자리를 창출하고 산업발전의 기반 강화에 역점을 두고 발전해서 현재에 이르렀다. ②번 자료에서 인도의 국방비는 1960년대 초기 대비 현재는 10배 이상 증가했지만, 매년 변동 폭이 컸다. 1980년대는 실제 연간 국방비 증가율이 5% 이상인 역사상 유일한 10년이었다. 이러한 실제 증가는 대규모 군비증강으로 이어졌다. 소련의 아프가니스탄 침공 이후 1970년대 말에 시작된 군비증강은 인도의 숙적인 파키스탄에 대한 미군의 지원으로 80년대에도 계속되었다. 그러나 1990년대 초기에 들어와서 국방비 지출은 급격하게 축소됐다. 그 원인은 단순히 냉전 종식에 따른 세계적 추세인 평화 배당금 때문은 아니었다. 이러한 영향이 없었다고는 말할 수 없지만, 이보다 더 중요한 요소는 1991년에 심각한 지불 위기를 겪었던 경제적인 이유에서 기인한 것이었다. 주요 안보 위협이자 전통적인 경쟁자인 파키스탄과 중국이 변하지 않은 상황은 1993년에 국방 지출이 다시 증가시켰고, 인도의 개선된 경제 상황이 이러한 증액을 뒷받침했다. 이후에 2004, 2008, 2009, 2016, 2017년 등과 같이 국방비의 증가가 두드러지게 나타나는 연도가 식별되는데, 이는 군의 현대화 예산과도 관련이 있다. 하지만 더 큰 증가 요인은 중앙지불위원회의 권장 사항인 국방 인력의 급여 인상이 주요한 원인이었다. ③번 자료에서 국방비의 GDP 비율은 1987년 4.2%에서 2018년 2.4%로 지속적으로 감소했다. 국방비 자체의 상승에도 국방비의 GDP 비율이 하락한 주된 이유는 국방 지출에 비해 GDP의 빠른 성장이 그 원인이었다. 그리고 인도는 세계 방산 시장에서 수출보다는 가장 큰 무기 수입국 중 하나이다. SIPRI 수·출입 데이터에 따르면 전 세계 무기 수입에서 2013~19년 동안 12% 정도를 차지한 인도는 전 세계 방산 시장에서 가장 큰 손이었다. ④번 자료와 같이 1990년대 겪은 심각한 지불 위기와 냉전의 종식은 무기의 수입 가치 패턴에도 영향을 주었다. 인도의 수입과 수출 패턴은 내·외부적 큰 변화가 없다면 앞으로도 현 상태를 유지할 것이다.

공공부문에 주목하라

인도의 방위산업은 수백 개의 공공 및 민간기업으로 구성되어 있다. 하지만 공공부문이 R&D와 생산 모두에서 지배적인 역할을 맡고 있다. 공공부문은 국방부의 관리 하에서 기능을 수행하고 있다. 여기에는 3가지 종류의 기관, 즉 국방 공공부문 기업, 병기창(Ordnance Factories), 국방 R&D를 위한 연구기관으로 구분된다. 전자 2개는 생산에 관여하지만, 후자는 국방부의 R&D 전담 기관이다. 국방 공공부문 기업은 총 9개가 있으며, HAL(Hindustan Aeronautics Limited), BEL(Bharat Electronics Limited), BDL(Bharat Dynamics Limited), BEML(Bharat Earth Movers Limited), MDL(Mazagon Dock Shipbuilders Limited), GSL(Goa Shipyard Ltd), GRSE(Garden Reach Shipbuilders & Engineers Limited), HSL(Hindustan Shipyard Limited), MIDHANI(Mishra Dhatu Nigam Limited)으로 구성된다. 이 중에서 SIPRI TOP 100 기업에는 2018년 기준 HAL, BEL, 병기창이 리스트에 포함되어 있다. 1980년대에 병기창은 방산 생산량의 59%를 차지하는 인도 최대의 단일 방산 기관이었다. 그러나 이러한 위치를 최근 HAL에게 뺏겼으며, HAL은 인도 최대의 방산기업으로 부상했다. 그리고 미사일 제조업체 BDL도 최근 점유율의 확장이 눈에 띈다. 이와는 반대로 조선을 담당하는 기업들은 그 위치를 잃어가고 있다. 이것은 분명 항공우주, 미사일 방향으로 변화하는 인도 방산 환경과 관련이 있어 보인다. 민간 부문에는 국방 생산에 참여하는 수많은 회사가 있지만, 국방 품목 생산에 대한 라이센스 보유자로 인정되는 기업은 대략 70여 개 정도다. 인도의 방위산업은 1801년에 총기운송국(Gun

Carriage Agency)을 설립한 19세기 초로 거슬러 올라간다. 1947년 인도의 독립 이후, 업계는 규모와 역량에 있어서 모두 성장했다.

인도의 방위산업을 더 깊이 있게 이해하기 위해서는 그 핵심에 있는 국방 공공부문 기업 중 HAL, BEL, 병기창에 대해 알아볼 필요가 있다. HAL은 항공우주회사로써, 역사를 살펴보면 오랜 전통을 지니고 있다. 이 회사는 1940년에 인도의 Walchand 그룹 창시자이자 선구적인 사업가 Walchand Hirachand가 인도의 항공 산업을 육성하기 위해 Hindustan Aircraft Ltd.를 설립했을 때 시작됐다. 2차 세계 대전 중인 1942년에 영국 회사가 이 회사를 인수했고, 이후 항공기 수리 및 정비 목적으로 다시 미군에 의해 인수됐다. 영국으로부터 독립 후, 인도 정부는 회사를 물려받았고, 1954년 이후 국방부 통제하에 두었다. 1964년에는 Hindustan Aircraft Ltd가 Aeronautics India Ltd와 합병돼 현재 HAL이 탄생됐다. HAL은 인도의 군용 항공기, 관련 전자 장비 등 항공우주 관련 가장 큰 생산을 담당하고 있다. 방갈로르(Bengaluru)에 본사를 두고 11개의 R&D 센터와 20개의 생산 부서가 전국에 분포되어 있으며, 해외에는 14개의 합작회사를 보유하고 있다. 자체 개발한 항공기는 HT-2 기본 훈련기, HPT-32 Deepak, Kiran Mk-I, Kiran Mk-II 훈련기, HF-24 Marut 등 총 15종을 생산했다. 그리고 외국에서 기술을 이전해서 14종을 생산했는데, Sukhoi Su-30MKI, BAE Systems의 Hawk 고등훈련기, Dornier Do-228 경수송기, Dhruv 헬리콥터 등이 대표 기종들이다.

BEL은 전자 및 통신 회사이며, 기본 통신 장비의 제조뿐만 아니라 수년에 걸쳐 레이더, 소나, 전자전 장비, 지상 전자 장비, C4I 시스템 등과 같은 영역으로 사업을 다각화했다. HAL과 같이 방갈로르에 본사를 두고 있으며, 2개의 자회사와 GE와의 합작 회사 외에 9개의 생산 시설을 보유하고 있다. 2019년에는 미사일 시스템과 AESA 레이더로 발생하는 비즈니스를 충족시키기 위해 팔라사무드람(Palasamudran)에 새로운 복합 단지를 열었다. 이 회사의 특징은 2017~18년 R&D 지출이 매출액의 10%에 가깝고, 매출의 약 50~60%는 자체 디자인 제품에서 비롯될 정도로 국산화 수준도 높다는 것이다. BEL은 1954년 프랑스와 국방 전자 장비를 생산하기 위해 기술협력을 한 것이 설립의 기초가 되었다.

병기창은 국방부 산하 가장 오래된 생산을 담당하는 기관이며, 콜카타(Kolkata)의 본사 이사회에 의해 운영된다. 여러 공장으로 구성된 병기창의 기원은 영국의 동인도 회사(East India Company)가 통치했던 1801년으로 거슬러 올라간다. 영국은 콜카타 주변에 18개의 공장을 세웠으며, 이 공장들의 장소가 그대로 상속되어 현재도 그 자리에 있는 것이다. 1962년 중국과의 전쟁에서 많이 파괴됐지만, 이후 또다시 증가한 국방 수요를 충족시키기 위해 공장 수가 더욱 증가했다. 공장들의 기술 수준은 주로 중급에서 하급 기술을 다루며, 주로 생산에 중점을 두고 있다.

인도의 국방부 하에 MDL, GRSE, GSL, HSL 총 4개의 조선소가 있다. 그중 MDL이 가장 유명하다. 이 조선소는 1960년 당시 개인의 선박 수리소를 국방부가 인수하면서 발전했다. 1960년대는 Leander급 호위함, 1980년대에는 잠수함 건조를 시작으로 많은 기술 혁신을 이뤘다. 1990년대에는 독일 기술을 기반으로 2대의 잠수함을 정부에 납품

했으며, 현재도 구축함, 스텔스 호위함, Scorpène급 잠수함을 건조 중이다. GRSE는 1960년에 인도 정부의 MDL 이외의 추가 조선소 필요성에 의해 설립됐다. GRSE는 자체 엔지니어링을 통해 엔진 제조가 가능한 인도 유일의 조선소다. 인도 해군 최초의 국산화된 전투함을 건조했던 이력이 있다. 과거 순찰선, 호위함, 측량선 등의 건조 경험이 있고 현재는 대잠함, LCU(Landing Craft Utility), 쾌속 순찰선 등을 건조 중이다. GSL은 포르투갈 식민 지배하에 있었던 고아(Goa) 지역에서 1957년 Estalerio Navais de Goa의 이름을 가지고 작은 바지선 수리 시설로 설립됐다. 1961년 고아지역이 포르투갈로부터 독립되었고 이 조선소는 MDL로 이전되었다. 그러나 1967년에는 다시 GSL로 독립했고, 주로 중형 선박을 설계하고 건조해 오고 있다. 지금까지 수출을 포함하여 200척 이상의 선박을 건조한 것으로 알려져 있다. HSL은 1952년 인도 정부가 개인 소유주로부터 인수한 후, 2010년 이후에 국방부 통제 하에 두었다. HSL 홈페이지에 따르면, 지금까지 181척의 선박을 건설했으며, 1,960척이 넘는 선박을 수리했다. 그러나 국방 분야에서는 해안 순찰선이나 예인선 등과 같은 소형 선박을 건조하고, 잠수함을 수리하는 정도의 활동으로 제한되어 운용되고 있다.

BDL은 전략적으로 중요한 미사일 시스템 개발과 생산과 관련 있다. 이 회사는 하이데라바드(Hyderabad)에 본사를 두고 있으며, 3개의 생산 센터를 가지고 있다. BDL이 중요한 이유는 2018년 11월 최초의 억지(Deterrence) 순찰을 했던 인도의 핵 잠수함 Arihant의 일부인 K-15 잠수함 기반 탄도 미사일과 ASTRA 공대공 미사일 개발 및 생산에 참여하고 있기 때문이다. BDL은 1970년에 다양한 미사일 시스템을 구축할 목적으로 설립됐다. 1970년대 초 기술이전으로 프랑스 1세대 대전차 유도 미사일인 SS11B1 생산을 시작으로 현재는 전략 미사일, Akash 지대공 미사일, 중어뢰, 관련 시험장비 등을 제조하고 있다. 그리고 차량과 관련된 BEML은 방산에 대한 집중도가 높지 않다. 이 회사는 3개의 사업 부문, 즉 광산, 방산, 철도와 지하철을 보유하고 있으며, 방갈로르(Bangalore)에 본사를 두고 있다. 방산 부문에서는 주로 트럭, 복구 차량, 교량 시스템, 미사일 추진 차량, 운송 트레일러 등을 생산한다. 방산 부문이 크지 않으며 총 매출의 20% 미만이다. 1973년 설립된 MIDHANI는 핵 및 항공우주과 같은 국방전략분야에서 요구되는 특수 합금을 생산한다. 하이데라바드(Hyderabad)에 본사를 둔 이 이 회사는 초합금, 티타늄, 티타늄 합금, 특수강을 포함한 100가지가 넘는 특수 금속 합금을 공급하고 있다.

국방 연구개발 조직으로 DRDO(Defense Research and Development Organization)가 있다. DRDO는 1958년 국방과학기관(Defense Science Organization)와 육군기술개발기관(Technical Development Establishments of the Army)의 합병으로 설립됐다. 설립 당시 DRDO는 약 10개의 실험실을 보유한 소규모 기관이었지만, 현재는 국방 기술들의 거의 모든 분야를 초월한다. 예를 들어 미사일 및 전략 시스템, 항공, 선박, 전투 차량, 전자 및 컴퓨터, 소재, 생명 과학, 마이크로일렉트로닉스 분야 등이다. 수십 년에 걸쳐 20,000명 이상의 인력을 보유하고, 52개 이상의 실험실 및 기타 시설을 갖춘 대규모 조직으로 발전했다. 설립은 1950년대 후반이었지만, 주요 발전은 정부가 주요 전략 R&D 프로젝트인 IGMDP(Integrated Guided Missile Development

Program), LAC(Light Combat Aircraft) 등을 승인한 1980년대에 두드러졌다.

　민간기업이 방산 분야에 참여하기 시작한 것은 상대적으로 최근이다. 인도 정부는 2001년이 되어서야 비로소 방위산업을 민간에 개방하고 라이센스 시스템을 통한 민간 참여를 허용했다. 민간이 방산에 참여하기 위해서는 라이센스를 통해 공식 허가를 받아야 하는 절차가 따르지만, 대부분의 국방 장비를 제조하는데 참여할 수 있다. 국방 조달 절차[124]의 주기적인 개정을 통해 진입장벽을 낮추었으며 민간의 참여가 점차 촉진되고 있는 분위기이다. 정부는 2018년 6월까지 230개의 인도 기업에 379개의 라이센스를 발행했으며, 이 중 114개의 라이센스를 보유한 70개의 회사가 생산을 시작했다고 보도했다.[125] 발급된 라이센스는 소형 무기에서 육상 시스템, 항공기, 해상 플랫폼, 미사일, 레이더, 전자 장비에 이르는 거의 모든 방산 부문에 해당하며, 대표적인 기업으로는 L&T, TATA, Bharat Forge 등이 있다. L&T는 2015년 100문의 곡사포를 계약한 이력이 있으며, TATA는 공군 비행장 현대화 사업, 전자전 시스템 사업 등을 계약했다. 이러한 민간기업의 매출 및 기타 재무 정보는 공개되지 않으므로, 인도 방산에 기여한 부분을 정확하게 평가하기는 어렵다.

---

124. 군을 위한 무기와 플랫폼 획득을 위한 법무부 규칙집이다. 국방 조달 절차는 1990년대 초에 처음으로 발간되었으며, 그 이후로 여러 차례 개정되었다.

125. Delhi. (2018. 3. 12.). Privatization of Defence Production. Press Information Bureau. https://pib.gov.in/Pressreleaseshare.aspx?PRID=1523802

'Make in India' 정책 속에 있다!

인도에는 2014년 9월 나렌드라 모디(Narendra Modi) 총리가 인도의 제조업 투자를 장려하기 위해 시작한 'Make in India' 정책이 있다. 이 정책은 2018년에 1.0에서 2.0으로 보완됐고, 자본재, 자동차, 방위산업, 제약, 재생에너지 등을 포함한 10개 부문의 발전에 초점을 맞추고 있다. 이 정책에 따라 인도 정부는 사업의 용이성 등을 포함한 수많은 개혁 조치들을 발표했다. 정책 방향의 핵심은 민간의 시장 참여로 혁신을 이끄는 것이라고 요약할 수 있다. 구체적으로, 민간 부문 기관들 및 외국 기업들을 위해 정부는 라이센싱 절차를 간소화하고, 국방에 대한 외국인 직접투자 상한선을 26%에서 최대 100%로 완화했다. 그리고 정부에서 운영하는 시험 시설을 민간이 사용할 수 있도록 개방하는 등 국방영역의 장벽을 제거함으로써 때로는 테스트를 위해 외국으로 장비를 가져가야 하는 상황에 있었던 기업이 필요한 비용을 지불하고 장비를 테스트할 수 있는 환경이 조성됐다. 또한, 인도는 2017년도에 수출 통제 협정인 바세나르(Wassenaar) 협정[126]에 가입함으로써 향후 수출 정책을 명확히 했다. 세금 부문에서 과거 민간과 공공부문이 경쟁 시 민간 부문에서 특정 세금과 관세를 지불해야 했던 불공정 거래를 없애기도 했다. 마찬가지로, 정부는 장기 계약의 외환 변동 혜택을 이전에는 국유기업에서만 이용할 수 있었던 것을 민간 부문으로 확대했다. 이 혜택은 민간의 통화 변동에 대한 혜택을 제공하고, 입찰 경쟁력을 강화

---

126. 바세나르 협정은 국가안보를 위협할 수 있는 제품이나 기술 수출에 대한 투명성을 확보함으로써 타국의 군사 역량 개발에 기여하지 않고 또한 이런 역량을 지원하지 않도록 하는 수출 제한 협정이다.

하는 것이 목적이다.

해외 방산 협력도 추진 중이다. 대표적인 예로 일본의 해상 자위대가 사용하고 있는 US-2 수색 및 수상구조기의 수출과 허가생산을 위해 논의를 벌여왔다. 양국은 이를 논의하기 위해 워킹그룹(Working Group)을 설립하고, 2014년 9월 일본-인도 정상 회담을 통해 국방 분야 협력 및 교류 각서에서 US-2 수출과 기술 이전을 위한 로드맵을 만들기로 했고, 2015년 12월 정상 회담에서는 '국방 장비 및 기술 이전에 관한 합의'에 서명하고 US-2에 대한 추가 회담을 가지기도 했다.

트렌드 읽기

수십 년에 걸쳐 인도는 현재 정부 소유의 거대한 10개의 생산 및 R&D 기관이 중심이 된 방위산업 기반을 만들었다. 이들은 2001년까지 미사일, 전투기, 헬리콥터, 전투함 및 잠수함, 전자장비, 전차 등에 이르기까지 다양한 무기체계의 설계에서부터 생산에 이르기까지 독점권을 가지고 있었다. 2001년 이후부터 정부는 방위산업을 민간에 개방하고, 앞서 살펴본 'Make in India' 정책으로 방위산업 부문을 민간과 경쟁을 촉진시켜 혁신을 창출하기 위해 노력하고 있다. 그리고 무기체계를 수입하는 것보다 국산화를 정책적으로 지원하고 있다. 그리고 2013년부터 국방 조달 절차에 무기 획득 방식의 우선순위를 수정해서 나열하고 있다. 그 수정된 우선순위는 인도에서 디자인되고 개발 및 제조된 제품을 구매하는 것이 가장 우선순위가 높고, 제일 마지막으로 해외 구매 및 제작 순으로 명시하고 있다. 이전의 국방 조달 절차에서는 외국으로부터 직접수입과 허가 생산에 친숙했던 모습과는 많이 달라진 모습이다.

그리고 국유 방산 기관을 개혁하기 위한 가장 대담한 조치 중 하나로 민영화를 시작했다. 정부는 HAL, BDL, GRSE, MDL에 대한 지분의 일부를 증권 거래소에 상장함과 동시에 정부에서는 투자를 중단했다. 또한 BEML의 민영화를 원칙적으로 승인했다. 이를 좀 더 큰 차원에서 보면, 단순히 민영화의 단계를 밟는 것보다 궁극적으로 더 큰 하나의 민간기업으로 지배 구조를 개편하기 위한 움직임일 수 있다. 앞으로 민영화 다음에 방산 부문에서 어떤 구조조정으로 이어질지는 두고 볼 문제다.

이런 노력에도 지금까지 국방 공공부문 기업들은 다양한 요인으로 인해 이들의 독점권을 이어나가고 있으며, 민간참여자가 설 자리가 부족해 보이는 것이 사실이다. 이런 상황은 국방 공공부문 기업들이 아직 혁신에 대한 동기를 주지 못하고 있다. 그 결과는 수치에서 나타나는데, 2016~17년에 9개의 국방 공공부문 기업들의 R&D 지출은 매출의 5% 안팎이었다. R&D 비용 중 많은 부분이 HAL과 BEL의 두 기관에서 사용했다. 다른 기관들의 R&D 지출비율은 실제 1% 미만이다. 병기창의 경우도 2017~18년 기간 동안 R&D에 매출의 0.5%만 사용했다. R&D 지출 비율이 적기 때문에, 인도의 방위산업에서 전체적으로 새로운 가치 있는 제품을 개발하는 데 한계가 있다. 수출에서도 마찬가지다. 서방의 글로벌 방산업체의 수출은 매출 대비 20%에서 많게는 80%까지 차지하는 반면, 인도의 주요 기업들은 매출의 3%를 달성하기 어려운 수준이다. 이러한 문제는 규모의 경제 실현에 문제를 발생시켜 군의 구입단가가 낮아지는 효과를 거의 보지 못하고 있는 것이 현실이다.

정리하면, 과거부터 독점적 시장을 형성해 온 인도의 국방 공공부문 기업들은 비효율적이다. 혁신, 수출 성공, 주문에 대한 납품의 적시성을 이행한다고 봤을 때 이들의 실적은 저조하다. 인도 방위산업은 정부 기대에 미치지 못했고, 외국에 대한 무기 의존도를 높였다. 인도의 자립 목표에 못 미쳐 실망스럽다. 인도의 현재 조달 계획에 따르면, 앞으로 전투기, 헬리콥터, 잠수함, 장거리 미사일 방어시스템 등과 같은 주요 무기체계의 도입계획이 있다. 현재의 상태로 볼 때, 이를 자체 개발하기보다는 앞으로도 외국 수입으로 조달할 것이다. 이들의 수명을 30~50년 정도로 볼 때, 이 무기체계의 생산에서 인도 방위산업의 역할은 거의 미미할 것으로 판단된다. 만약 미래에 인도의 방위산업 생태계가 변화한다면, 전문적이고 혁신적인 민간부문 기업들이 출현하고 그들의 역할이 클 것으로 예상한다.

싱가포르 : 인적 자본과 지역 클러스터링으로 미래로!

싱가포르는 19세기부터 영국의 식민지 시대(1819~1942), 일본 점령 시대(1942~1945), 싱가포르 자치정부 및 말레이시아 연방 시대(1945~1965)를 거치면서 현재의 공화국 시대(1965~현재)까지 도달했다. 오랜 역사를 거치면서 경제적 어려움을 겪기도 했다. 그러나 공화국 시대의 정부 주도 경제개발전략으로 싱가포르는 현재의 경제적 지위와 경쟁력을 갖게 됐다. 자원이 부족하고 국토는 좁으며 주변국의 영

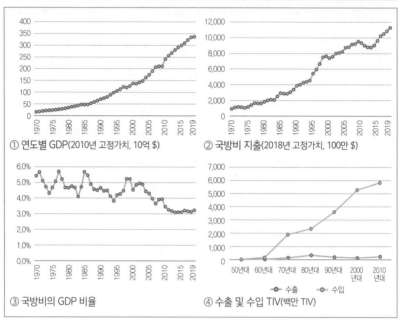

[자료 2-28] 싱가포르의 GDP, 국방비 지출, 국방비의 GDP 비율, 수출 및 수입 TIV

① 연도별 GDP(2010년 고정가치, 10억 $)

② 국방비 지출(2018년 고정가치, 100만 $)

③ 국방비의 GDP 비율

④ 수출 및 수입 TIV(백만 TIV)

출처 : World bank, SIPRI Military Expenditure Database, SIPRI Arms Transfers Database

향력을 많이 받을 수밖에 없는 도시국가 특성을 극복하기 위해서 정부 주도로 대외개방형 경제정책을 추구함으로써 세계적인 비즈니스 중심 지로 발전하게 된 것이다. 70년대는 경제개발위원회의 주도 아래 외자 를 이용해서 수출주도형 공업화를 추진함으로써 높은 성장을 이룩했 다. 80년대 들어서는 경쟁력 향상을 위해 노동집약적 산업에서 전자, 기계, 제약 등 고부가가치 산업과 서비스 산업의 공동발전 전략을 추진 했다. 97~98년에는 동아시아 외환위기와 경기침체위기를 겪기도 했 지만, 정부는 장기적인 전략으로 지식기반 위주의 경제구조로 전환했 다. 미래 산업 개척을 위한 발판을 마련한 것이다. 2000년대 이후에 는 2008년 글로벌 금융위기의 영향을 받기도 했다. 그러나 대체로 높은 성장세를 계속 유지하고 있다. 경제의 폭과 깊이가 성장하면서 글로벌 시장에서 싱가포르 방위산업의 힘도 확대되었다. ②번 자료는 경제성장에 맞춰 증가한 국방비 지출 추이를 보인다. 작은 나라에 자원이 풍부하지 않은 약 6백만의 인구를 가진 싱가포르는 강력한 경제 기반을 건설함에 따라 군사비로 상당한 예산을 할당하고 방위산업을 육성했다. 그 성과로 2018년 SIPRI TOP 100 리스트에서 57위 방산기업인 ST Engineering을 가지고 있다. ③번 자료에서 GDP 대비 국방비 비율은 점차 줄어들어 2011년부터 약 3.1%를 유지하고 있다. 경제 성장을 고려한다면 이 비율이 유지된다는 것은 많은 자원을 국방에 할당하고 있다는 의미다. 싱가포르는 정책적으로 다른 동남아시아 국가들과 비교될 정도로 많은 국방비를 지출하고 있다. ④번 자료에서 싱가포르는 많은 양의 무기를 수입하는 국가다. 싱가포르의 국방 획득 비용은 비밀이기 때문에 자세한 분석은 불가능하다. 그리고 그래프에서 방산 수출은 실망스러운 모습이지만 SIPRI 데이터가 모든 정보를 제공하지는 않기 때문에 이것을 전부라고 판단하면 안 된다. 싱가포르는 ST Engineering를 중심으로 MRO 분야와 같은 방산 틈새 시장에서 좋은 성과를 내고 있다. 냉전 기간 중 해양 분야에서의 수출은 주로 단순한 해안 순찰선, 상륙선 등과 같이 작은 선박 위주로 구성됐고, 그 숫자도 소수에 불과했다. 냉전 이후에는 이러한 선박을 포함해서 육군 무기체계까지 수출품목이 다양화하는 패턴으로 나타난다. 가장 큰 수출 선박으로 Endurance급 LPD(Landing Platform Dock)를 태국 수출용으로 제작한 이력이 있다. 두 번째 함의 건조가 무산되면서 실질적으로 손해를 본 것으로 알려져 있다.

싱가포르를 대표하는 방산기업, ST Engineering

ST Engineering은 작은 국가에서 자국의 내수 시장에 중점을 두고, 글로벌 다국적 방산 회사로 발전한 대표적 사례다. 짧은 역사에 비해 빠른 성장을 보여줬다. ST Engineering로 거듭나기 전 이 회사는 1967년 Chartered Industries의 설립을 그 기원으로 한다. Chartered Industries는 여러 종류의 탄약과 소형 무기 생산을 시작으로 AMX-13 전차의 포탄과 장갑관통탄 등으로 생산 능력을 점차 확대했다. 1970년에는 싱가포르 최초의 절충교역 프로그램에도 참여했고, 미국 M16 소총을 80,000정을 9년 동안 생산하기도 했다.[127] 1976년에는 영국의 SAC(Sterling Armament Company)로부터 SAR-80 소총의 생산 권리를 구매하고, 업그레이드한 후 약 10만 정을 생산하기도 했다. 1971년에는 ST Automotive Engineering이 설립됐다. 독일로부터 수입된 메르세데스-벤츠(Mercedes-Benz) 3톤 트럭을 군사 사양 표준으로 수정하기도 했다. 또한, 미국에서 공급한 M-113 장갑차를 다른 나라의 박격포 또는 지대공 미사일 체계의 플랫폼으로 사용되도록 개량하기도 했다. 또 다른 회사는 1973년에 핀란드 모델을 기반으로 개발된 박격포를 현지에서 설계하고 생산하기 위해 설립됐다. 이후 이스라엘에서 공급한 M68 155mm 곡사포를 생산했으며, FH-88로 개량해서 수출했다. 조선 부문에서 Singapore Shipbuilding and Engineering은 1968년에 시작됐으며, 해외 기술 이전 계약이 발전의 원동력이었다. 서독의 Lürssen과의 주요 파트너십을 통해 TNC-45의

---

127. Singapore Defense Industries. 인터넷 주소 : https : //www.globalsecurity.org/military/world/singapore/industry-defense.htm

생산을 할 수 있었고, 여기에 이스라엘에서 생산된 가브리엘(Gabriel) MK.1 함대함 미사일을 통합하는 경험도 축적했다. 이러한 경험을 바탕으로 1989년에는 Lürssen에서 제공한 소형 호위함에 미국에서 제공한 Harpoon 함대함 미사일을 통합하기도 했다. 항공 우주 부문에서는 1981년 이탈리아에서 공급한 SIAI-Marchetti S.211 훈련기의 현지 조립을 위해 Singapore Aerospace Corporation이 설립됐다. 이 회사는 미국에서 공급한 A-4 Skyhawk 전투기의 개조를 포함해서 다양한 유형의 군용 항공기, 엔진 및 항공 전자 장비에 대한 MRO 제공, 그리고 C-130 수송기는 정비창 수준 정비 서비스까지 하고 있다.

1967년에 처음 시작한 싱가포르의 방위산업 기반이 급속히 확대되는 것을 관리 및 감독하기 위해 1974년에 지주회사인 Sheng-Li Holdings를 설립했다. 1990년에 조직의 시너지 효과 촉진을 위해 Sheng-Li Holdings는 ST(Singapore Technologies) Holdings로 개편하고 이름도 변경했다. 1990년대 중반, ST Holdings는 지배 구조 조정과 동시에 신속한 상업화 추진으로 통신, 금융 서비스, 관광 및 운송을 포함한 다양한 상업 포트폴리오를 신속하게 개발했고, 방위산업은 ST Engineering로 분류했다. ST Engineering은 현재 4개의 주요 전략적 비즈니스 회사, 즉 ST Engineering Aerospace, ST Engineering Marine, ST Electronics, ST Kinetics로 구성되어 있으며, 수많은 서비스와 제품을 제공한다. 먼저, ST Aerospace는 상업용 항공사, 항공화물 운송 업체 및 군 관련 업체에게 항공기 유지 관리 및 개조, 부품 토탈 지원, 엔진 토탈 지원, 항공 및 교육 서비스, 항공 우주 공학 및 제조를 포함한 '토탈 항공 지원 서비스'를 제공한다. 세계 최대의 MRO 회사이며, 회사 내부에 설계 및 개발 기능까지 갖춘 몇 안 되는 회사들 중 하나다. ST Engineering Marine은 자체 선박 설계 및 건조, 선박 개조 및 선박 수리 서비스를 제공한다. ST Electronics는 통신 및 센서 시스템이 주요 사업 영역이다. ST Kinetics는 Agrab Mk2 이동식 박격포 시스템과 같은 육상 시스템 및 특수 차량을 주로 다룬다. 이 중에서 ST Kinetics만 방위산업에 집중도가 높다. 나머지 3개 회사들은 민수와 방산 시장 모두 참여하면서 수익을 극대화하고 있다. 지난 5년간 대부분의 매출과 순이익은 우주 항공에서 얻었고, 다음으로 전자, 육상 시스템 및 해양 순이다.

싱가포르가 현재의 발전된 방위산업을 가질 수 있었던 원동력에는 절충교역에 의한 혁신의 유입이 주요했다. 앞서 설명한 1970년에 절충교역으로 M16을 생산할 수 있었던 기회 이후 수십 년 동안 싱가포르는 훨씬 야심찬 절충교역의 성과가 있었다. 예를 들어, 프랑스와 6대의 Formidable급 스텔스 호위함을 건조하는 해군 프로그램은 절충교역과 관련이 있었다. 이로써 프랑스의 주요 방산 기술 기관인 DSO(Defense Science Organization) 국립 연구소와 DSTA(Defense Science and Technology Agency)는 싱가포르와 함정 스텔스 기술 R&D에 참여기회를 제공받았다. 절충교역으로 획득한 잠수함 기술도 상당하다. 싱가포르가 처음으로 획득한 잠수함은 스웨덴의 중고 Sjöormen급 잠수함(A12)이었고, 이 잠수함은 지역 환경에 맞게 Challenger급으로 개조됐다. 이후에 또 다른 기술의 축적 기회가 있었다. 스웨덴으로부터 Västergötland급(A18) 잠수함 2대를 가져와 다시 Södermanland급과 동일한 표준으로 개조하고 현대화시켰다. 이러한 과정을 거치면서

ST Engineering Marine은 현재 선박 및 잠수함 개조에 대한 세계 최고의 기술력을 자랑하고 있다. 앞으로 독일 ThyssenKrupp Marine Systems로부터 도입 예정인 Invincible급 잠수함에 대해서도 학습을 준비하고 있다.

지금까지 ST Engineering은 미국, 영국, 인도네시아, 필리핀, 아랍에미리트, 브라질, 스웨덴, 인도, 태국, 핀란드 등 100여 개국에 방산 제품을 판매했다. 그리고 이 회사는 미주, 아시아, 유럽 및 중동의 24개국에 걸쳐 46개 도시에 100개 이상의 자회사 및 관련 회사 네트워크를 보유하고 있다. 2019년에 매출은 78.6억 SGD였고, 순수익은 5.92억 SGD였다.[128] 방산 분야에서 큰 시장인 미국에는 2001년 버지니아주 헤른던(Herndon)에 미국 지사를 배치하고, 캐나다까지 자회사 및 계열사를 감독하고 있다. 또한, 방산 시장의 성장세가 가파른 중국에는 항공 우주, 전자 및 육상 시스템 부문으로 진출했다. 앞으로 해양 부문을 포함해서 사업을 확장해야 할 중요한 시장으로 판단하고 있다. 현재 주요 사업은 상하이의 항공기 MRO 시설이다. 그 외에 상하이에 R&D 센터, 선전(深圳)에서 소프트웨어 개발, 광저우와 항저우에 있는 차량정비 센터, 베이징과 귀양(貴陽)의 공장에서는 특수 차량을 생산한다. 대표 사무소는 베이징, 홍콩, 광저우, 상하이, 선전 및 청두에 있다. 이 회사는 무기체계를 포괄적으로 개발 및 생산에 목표를 두기보다는 해외 플랫폼에 통합될 수 있는 첨단 기술에 중점을 둔 핵심 시스템을 개발하는 것이 목표다.

---

128. ST Engg 2019 Annual Report, 인터넷 주소 : https : //www.stengg.com/en/investor-relations/annual-reports/

방위산업이 발달한 이유는 무엇일까?

이 작은 국가에서 어떻게 방위산업이 발달할 수 있었는지 근본적인
질문을 하는 독자들이 있을 것이다. 싱가포르 방위산업의 기원은 1965
년 영국으로부터 독립 시기로 거슬러 올라간다. 영국의 철수는 경제적
으로도 큰 영향을 주었다. 영국의 거대한 군사 기지 폐쇄로 싱가포르
는 40,000개의 일자리와 국민 소득의 5분의 1을 잃게 됐다.[129] 이처럼
싱가포르는 경제적인 타격이 컸다. 1968년 영국군이 완전히 철수했을
때, 싱가포르에서는 공군과 해군이 없는 상태였다. 이러한 상황에서 어
업 및 해상 분쟁과 말레이시아, 인도네시아군과의 충돌은 방위산업의
발전을 자극했다. 이슬람 국가들로 둘러싸인 싱가포르는 전략적 재난에
직면하게 된 것이다. 총체적 안보와 경제적 문제의 해결 전환점은 리콴
유(李光耀) 총리(1959~1990)가 자주 역량으로 전략적 취약성을 극복하
고 실현 가능한 독립성을 키우겠다는 결심하면서 시작됐다. 총리는 인
구 564만 명, 면적 718.3㎢(대한민국 인구 5,164만명, 면적 100,210㎢)의
작은 규모에도, 강력한 국방력만이 싱가포르를 쉽게 공격할 수 없게 만
들어 준다고 생각했다. 국가 안보가 경제, 기술 및 군사 부문에 기여한
다는 싱가포르 정부의 폭넓은 해석은 강력한 경제성장에 힘입어 높은
방위비 및 항공 우주 개발 비용이 지원되도록 보장했다. 그리고 높은
수준의 R&D 역량을 창출하기 위해 전략적 산업에 대한 정부의 집중적
인 투자로 방산 및 항공 우주 부문은 더 높은 기술 단계로 확장할 수 있
었다. 싱가포르 정부는 이처럼 고속 성장하는 방위산업 생태계의 핵심

---

129. Matthews, R., & Yan, N. Z. (2007). Small country 'total defence' : a case study of Singapore.
    Defence Studies, 7(3), 376–395.

에 ST Engineering를 두고 빠른 시장 확장을 촉진했다.

트렌드 읽기

현재까지 싱가포르 정부는 국내 수요에서 Bionix 보병 전투 차량, ULTRA M113, Victory급 호위함 등과 같이 기존 무기체계를 업그레이드하더라도 새로운 국내 사업을 시작할 계획은 없다. 왜냐면 해외로 수출이 보장되지 않고 싱가포르군이 유일한 소비자가 된다는 것은 경제적인 이득이 없기 때문이다. 앞으로 싱가포르 정부는 내수 시장이 없는 이러한 약점을 극복하기 위해 ST Engineering은 국제적 브랜드 단장을 통해 기존에 전문화된 무기체계 업그레이드, MRO 등의 수출뿐만 아니라 항공 우주, 인공 지능(AI), 로봇 공학 등의 광범위한 안보 관련 제품 및 서비스 판매 기회를 포착하기 위해 민·군 기술과 같은 틈새 시장에 초점을 맞출 것으로 예상이 된다. 이러한 새로운 기술에 대한 개발은 싱가포르가 가진 장점인 우수한 인력과 지역 클러스터로부터 기인할 것이다.

싱가포르는 영국으로부터 독립 이후 인적 자본에 대한 투자 우선순위를 높였고, 세계적 수준의 대학 개발을 주도했다. 또 최고의 학자들의 해외 교육 등을 장려해왔다. 싱가포르는 5,000명에 달하는 국방 엔지니어 및 과학자 커뮤니티가 있다. 2025년까지 장학금과 상을 40% 증가시킬 계획이라고 2017년에 국방부 장관은 말했다.[130] ST

---

130. Speech by Minister for Defence Dr Ng Eng Hen, at the Ministry of Defence Committee of Supply Debate 2020. 인터넷 주소 : https://www.mindef.gov.sg/web/portal/mindef/news-and-events/latest-releases/article-detail/2020/March/02mar20_speech

Engineering에서도 2030년 이후에도 더 적은 비용으로 더 많은 일을 적은 인력이 할 수 있는 인력의 능력 중심의 야심찬 로드맵을 발표하기도 했다.[131]

세계적인 경영학자 마이클 포터(Michael Porter)는 클러스터란 '특정 분야에 상호 연관성이 있는 기업체 및 연구기관들이 지리적으로 군집되어 있는 형태'라고 했다. 따라서 클러스터 속에 있는 기업들이나 기관들은 물리적으로 가까운 거리에서 강력한 연결고리가 형성된다. 따라서 경쟁력 향상에 중요한 요인이 되는 다른 구성요소를 손쉽게 접근할 수 있게 된다. 국외 사례로는 실리콘 밸리(Silicon Valley), 미 육군 STRICOM(Simulation, Training, and Instrumentation Command), 미 해군 NAVSEA(Naval Sea Systems Command), 스웨덴 시스타(Kista) 등이 있으며, 많은 연구에서 이러한 클러스터 형성은 혁신에 긍정적이라고 주장했다. 싱가포르에서도 이러한 클러스터가 있는데, 2차 세계대전 당시 영국군의 공군기지였던 Seletar에 싱가포르 경제 개발위원회는 전략적으로 우주항공 산업 클러스터를 조성했다. 이 속에는 전 세계 수많은 항공 관련 기업들과 싱가포르 기업들이 밀집되어 있다. 예를 들어, 미국의 GE, 록히드 마틴, 보잉 등과 프랑스의 탈레스, 영국의 롤스로이스가 대표적이다. 비록 싱가포르는 이 첨단 기술 산업에 늦게 진입했지만, 2003년에 국내 기술로 개발된 X-SAT 위성을 시작으로 무게가 1kg에서 400kg에 이르는 다양한 소형 위성을 출시했다. R&D 과정에 현지 대학생들을 참여시켰다. 2013년에는 우주 기술 및 산업 사

---

131. Doing more with less, SAF plans for smart platforms and tech. (2018). 인터넷 주소 : https://www.mindef.gov.sg/web/portal/pioneer/article/regular-article-detail/ops-and-training/2018-q2/30jun18_news

무소(Office for Space Technology and Industry)를 설립했다. 이 기관은 200kg 레이더 카메라보다 100배 작은 새로운 소형 레이더 카메라 칩을 개발하는 등 혁신에 앞장서고 있다. 최근인 2018년에는 DSO 국립 연구소, 싱가포르 국립대학교, STAR(Satellite Technology and Research Centre), DSTA, ST Electronics 등 산·학·연이 참가하여 기존 위성 무게의 10%밖에 되지 않는 분산 위성 시스템 개발, 새로운 지구 관측 위성 DS-SAR를 개발하는 등의 성과를 내고 있다.[132] 앞으로도 싱가포르는 Seletar 혁신 클러스터를 중심으로 항공 우주 분야의 혁신이 가속화할 것이다.

우주항공 분야뿐만 아니라 인공 지능, 무인 및 로봇 R&D 분야 등에서도 지역 클러스터가 형성되고 있다. 이 클러스터의 바탕에는 싱가포르 국방 기술의 중심인 DSTA와 DSO 국립 연구소가 가진 인프라의 공유가 중요한 역할을 한다. 지역 대학, A*STAR(Agency for Science, Technology and Research), 그리고 기타 관련 기관들은 DSTA와 DSO 국립 연구소가 가진 인프라를 사용함으로써 자연스럽게 첨단 기술 분야에 대한 클러스터에 참여하고 있는 형태다. 국방부는 이 클러스터를 더욱 공고히 하기 위해서 DSTA, DSO 국가 연구소 등에 연간 4,500만 달러(S$)의 보조금을 지원하기 시작했다.[133] 이 분야의 R&D 프로그램은 지역 대학들과 협력을 바탕으로 초기 성공을 거둔 성과로 나타나

---

132. Goh, D. (2018. 2. 1.). DS-SAR satellite acquired by Singapore's defence technology agency & ST Electronics. Speech tech. www.spacetechasia.com/ds-sar-satellite-acquired-by-singapores-defence-technology-agency-st-electronics/

133. Pusparani, I. G. (2017. 3. 3.). Singapore to Invest S$45m A Year in Military Robotics and Artificial Intelligence. Channel News Asia. https://seasia.co/2017/03/03/singapore-to-invest-s-45m-a-year-in-military-robotics-and-artificial-intelligence

기도 했다. 예를 들어 싱가포르 국립대학교 연구원들은 수중 가오리 로봇 MantaDroid를 개발했다고 발표했다. 단 하나의 모터와 유연한 핀만 사용하여 물속에서 살아있는 가오리와 같이 동작한다.[134] 비록 세계 최초의 가오리 로봇의 개발은 아니지만, 단 하나의 모터로 몸통과 지느러미의 상호작용을 구현했다는 데 의미가 있다. 그리고 DSTA와 ST Engineering은 해군의 Independence급 순찰선에 탑승하는 인원을 최소화하기 위한 기술을 개발하기 위해 협력하고 있다. 추가로, DSTA와 ST Kinetics는 수출 시장을 목표로 10가지 형태로 변형 가능한 Belrex 장갑전투지원차량(Protected Combat Support Vehicles) 제품군을 발표하기도 했다.[135]

134. National University of Singapore. (2017. 11. 9.). NUS-developed manta ray robot swims faster and operates up to 10 hours. New Vision. https://news.nus.edu.sg/press-releases/NUS-robotic-manta-ray

135. New Protected Combat Support Vehicles Enhances the Army's Precision Manoeuvre Capabilities. (2016). 인터넷 주소 : https://www.army-technology.com/news/newssingapore-commissions-new-protected-combat-support-vehicles-for-army-5681174

중동 권역

이스라엘 : 역외조달이 변수가 되다

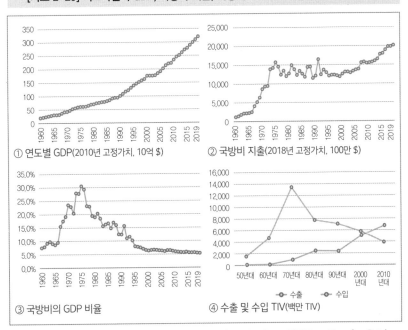

[자료 2-29] 이스라엘의 GDP, 국방비 지출, 국방비의 GDP 비율, 수출 및 수입 TIV

① 연도별 GDP(2010년 고정가치, 10억 $)

② 국방비 지출(2018년 고정가치, 100만 $)

③ 국방비의 GDP 비율

④ 수출 및 수입 TIV(백만 TIV)

출처 : World bank, SIPRI Military Expenditure Database, SIPRI Arms Transfers Database

1948년 유대인이 팔레스타인에 이스라엘을 건국했을 때, 부족한 천연자원, 제한된 경작지, 보잘것 없는 내수 등의 악조건으로 경제가 성장하기 힘든 환경이었다. 그러나 이스라엘은 초기의 어려운 여건을 극복하고, 현재의 경제 상황은 오히려 주변 아랍 국가들을 뛰어넘고 있다. ①번 자료에서 1960년 이후 이스라엘은 놀라운 경제성장을 보였다. 이러한 성장에 큰 의미가 있는 이유는 끊임없이 발생하는 전쟁과 테러, 대규모의 이민 등 대내·외적 어려운 여건 속에서 이룩한 성과라는 점이기 때문이다. 이스라엘의 발전의 바탕에는 고급 노동력과 고도의 기술을 바탕으로 하는 산업이 자리잡고 있다. 인구는 적고 땅은 비좁으며 영토는 척박하지만 높은 수준의 과학, 기술, IT 분야와 스타트업을 통해 경제가 발전했다. 우리나라에 알려진 대표적 스타트업은 2019년 삼성전자가 1,700억에 인수했던 모바일용 광학줌 카메라 모듈 제조 전문 기업인 '코어포토닉(Corephotonics)'과 작곡 업계에서는 반드시 필요한 사운드 플러그인 'Mercury Bundle'을 개발한 '웨이브스 오디오(Waves Audio)'가 대표적인 예다. 그러나 중화학공업이나 제조업은 적은 인구를 가진 내수 시장 때문에 대부분 외국으로부터 수입에 의존하고 있는 산업적 한계도 가지고 있다. ②번 자료에서 국방비 지출은 1970년대 중반 이후 증가세가 두드러지게 나타나지는 않았지만, 정부지출에서 10%가 넘는 수준이다. 최근에는 팔레스타인과 아랍 국가들과 오랜 분쟁 상태로 인한 국방비의 과다지출이 국가 경제에 부담을 주고 있다. ③번 자료에서 이스라엘의 GDP 대비 국방비의 비율은 주변국 중 사우디아라비아와 오만 다음으로 가장 높은 수치를 보여준다. 1985년 이후 이스라엘 정부 정책은 민간 서비스의 비중을 늘려 GDP

에서 군사 지출 비중을 점차적으로 줄이려고 노력하고 있지만, 5% 전후의 수치는 세계에서 가장 높은 비율을 가진 국가 중 하나다. 그 원인은 이스라엘의 특정 지정학적 상황인 아랍과 이스라엘 분쟁으로 인한 것이라고 봐야 할 것이다. ④번 자료에서, 최근 해외로부터의 무기체계 수입이 많이 줄어들기는 했지만 전통적으로 이스라엘의 주요 무기체계는 미국 등 서방 선진국에서 생산한 최신 장비의 비중이 높았다. 군은 대부분의 국방 제품을 현지 방산기업으로부터 구매하는 것이 원칙이지만, 전투기, 잠수함, 일부 최첨단 미사일 시스템과 같은 매우 고가의 정교한 플랫폼은 미국 및 일부 서유럽 국가와 같은 선진국에서 구매하고 있다. 그리고 2000년대 들어와 증가한 세계 군사 지출은 이스라엘의 방산 수출에 꾸준하면서도 때로는 빠른 성장에 긍정적인 영향을 주었다. 수출한 가치의 증가는 물론이고, [자료 2-30]에서 수출하는 국가 수도 30개에서 56개로 약 2배 정도 증가했다.

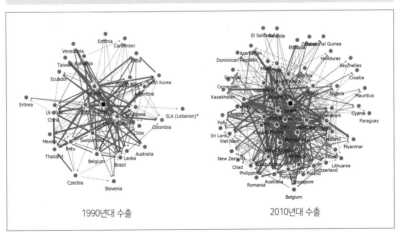

[자료 2-30] 이스라엘의 1990년대와 2010년대 무기수출 비교

1990년대 수출

2010년대 수출

출처 : SIPRI Arms Transfers Database

첨단 방위산업을 보유하게 된 이유

이스라엘의 방위산업은 건국 이전인 1920년대 초에 이미 시작됐다.[136] 이때는 국가가 건국되기 전인 소규모 유태인 공동체를 방어하기 위해 무기와 탄약 생산에 초점을 맞췄다. 1933년에 최초의 방산기업인 IMI(Israeli Military Industries)가 설립돼, 소총, 박격포, 수류탄 등과 같이 다양한 종류의 탄약을 제조하기 시작했다. 이스라엘이 독립하고 난후, 정부 소유의 새로운 조직의 설립으로 더욱 빠르게 방위산업이 발전했다. 1952년에는 국방부 내 R&D 부서가 설립됐고, 이는 1958년 독립 기관인 라파엘(Rafael)로 개편돼 수년간 이스라엘의 국방 주요 개발 조직으로 발전했다. 1953년에는 항공기 유지 보수 및 개조를 목적으로 Bedek이 설립됐다. 이것은 후에 IAI(Israel Aircraft Industry)가 됐다. 1950년대는 정부 소유의 기업뿐만 아니라 개인소유의 방산기업들도 생겨나기 시작했다. 예를 들어 대포 생산을 전문으로 하는 Soltani가 합작 회사 형태로 이 시기에 설립됐고, 배터리와 전구를 생산하는 두 개의 소규모 개인 소유 공장의 합병으로 Tadiran가 설립됐다.

이스라엘에서 방위산업이 발전하게 된 배경에는 이스라엘과 아랍 분쟁이라는 대규모 지역갈등과 관련이 있다. 지금까지 가자 지구(Gaza Strip)에서 5번의 주요 이스라엘 작전(1948년, 1956년, 1967년, 1973년, 1982년)과 2번의 주요 팔레스타인 봉기(1987~1991, 2000~2005)를 포함한 7건의 전쟁이 있었다. 이 외에도 수많은 테러 활동들이 있었다. 불안한 중동의 중심에 있는 작은 나라 이스라엘은 이런 위험 상황이 발

---

136. Dvir, D., & Tishler, A. (2000). The changing role of the defense industry in Israel's industrial and technological development. Defense Analysis, 16(1), 33–51.

생하면 몇 분 안에 테러 활동과 육상 공격에 대응하고, 종종 몇 초 안에 즉각적으로 대응해야 했다. 국민에게 적절한 안보 수준과 적절한 삶의 질을 지원하기 위해 이스라엘은 특정 안보 상황에 효과적인 지능 장치와 뛰어난 무기체계를 개발하고 유지하는 것이 필요했다. 그래서 이스라엘은 거의 모든 정보 기술과 다른 곳에서는 사용할 수 없는 고유한 여러 무기체계를 자체적으로 개발 및 생산해서 사용하고 있다.[137] 중동의 급격한 변동성, 이슬람 세계의 독재 정권, 그리고 이스라엘과 팔레스타인 사이의 평화 과정으로 나아가기 위한 본질적인 어려움은 적어도 수십 년간 이스라엘이 강력하고 혁신적이며 실행 가능한 군사력에 의존해야 함을 시사한다.

이스라엘과 아랍 분쟁에서 아랍 진영에는 약 3~10개의 아랍 국가와 여러 비국가단체, 주로 테러조직이 포함된다. 1948년 이스라엘이 건국되었을 때 시작된 이 갈등은 끝없는 정치적 마찰과 공개적 적대감으로 이루어져 있다. 시간이 흐르면서 이 갈등의 패턴은 국가 간의 대규모 지역 갈등에서 대리전쟁으로 수년에 걸쳐 변화해왔다. 예를 들어 이집트, 요르단, 시리아, 이라크는 1967년 이스라엘과의 6일 전쟁에 참여했다. 그러나 1973년 제4차 중동 전쟁에서 시리아와 이집트만이 이스라엘과 싸웠다. 그리고 이란과 시리아의 적극적인 지원으로 레바논의 이슬람교 시아파의 과격파 조직인 헤즈볼라(Hezbollah)만이 2006년 2차 레바논 전쟁에서 이스라엘과 싸웠다. 이집트는 1948~1978년 동안

137. Pecht, E., Tishler, A., & Weingold, N. (2013). On The Choice of Multi-Task R&D Defense Projects : A Case Study of the Israeli Missile Defense System. Defence and Peace Economics, 24(5), 429-448.

이스라엘의 주요 군사 경쟁자였다. 그러나 1978년 캠프 데이비드 협정 (Camp David Accords)은 이스라엘과 이집트의 적대 상태를 겉으로 전쟁이 없는 상태로 전환시켰다. 시리아는 2000년대 들어와 군사력이 크게 향상됐다. 헤즈볼라의 집중적인 지원으로 이스라엘의 주요 군사 경쟁자로 자리잡았다. 그리고 지난 10년 동안은 이란, 헤즈볼라와 하마스(Hamas)가 이스라엘의 주요 군사 경쟁자가 됐다. 이란과 이스라엘 사이의 현재 갈등의 주요 원인은 이란의 군사 핵 프로그램과 시리아 내전이다. 이스라엘 정부는 현재 이러한 위협에 대응하기 위해 상당한 재정 및 인적 자원을 할당하고 있다.

아랍 국가와의 지속적인 갈등이 이스라엘의 방위산업의 발전을 이끌었다. 하지만, 이스라엘의 방위산업이 발전하게 된 더 결정적 사건이 있었다. 1967년 6일 전쟁 이후 프랑스의 금수 조치는 이스라엘이 자체적으로 방위산업을 발전시키게 된 주된 이유였다.[138] 이 사건은 이후 20년 동안 이스라엘 방위산업의 지속적인 성장에 많은 영향을 미쳤다. 특히, 1973년 제4차 중동 전쟁 이후 무기체계에 대한 새로운 내부 수요는 방위산업의 급속한 성장을 이끌었고, 발전된 방위산업을 기반으로 방산 수출 증가로 이어지는 결과를 낳았다. 이스라엘 방위산업의 직원 수는 1967년에서 1975년 사이에 3배가 됐고, 1975년에서 1985년 사이에 50% 더 증가했다.[139]

---

138. Sharaby, L. (2002). Israel's economic growth : Success without security. Middle East Review of International Affairs, 6(3), 25-41.

139. Lifshitz, Y. (2011). Strategic and economic roles of defense industries in Israel. Mideast Security and Policy Studies, 92. 1-15.

산업구조와 주요 방산기업

이스라엘의 주요 방산기업은 크게 2부류로 나눌 수 있다. 첫 번째는 세 개의 대규모 정부 소유의 방산 회사인 IAI, 라파엘, IMI를 포함하는 그룹이다. 두 번째는 개인 소유의 대규모 국방 회사인 Elbit Systems만을 포함한다. 이스라엘에는 다수의 중소 규모의 개인 방산기업들이 있으나, 대부분 민간과 국방 제품 및 서비스를 동시에 제공하며, 국방에서 차지하는 비중이 크지 않다.

첫 번째 그룹에 속하는 IAI는 Amos-6 통신위성, Heron UAV, Arrow 2와 3, 그리고 Barak 8 등 미사일 시스템으로 잘 알려져 있다.[140] 주요 사업 분야는 우주항공, 지상, 해상, 사이버 등으로 구성된다. 비즈니스 항공기와 주요 부품을 판매하는 민수 항공분야는 최근 몇 년 동안 실적이 감소하고 있는 추세다. 방산분야에서 우주항공, 미사일 시스템, 전자 부문의 제품의 판매량은 꾸준한 증가세다. 약 70~80%의 매출은 수출에서 비롯되는 것도 특징이다. 1990년대에 전 세계 무기 수요의 감소로 어려움을 겪었다. 그러나 1990년대 말 구조조정을 시작해서 회사의 수익성 개선에 효과를 보기도 했다. 2016년에 기업 손실이 절정에 이름에 따라 퇴직자 수를 늘리는 등 노동 생산성 개선을 위한 구조조정을 하기도 했다. 지난 3년간 직원당 매출을 약 230,000 달러로 높이는 데 성공했다. 그리고 라파엘은 우리나라에 휴대용 대공 방어 체계인 아이언 돔(Iron Dome) 도입 이슈로 유명해졌다. 라파엘은 2006년 2차 레바논 전쟁 이후 방공 시스템에 대한 수요 증가와 함

---

140. IAI to build Amos 8 satellite, GLOBES, (2018. 9. 3.), Israel Aerospace takes delivery of first Arrow 3 canister, GLOBES, (2018. 9. 5.)

께 아이언 돔 개발에 성공했다. 아이언 돔은 단거리 로켓, 박격포 및 4~80km 거리에서 발사된 기타 포를 공중에서 파괴하도록 설계됐다. 이스라엘에서 2011년 3월 27일에 처음 전력화됐다. 2012년까지 400개가 넘는 포탄과 로켓을 성공적으로 차단한 것으로 알려져 있다. 이 이외에도 전차 및 장갑차의 능동 보호를 위한 트로피(Trophy) 시스템, 공대공 미사일 체계인 파이썬-5(Python-5) 등을 생산하며, 라파엘의 군사 판매 영역은 항공, 해양, 육상, 미사일, 사이버 시스템 등으로 구성된다. 이스라엘의 다른 방산기업들과는 달리 매출의 약 50%는 국내 시장에서 파생된다. 이러한 추세는 라파엘이 보유한 아이언 돔을 비롯한 다른 유형의 우월한 미사일 요격체계에 대한 국내 수요 증가에 따른 것으로 앞으로 라파엘의 발전은 향후 10년 이상 생산, 판매, 수출 및 이익을 더 증가시킬 가능성이 매우 높다.[141] 마지막으로, IMI는 EXTRA 로켓 시스템(EXTRA Artillery Rocket System), LYNX 미사일 발사시스템, 105 및 120mm 전차포탄 등으로 잘 알려져 있으며, 종합적으로 라파엘과 유사한 사업 영역을 가지고 있다. 지난 20년 동안 판매 및 수출이 급격히 감소해서 막대한 손실을 경험하고 있다. 주요 원인은 혁신이 부재하고, 해외에 판매할 새로운 제품 라인 그리고 개척 가능한 해외 시장이 없기 때문이었다. 실제로 대부분의 제품과 서비스를 수정하는데 그쳤고, 최첨단 무기체계의 개발을 통한 극적인 변화를 주지 못했다. 이에 정부는 IMI에게 지속적으로 보조금을 지원했으며, 지난 20년

---

141. Pecht, E., Tishler, A., & Weingold, N. (2013). On The Choice of Multi-Task R&D Defense Projects : A Case Study of the Israeli Missile Defense System. Defence and Peace Economics, 24(5), 429-448.

동안 직원 수를 크게 줄이는 등 구조조정을 강요하기도 했다. 그럼에도 회사의 상황은 크게 나아지지 못했다. 이스라엘 정부는 2014년에 IMI를 두 개의 회사, 즉 IMI Systems와 Tomer로 분할하기로 결정했다. 이후, IMI Systems는 2018년에 Elbit Sytems에 매각됐다. Tomer는 정부 소유의 회사로 계속 운영 중이다. Tomer를 이스라엘 정부의 손에 유지하게 된 이유는 이스라엘 국익에 필요하고 대체할 수 없는 중요한 안보 이익이 이스라엘 손에 남아 있기를 원했기 때문이었다.

두 번째 그룹에 속하는 Elbit Systems는 Hermes 900 UAV, Dominator라고 불리는 전장 정보 시스템, 항공기용 헬멧 장착 시스템 등으로 유명하며, 관련 첨단 기술 제품을 주로 생산한다. 지난 15년 동안 매출이 급격히 증가했으며, 판매량의 약 75%가 수출된다. 전 세계 시장에서 Elbit Systems의 제품을 수입하는 국가가 광범위하게 분포하며, 지역 수요가 안정적으로 유지되는 특징이 있다. 지난 5년 동안 수익은 꾸준히 증가하고 있다. IMI Systems를 포함한 몇몇 소규모 이스라엘 방산기업 인수도 뒤따르고 있다.

트렌드 읽기

이스라엘은 2016년 미국과 방위산업에 지속적으로 영향을 미칠 수 있는 새로운 양해각서를 체결했다. 이 새로운 양해각서에서 2019~2028년 기간 동안 이스라엘에 대한 미국의 외국 군사 원조는 연간 33억 달러가 될 것이며, 미사일 방어 지원에 대해 연간 50억 달러의 추가 지원을 약속했다. 더불어 2027년 말까지 이스라엘의 역외조달

(Off Shore Procurement)을 점차 중단하기로 결정했다.

역외조달이란 대외 원조나 해외 주둔군에 필요한 물자를 본국에서 사지 아니하고 주둔하는 국가에서 구매하는 것을 가리킨다. 여기서는 미국의 원조비용으로 이스라엘에서 물자를 2027년 말까지 점차 구매할수 없음을 의미한다. 이러한 결정은 이스라엘 방산업체의 미래 수익에부정적으로 작용한다. 방산업체는 기존의 수익을 유지하기 위해서 2가지 방법을 생각할 수 있다. 먼저, 수출을 확대하는 것이다. 이는 새로운시장을 찾기 위해 더 많은 자원을 마케팅 및 시장 개척 활동에 투입해야한다. 또 다른 대안으로, 미국 재정 지원을 효율적으로 사용하기 위해이스라엘 방산 회사는 미국 기업과 파트너십을 구축하고 미국에 새로운생산라인을 열고 기존 생산 라인을 이스라엘에서 미국으로 옮기는 방법이 있다. 만약 이스라엘 방산업체들이 이 두 가지 방법으로부터 효과를보지 못한다면 그들은 작아진 내수 시장으로 인해 기존 수익이 서서히줄어들 가능성이 높다. 서서히 시장이 작아지는 현상은 향후 10년 동안3개의 주요 방산기업들간 치열한 경쟁이 심화될 개연성을 높인다. 일부전문가들은 수출 확대와 판매 손실 사이의 균형으로 인해 기존 양해각서에 비해 이스라엘의 수익이 바뀌지 않을 것이라고 주장도 한다. 하지만 정부입장에서는 이스라엘의 방산기업들의 생산량 중 수출 비중이 이미 다른 서방 선진국 기업들보다 높다는 것을 감안한다면 수출 비중이증가할 것이라는 낙관적 미래는 부담으로 작용하는 것으로 보인다. 실제, 미국의 경우 주요 방산업체의 전체 매출에서 수출이 차지하는 비중이 20~25% 수준이다. 하지만 이스라엘 주요 방산기업들은 70~85%에이르고 있다. 분명 이스라엘의 주요 방산기업들은 혁신적이며 탁월하다. 그래도 이스라엘과 미국 간의 새로운 양해각서는 이스라엘 방산업체들에게 부담으로 작용한다. 향후 10년 동안 국가 전체 관점에서 수출을 통해 시장을 확대해서 방산업체의 수익을 안정화하고, 수익을 합리적인 수준으로 높이려면, 세계 시장에서의 치열한 경쟁에 적합한 방위산업의 적절한 구조조정이 필요할지도 모른다.

이스라엘의 방산 회사는 이스라엘뿐만 아니라 전 세계 대부분의 시장에서 미국과 유럽의 훨씬 더 큰 방산 회사들과 경쟁하고 있다. 이 속에서 종종 이스라엘 방산업체들간 가격을 놓고 경쟁하기 때문에 불필요한 소모와 비효율성이 나타나기도 한다. 예를 들어, 2013년 이스라엘 국방부는 두 이스라엘 업체들간의 분쟁으로 인해 폴란드에 UAV 판매를 위한 주요 국방 계약 입찰 프로세스를 동결하는 사건이 발생하기도 했다.[142] 이러한 문제를 해결하기 위해서 정부는 협력적인 기업 생태계 조성도 필요해 보인다. 동시에 글로벌 시장에서 경쟁력을 향상시키기 위한 생산 효율성 개선에도 신경을 써야 하는 과제를 이스라엘 방위산업은 가지고 있다.

---

142. Harel A. (2015. 5. 31.). Boss of Israel's Major Defense Contractor Rafael Forced to Take Leave. Haaretz. https://www.haaretz.com/.premium-ya-alon-forces-rafael-boss-to-suspend-himself-1.5367951

오세아니아 권역

호주 : 신외교백서로 새로운 국면이 열리다

[자료 2-31] 호주의 GDP, 국방비 지출, 국방비의 GDP 비율, 수출 및 수입 TIV

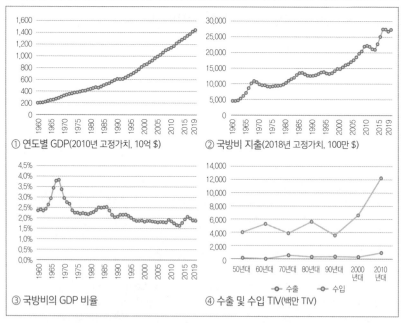

① 연도별 GDP(2010년 고정가치, 10억 $)

② 국방비 지출(2018년 고정가치, 100만 $)

③ 국방비의 GDP 비율

④ 수출 및 수입 TIV(백만 TIV)

출처 : World bank, SIPRI Military Expenditure Database, SIPRI Arms Transfers Database

호주는 2020년 초에 심각한 산불로 경제적 어려움을 겪었지만, 세계적으로 부유한 국가에 속한다. 제2차 세계대전이 끝난 후 외국으로부터 많은 외자 유치와 다수의 노동자들을 받아들임으로 2차 산업 분야에 주력했다. 이를 통해 생산시설의 기반을 확장시키고 많은 고용을 창출함으로써 고도성장을 이루게 됐다. 그러나 호주의 경제 역사가 항상 순탄한 것만은 아니었다. 1970년대에는 심각한 노동운동으로 경제가 불안정했던 시기도 있었다. 사회적 취약성을 극복하고자 1980년대와 1990년대에 걸쳐 경제개혁이 이뤄지기도 했다. 주요 정책으로는 변동환율제, 노동 시장의 유연화, 금융분야 규제완화, 관세 인하 등이었다. 이후 1991년부터 최근 어려운 시기를 겪기 전까지 ①번 자료와 같이 거의 30년에 달하는 기간 동안 경기침체 없는 성장을 지속할 정도로 놀라운 성과를 보여줬다. ②번 자료에서 호주는 경제성장과 더불어 국방비 지출을 끊임없이 증가시켜왔고, ③번 자료에서 국방비의 GDP 비율도 비교적 안정적으로 유지시켜 왔다. 그리고 ④번 자료에서 2010년대에 들어 무기 수입이 급격히 증가되고 있는 추세다. 2019년 2월에는 프랑스 방산업체 NAVAL 그룹과 Attack급으로 이름 붙여질 차기 잠수함 건조사업 계약을 체결하기도 했다. 이 계약 규모는 500억 호주 달러로 한화로 약 40조 원에 달한다. 2차 대전 이후 호주 국방 분야 지출로는 역대 최대 규모다. 한국의 1년 치 국방 예산(2018년 기준 43조원)과 비슷한 수준이다. 왜 갑자기 호주는 국방비가 급증하고 새로운 무기체계를 도입하는데 분주할까? 이를 이해하기 위해서는 과거 호주의 국방백서와 최근 외교백서를 비교해서 살펴봐야 한다. 1994년 국방백서에서 '우리 영토를 실질적으로 위협할 의지나 군사력을 갖춘 나라는 없다'

라고 안보 상황을 평가했다. 이러한 평가는 안이한 평가가 아닌지 생각할 수도 있지만, 실제 당시 상황이 그랬다. 왜냐면 작은 섬으로 이루어진 남태평양 지역에서 호주를 침략할 가능성을 가진 국가는 매우 희박했기 때문이다. 다시 말하면 적(敵)이라고 할 만한 국가가 존재하지 않았고, 만일의 사태 정도는 미국과 적절한 우호관계 만으로도 안보를 지키는데 부족함이 없었다. 이러했던 과거의 호주가 2017년 11월에 외교백서를 14년 만에 발간했다. 여기에서 '중국의 위협'을 지목했다. 외교백서는 해당 정부의 안보 환경과 대외 전략 및 정책을 집약한 공식 문서로 새롭게 발간했다는 것은 외교 및 안보 환경에 중대 변화가 생겼다는 뜻이다. 특히 공격용 잠수함 12척을 건조하기로 한 최근 결정은 호주 안보 방향이 '소극적 방어'에서 '적극적 방어'로 전환했다고 해석되고 있다. 육상분야에서도 변화가 감지되고 있는데, 호주 육군은 창군 이래 최대 규모인 총 400대의 장갑차를 구매할 계획이다. 우리나라에서도 한화디펜스가 '레드백(Redback)' 장갑차를 수출하기 위해 현재 노력 중이다.

[자료 2-32]에서 호주의 1990년대 무기 수입과 2010년대 수입 네트워크를 비교해보면 2가지 특징이 있다. 첫째, 1990년대와 2010년대 호주로 수출하는 국가는 큰 변화는 없다. 그 차이는 네트워크에서 뉴질랜드가 사라졌고, 오스트리아, 스페인, 아일랜드, 노르웨이 총 4개 국가가 신규로 진입했다. 이 국가들은 모두 글로벌 방산 시장에서 주요 방산 수출국에 해당하지 않는다. 둘째, 호주를 중심으로 한 무기 수입 네트워크에서 수출국 간에도 상호 수출을 하는 형태, 즉 네트워크 밀도가 높아졌다. 이 두 가지가 말해주는 사실은 호주 주변에는 변하지 않는 주요 파

트너들이 몇몇이 존재하며, 끼리끼리 문화와 같이 그들 간의 거래가 주를 이루기 때문에 신규 진입자들이 새로 들어오기가 쉽지 않은 네트워크를 형성하고 있다. 그리고 호주의 방산 수출은 낮은 수준을 유지하고 있다. 이러한 결과의 주요한 원인은 호주 국내에서 주로 해외업체들에 의해 주도되고 있는 자국 내 방산 환경의 영향이 크기 때문이다.

[자료 2-32] 호주의 1990년대와 2010년대 무기수입 비교

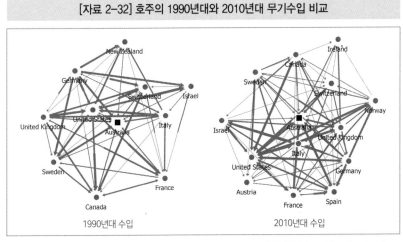

1990년대 수입 / 2010년대 수입

출처 : SIPRI Arms Transfers Database

단순한 호주의 방위산업 구조

호주의 방위산업은 주로 외국인의 직접투자에 의한 외국 소유 기업으로 이루어져 있다.[143] 호주에서 국방부로 제품 및 서비스를 납품하는 상위 40개 업체 중 27개는 해외 소유이며, 11개는 호주 국

---

143. Hinze, J. (2018. 1. 8.). ADM's Top 40 Defence Contractors 2017. Australian Defence Magazine. https://www.australiandefence.com.au/top-40/adm-s-top-40-defence-contractors-2017

적의 개인기업, 1개는 호주 정부 소유의 기업이다. 이들 중 다시 상위 10개만 본다면 9개가 해외 소유다. 1개만이 정부 소유의 기업인 ASC(Australian Submarine Corporation)이다. ASC는 호주 남부 오스본(Osborne)에 본사를 두고 있다. 스웨덴 Collins급 잠수함 설계자인 Kockums가 Chicago Bridge & Iron, Wormald International, 그리고 AIDC(Australian Industry Development Corporation)의 호주 지사가 합작 투자 회사로 설립된 것이 시초다. ASC는 1987년 호주 정부와 6척의 Collins급 잠수함을 설계 및 제조하기로 계약을 맺었다. 당시 이 계약은 호주에서 체결된 가장 큰 방산 계약이었다. 계획대로라면 이 잠수함은 세계에서 가장 진보된 디젤 잠수함으로 호평을 받았어야 했다. 그런데 건조 과정에서 규모의 경제 부족으로 과도한 사업비 증가가 있어 어려움이 많았다. 현재까지 다른 국가에서는 Collins급 잠수함 구매에 관심을 표명한 적은 없다. 호주 정부는 2000년 4월 5일 Kockums가 보유한 ASC의 주식을 매입했고, 이후 이 회사는 국유화됐다. ASC는 프랑스와 협력으로 '작전 반경 확대'에 초점을 맞춰 프랑스의 핵추진 잠수함인 Barracuda급의 동체를 디젤 잠수함으로 개조해 Attack급 신형 잠수함으로 설계할 예정이다. 기존 보유한 Collins급으로는 시속 10노트(18km)로 수상 항해시 20,000km 정도 갈 수 있는데, Attack급 잠수함이 호주 목표대로 건조된다면 33,000km까지 작전 반경이 확대될 것이다.

호주 방위산업에서 연구개발에 대한 투자는 상대적으로 적은 비용을 지출하며, 오랜 관행으로 DESTO(Defense Science and Technology Organization)에 집중되어있는 것이 특징이다. 이러한 관행이 나타난 이유는 작은 내수 시장에서 민간부문에서 경쟁이 불가능한 생태계 조성이 주요 원인이었다. 민간에서는 독립적인 연구개발을 수행할 인센티브는 거의 없으며, 필요한 지적 재산을 호주 정부 기관이나 해외 기관에게 의존하는 것이 일반적이었다. DESTO의 역할은 크게 2가지로 나뉘는데, 첫째는 소나 기술이나 Nulka 대함 미사일 기만기(Decoy)와 같이 호주의 고유한 군사기술을 개발이나 충족시키는 것이고, 둘째는 미국이나 영국과 같은 군사 선진국의 기술 혁신에 대한 접근을 중개하는 역할을 하는 것이다.

방위산업 역사

호주의 방위산업의 역사의 시작이 언제인지 정확하게 그 시점을 알 수는 없다. 하지만 1970년대 중반부터 호주 정부는 국방 행정을 개혁하고, 더 자립적인 국방을 위한 정책을 발표했다. 그로써 현대의 방위산업 기반 형성을 위한 준비를 시작했다. 국방의 자립은 다른 국가의 전쟁 원조와 무관하게 위협으로부터 국가를 방어하는데 필요한 국방력 증강에 중점을 두었다.[144] 이 정책은 국방의 자급자족을 의미한 것이 아니라, 오히려 해외 공급원을 활용해서라도 호주군의 장비를 유지, 수리 및 업그레이드할 수 있는 현지 산업 역량을 우선으로 했다.[145] 1980년대 호주의 방위산업의 소유권은 크게 정부와 민간으로 분할됐다. 정

---

144. Brabin-Smith, R. (2005). The Heartland of Australia's Defence Policies. Strategic and Defence Studies Centre, Australian National University.

145. Killen, The H on D. J. (1976) Australian Defence, Canberra : Australian Government Publishing Service.

부 소유의 방위산업 기반은 2차 세계대전 유산으로 3개의 조선소와 10여 개의 군수 공장들이 있었다. 정부는 호주 방위산업 경쟁력을 강화할 목적으로 정부 소유 기업 ADI(Australian Defense Industries)를 설립했다. 그리고 탄약공장, 해군 조선소, 항공기 공장 등을 통합 또는 새로 설립했다. 이후 호주 정부는 정부 소유의 방산기업을 합리화한다는 목적으로 해외 기업에 대부분을 매각하는 절차를 밟게 된 결과, 현재와 같이 호주의 방위산업에 참여하고 있는 대부분의 기업들은 해외 소유가 됐다. 예를 들어, ADI 소유의 항공기 공장들은 Hawker de Havil-land 와 Rockwell으로 매각됐다. 그리고, 이후 BAE Systems 와 Boeing Defense Systems로부터 최종 인수됐다.[146] 1999년에는 프랑스와 호주 컨소시엄에 ADI를 판매했으며, 2006년에는 프랑스 탈레스에 모든 통제권을 주는 것에 동의했다. 이로써 호주의 주요 정부 소유의 방산업체들은 글로벌 방산업체인 탈레스, BAE Systems, 보잉, 레이시언 등과 같은 주요 업체들의 통제 속에 있게된 것이다.[147]

트렌드 읽기

호주는 2017년 발행한 외교백서에서 '중국은 영토 분쟁과 관련해 더욱 호전적(好戰的)으로 변하고 있으며 민주주의 가치를 둘러싸고 우리와 충돌 가능성이 있다'라고 진단했다. 또 '미국이 아시아의 정치와 경

---

146. Hill, B. L. (1998). Wirraway to Hornet. A History of the Commonwealth Aircraft Corporation. Bulleen, Victoria : Southern Cross Publications.

147. Hall, P., & Wylie, R. (2008). The Revolution in Military Affairs and Australia's Defence Industry Base, 1996-2006. Security Challenges, 4(4), 57-80.

제, 안보 문제에 개입하지 않으면 중국으로의 주도력 이동이 매우 급속하게 이루어져 결과적으로 호주에는 해가 될 것'이라며 미국과의 관계의 중요성도 강조했다. 동시에 '향후 10년 이내에 호주는 엄청난 변화에 직면해 안보 환경에서의 불확실성과 위험에 직면하게 될 것'이라고 했다. 여기서 중국을 '주적'이라고 명시만 안 했을 뿐 호주 안보를 위협하는 단 하나의 존재로 판단했다. 이 외교백서를 보고 호주가 중국에 대해 과도한 평가를 하는 것이 아닐까 싶지만, 2차 대전 당시 일본의 공습을 받았던 호주 입장에서 남중국해를 야금야금 잠식하며 커지는 중국의 해·공군 전력은 호주로서도 두고만 보기 어려운 상황이다. 왜냐하면 남중국해 내 중국의 각종 인공 섬과 활주로가 놓인다는 것은 중국 해·공 전력의 급유능력이 상승한다는 것을 의미하고 이는 곧 작전 반경이 넓어진다는 것을 의미하기 때문이다.

호주는 이러한 상황에 대응하기 위해서 국제적인 협력에 합류하고 있다. 중국의 일대일로(一帶一路) 저지를 위한 미국의 '자유롭고 개방된 인도 - 태평양(Free and Open Indo - Pacific)' 전략을 적극 지지하고, 중국을 포위하기 위해 미국, 일본, 인도와 함께 '쿼드 블록(Quad Bloc)'을 형성했다. 외교 백서가 발행되기 이전인 2014년 7월에는 '전략적 파트너십'의 일환으로 호주와 일본은 '국방 장비 및 기술 이전에 관한 협약'을 체결했다.[148] 이러한 협약의 배경에는 중국의 일대일로 구상에 공동으로 맞서고 있다는 실질적 명분이 있었을 뿐만 아니라 연합작전 능력을 증

---

148. Agreement between the Government of Australia and the Government of Japan concerning the Transfer of Defence Equipment and Technology, https://www.mofa.go.jp/files/000044447.pdf

강시키는 가장 효과적인 방법은 해당 국가 간 방산 협력이라고 판단했기 때문이었다. 그래서 앞으로 호주는 중국을 견제하기 위해 효과를 발휘할 수 있는 국가들과 방산 협력을 확대해 나갈 것으로 전망한다.

국내적으로 호주는 2017년 이후 과거와는 완전히 다른 국방 정책을 펼치고 있다. 그리고 그 방향이 명확하다. 2017년 해군 조함 계획, 2018년 국방 수출 전략, 2018년 국방 산업 역량 계획을 살펴보면 지난 40년 동안 진화해 온 산업자립정책에 비해 근본적으로 다른 계획이다. 특히, 국방 산업 역량 계획에는 과거에 선택적이고 좁게 초점이 맞추어진 우선순위 산업 능력(Priority Industry Capabilities)을 육성했다면, 앞으로 자주적 산업 능력 우선순위(Sovereign Industrial Capability Priorities)에 초점을 두겠다고 명시하고 있다. 이것은 1980년대와 1990년대 초에 널리 퍼진 국방 장비를 유지, 수리, 수정 및 개조할 수 있는 역량을 바탕으로 한 호주의 군사력 건설에 대한 근본적인 변화를 시사하고 있다. 자주적 산업 능력을 강조하는 이러한 방향은 향후 20년 동안 호주 방위산업의 발전을 형성하는 새로운 정책 의제를 구성할 것이다. 이와 관련해서 호주의 국방산업장관은 '2,000억 호주 달러(A$)의 자금을 투입해서 광범위하게 정의된 방위산업에서 필수적으로 가져야 하는 능력을 활용하고 유지할 것이다'라고 말하면서 과거 해외 업체에 대한 의존으로 국내에서 그 효과를 누릴 수 없었던 방위산업에서 일자리와 제조 기회의 창출을 강조했다.[149]

---

149. Defence projects and the economy. Defense Connect. (2018. 5. 14.). 인터넷 주소 : https : // s3-ap-southeast-2.amazonaws.com/ad-aspi/2019-08/SR%20144%20Defence%20 projects%20and%20the%20economy_1.pdf?ifxkCqdL8C7C86Nwa6h06gp90GgVF1HW

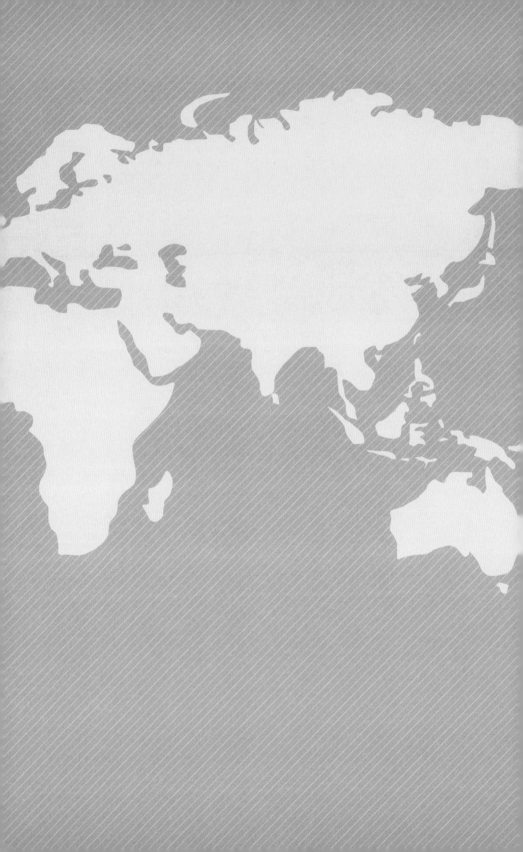

글로벌 관점의
트렌드에 주목하자

기술 혁신에 대한 관심

   2016년에 한 기업가가 "2024년 승객 100명을 태운 우주선으로 화성 관광 사업을 시작하고, 50년 안에 100만 명을 화성으로 이주시키겠다"라는 원대한 계획과 포부를 밝힌 적이 있다. 그는 스페이스엑스(SpaceX)의 CEO 엘런 머스크(Elon Musk)다. 상상만해도 흥미롭다. 인류를 우주로 이주시키겠다는 꿈을 실현시키기 위해서 우선 고려해야 할 점은 지구에서 우주로의 운송비용을 획기적으로 낮춰야 한다. 실제 머스크는 이러한 가능성을 재활용 우주선 시연을 통해 몇 차례 보여주었다. 요즘 들어 머스크가 화성으로 인류를 이주시키겠다는 생각이 허무맹랑하게만 들리지는 않는다. 그는 인류가 화성으로 이주한 이후에도 인류가 사용할 수 있는 전기에너지를 생산할 수 있는 설비가 필요할 것이라고 인식해서 2016년에는 솔라시티(SolarCity)를 인수했다. 그의 회사 테슬라(Tesla)는 화성에서 굴러다닐 수 있는 순수 전기자동차의 상업화를 이미 마쳤다. 가장 최근인 2020년 5월 31일, 인류 역사상 첫 민간 유인 우주선 '크루 드래곤(Crew Dragon)'의 발사 성공은 그의 꿈

이 더더욱 현실로 다가왔음을 보여준다. 상상이 현실이 되는 이런 모습을 보고 사람들은 머스크를 '세계 최고의 혁신가'라고 부르기도 한다.

최근 들어 '혁신'이라는 단어가 언제, 어디에서나 사용되는 범용적인 일상용어가 되었다. 한 조사에 따르면 그 정의만 하더라도 40개가 넘는다고 한다. 가장 일반적인 사전적 의미로는 '묵은 조직, 습관, 풍속 등을 바꾸거나 버리고 새롭게 한다'는 보편적이고 넓은 의미를 가지고 있다. 때로는 '방위산업의 혁신', '혁신적 국방'과 같이 적절한 접두어나 접미사를 붙이면 보다 구체적인 분야나 영역을 지칭하기도 한다.

혁신에 대한 정의는 비교적 경영학이나 비즈니스 영역에서 좀 더 구체적이다. 이 영역에서 혁신이란 시장에서 새로운 제품이나 서비스를 개발하여 해당 분야의 진보를 가져오는 것을 의미한다. 그리고 그 하위 개념인 기술혁신은 전체적인 비즈니스 모델을 아우르는 개념이기보다는 어떤 상품이나 서비스의 기술적 측면에 집중된 혁신을 말한다. 즉 기술혁신은 그 대상을 기술에 한정하는 용어로써 새로운 기술의 도입으로 기존 제품을 개량한다든지 아니면 신제품을 개발함으로써 시장에서 경쟁적 우위의 제품을 창출하는 기술적 진보를 의미하는 것이다. 기업이 시장에서 이러한 기술혁신이 필요한 이유는 해당 기업이 경쟁 상대로부터 상대적 우위에서 독점적 지위를 누릴 수 있고, 긴 수명을 보장받을 수 있기 때문이다.

역사 속에서 군사 분야의 기술혁신은 국가의 존립과도 관련이 있었다. 예를 들어, 1530년 경, 프란시스코 피사로(Francisco Pizarro)는 168명의 스페인 병사들을 투구, 갑옷, 대포, 총기로 무장시키고, 돌, 나무곤봉으로 맞선 잉카 제국 8만 명을 제압했다. 그리고 1840년에는 영국은 증기기관을 장착한 철제선으로 청(淸)나라 해안으로 쳐들어가 목제 전함들을 모조리 파괴한 사건도 있었다. 또한, 2차 세계대전 중에 미국은 단파 송수신기 개량 중 우연히 발견한 기술이었던 레이더로 나치의 U-보트와 전투기를 무력화시키기도 했다.

방산기업 관점에서도 기술혁신은 중요하다. 방산 시장에서도 기술혁신이 없는 기업은 결국 시장에서 퇴출당할 수도 있다. 대표적인 예로 이스라엘의 IMI가 있다. IMI는 첨단적이기보다는 전통적인 무기체계에 가까운 탄약류, 능동 보호 시스템 등의 생산에 중점을 둔 방산기업이었다. 주로 기존 제품이나 서비스의 업그레이드에 중점을 두었고, 오늘날 무기체계의 기술과 변화에 적응하지 못했다. IMI의 변화에 대한 부적응과 혁신다운 혁신의 부재는 새로운 혁신에 대한 투자, 해외 시장 개척 등과 같은 선순환 구조를 만들지 못했다. 결국 IMI는 파산 직전에 이르게 됐다. 앞서 이스라엘 편에서 살펴본 바와 같이 일부는 민영화로, 그리고 일부는 정부 손으로 들어가는 것으로 마무리됐다.

Part 02에서 살펴봤듯이 대부분의 방산 선진국들은 방법론적으로 차이가 존재하지만, 새로운 기술혁신을 위한 다양한 정책을 추구하고 있음을 알게 됐다. 특히 미국은 3차 상쇄전략을 통해서 다가올 미래전쟁 환경에서 잠재적인 적의 우위를 상쇄하기 위한 국방혁신계획을 가지고 있다. 앞으로 미국은 기술 기반으로 기존의 전쟁개념을 바꿔서 압도적 군사적 우위를 가져갈 것이라고 강조하고 있다. 그렇다면 여기에 대응하는 또 다른 G2 국가 중국은 어떤 혁신을 준비하고 있을까?

중국과 미국 간의 전략적 경쟁이 치열해지면서 중국은 세계적 수준의 군사력을 갖고자 노력하고 있다. 이를 달성하기 위해 중국 공산당은

2035년까지 전 세계 혁신 국가의 최상위 계층에 중국을 진출시키는 것을 목표로 하는 적극적인 기술 혁신 전략을 펼치고 있다. 건국 100주년인 2049년까지 중국은 세계에서 가장 기술적으로 선진국이 되기 위해 계획하고 있다.[150] 이를 위하여 필요한 주요 군사 능력으로는 핵심 타격이 가능한 정밀 무기체계와 ICBM, SLBM, 그리고 전략 폭격기와 같은 3대 핵전력, 항공모함을 통한 전 세계 투영능력, 우주 및 사이버 작전 능력 등이 있다. 중국은 이 같은 기술혁신을 보다 효과적으로 추진하기 위해 2016년에는 방위산업에 관한 모든 문제의 최고 의사 결정 기관 중 하나인 중앙군사위원회(Central Military Commission) 장비개발부(Equipment Development Department)를 창설했다. 이 장비개발부는 육상·해상·공중 개별 무기체계 사업도 관리하지만, 공동개발사업을 통한 융합적 혁신에 보다 중점을 두고 있다. 이와 동시에 중앙군사위원회 내에 새로운 과학기술위원회가 설립되었으며, 이는 미국 국방 분야의 혁신을 주도하는 DARPA를 모델로 한 것으로 알려져 있다. 주로 전략, 최첨단 또는 혁신적인 능력과 관련된 R&D에 중점을 두고 있으며 민간 연구원들과 더 강력하게 협력하는 것을 목표로 하고 있다. 2017년에 추정된 자료에 따르면, 명목상 중국이 2015년 장비조달에 약 500억 달러를 소비했고, R&D에 약 100억 달러를 투자했다.[151] 장비 조달의 경우, 1997년 약 31억 달러를 소비한 것에 비하면 16배 이상이 증가한 수치다. 이 정도의 장비 조달과 R&D 규모는 전 세계에서 미국 다

150. Nurkin, Tate. (2015. 7. 30.). Catching Up : China's Space Programme Marches On. Jane's Defence Weekly.

151. Bitzinger, R. (2016). Arming Asia : Technonationalism and Its Impact on Local Defense Industries. Taylor & Francis.

음으로 많은 지출이다. 앞서 언급한 주요 군사 능력과 더불어 최근 보도에서 자주 등장하는 인공 지능, 로봇 등과 같은 기술 개발은 미국의 3차 상쇄 전략에 대응한 기술 혁신을 준비 중인 것으로 보인다.

우리나라와 여건이 유사한 부분이 많지만, SIPRI TOP 100에 주요 기업들의 이름을 올리지 못하고 있는 노르웨이도 살펴보자. 노르웨이는 2017년 기준으로 무기 수입에 국방비 지출의 74%를 사용할 정도로 해외 수입에 의존했다. 연평균으로 보자면, 1995년부터 2002년까지 61%였다.[152] 이런 상황 속에서 기술 혁신이 가능할까 싶겠지만, 국내 시장에서 거의 독점권을 보유한 2개의 대기업인 Kongsberg Gruppen 과 Nammo를 중심으로 노르웨이는 세계 시장에서 비용 경쟁보다는 '고품질'과 '고성능'을 강조하는 틈새 시장을 개척하는 혁신을 추구했다. Kongsberg의 주요 사업 영역은 해양, 국방항공우주, 전자 분야다. Nammo는 로켓 엔진, 우주 응용 분야, 탄약 분야다. 이 두 기업의 기술혁신은 주로 정부 지원으로 결정됐다. 해외에 자회사 설립, M&A 등의 방법이 사용됐다. 이를 통해 해외 시장에 대한 접근성을 강화하고, 현지에서 도와줄 파트너 기업을 찾을 수 있었다. 또 새로운 혁신을 위한 자원의 접근성을 개선할 수 있었다. 이러한 혁신의 원천은 자체 기술 개발도 있겠지만, 외부와의 전략적인 파트너쉽의 체결이 주요했다고 볼 수 있다. 노르웨이는 이미 미국의 F-35 사업에 3단계 파트너로 참여하고 있다. 독일을 잠수함 조달의 전략적 파트너로 선택했다. 그리고 과거에는 절충교역을 통한 기술흡수가 정부 정책과 맞물려 체계적

---

152. Pedersen, J. O. (2018.) Forsvarsindustrien i Norge – statistikk 2017

으로 사용됐다. 2006년부터 2010년까지 연간 절충교역의 가치는 25억 NOK[153] 정도 됐다.[154]

실제, 많은 국가가 글로벌 주요 방산국이 되기 위해 노력하지만 브라질, 남아공 등과 같은 국가들은 기술혁신에 대한 추가적인 노력이 부족해서 중도에 경쟁력을 잃기도 한다. 한 학자는 이러한 현상에 대해 다음과 같이 말했다.

대부분의 개발도상국은 고급 무기 생산이 가능할 것으로 보이는 지점 근처에서 제한된 R&D와 제한된 독립 생산으로 정체 상태에 도달한다.[155]

이러한 이유로 국가들은 대부분 방산 부문의 기술 혁신을 위해 나름의 많은 자원을 사용하고 노력을 투자하지만, 결국은 성공한 일부 국가들끼리 경쟁하고 있는지도 모른다.

---

153. 화폐단위 : 노르웨이 크로네(Krone)

154. Bendiksen, S. (2018). Gjenkjøp – et bidrag til forsvarsevnen? : En analyse av gjenkjøpsordningen i forsvarssektoren (Master's thesis, Forsvarets høgskole).

155. Krause, K. (1990). The political economy of the international arms transfer system : the diffusion of military technique via arms transfers. International Journal, 45(3), 687–722.

규모의 경제도 중요하다

먼저, 규모의 경제에 대한 정의를 알아보자. 미국의 물리학자 제프리 웨스트(Geoffrey West)는 2017년 그의 저서 '스케일(Scale)'에서 재미 있는 분석 결과를 보여줬다. 기업은 말할 것도 없고 생물이나 도시 등을 관통하는 수학적 규칙성이 존재한다는 것이다. 예를 들어, 동물의 체중과 대사율은 0.75의 규칙을 따른다는 것이다. 이것의 의미는 만약 어떤 동물이 몸무게가 2배가 되면 필요한 에너지는 75%만 증가한 다는 것이다. 그래서 코끼리는 쥐보다 1만 배 무겁지만, 필요한 에너지는 1,000배밖에 되지 않는다. 즉 코끼리는 쥐보다 에너지 효율이 10배 좋은 '규모의 경제'를 달성한 것이다. 일반적으로 어떤 재화의 생산량이 증대함에 따라 그 단위당 평균비용은 어떤 생산량까지는 체감(遞減)하고 이후 체증(遞增)하는 그래프의 형태를 가진다. 이 그래프에서 체증하는 바로 전 단계의 점에 해당하는 산출량을 최소효율규모(Minimum Efficiency Scale)라고 한다. 최소효율규모가 크다는 것은 산출량이 상당히 높은 수준에 이를 때 규모의 경제 원리에 의해 대량 생산의 이익이 발생하게 된다는 것을 의미한다. 당연하겠지만, 방위산업에서도 규모의 경제효과가 존재하게 되는데, 이 효과는 무기체계의 연구개발과 생산 단가를 낮추는 효과뿐만 아니라 무기체계의 생산기간을 연장시켜 생산 능력을 보존하게 만드는 주된 요소로 작용하게 한다.[156]

과거 많은 무기체계 개발사례에서 규모의 경제효과를 보지 못하면 단위 무기체계의 단가 상승이라는 악순환을 경험해왔다. 규모의 경제 효과가 미미해서 초래된 단가 상승은 새로운 무기체계의 개발 기회를 줄이고 생산량도 적어지며 기업을 위기에 빠뜨리기도 한다. 다른 대체 제가 없는 경우, 사용자인 군에게도 영향을 미쳐 군대의 규모도 작아 지게 만드는 결과를 초래한다. 이런 현상은 방산 선진국보다는 아직 방 산에 대한 경험의 축적이 부족한 국가들에서 주로 나타나는 현상으로 보인다. 예를 들어, 남아공에는 국영기업인 Denel SOC Ltd 항공우주 회사가 있다. 1984년 정부 주도로 Rooivalk라는 혁신적인 공격용 헬 리콥터를 개발하기로 하고 정부는 이 회사에 대규모 투자했다. 그러나 1988년 앙골라 전쟁이 끝나고 국방 예산이 삭감됨에 따라 최초 정부에 서 구매 예정이었던 36대가 12대로 수요가 줄어들었다. 이로 인해 규 모의 경제효과에 따라 총 사업비는 감소했지만 단가는 상승했다. 1990 년에 처녀비행을 했고, 1998년에 남아공 공군으로 전력화를 시작했을 때는 이미 구식의 항공 전자 시스템을 가진 헬리콥터였다. 이후 규모의 경제를 실현하기 위해 수출을 시도했지만, 가격은 너무 비쌌고 혁신적

---

156. Ross, A. L. (1989). Full circle : conventional proliferation, the international arms trade, and third world arms exports. Kwang-il Baek, Ronald. D. McLaurin, and Chung-in Moon, eds., The Dilemma of Third World Defense Industries (Boulder, CO : Westview Press 1989).

이지도 않았다. Denel SOC Ltd로부터 장기적인 군수지원도 불확실해서 결국 완전히 실패했다.

그리스에도 이와 유사한 사례가 있다. 1980년대 초, 그리스는 무기 체계를 국내에서 설계하고 생산하려는 시도가 있었다. 대표적 예는 Hellenic Arms Industry가 제작한 Artemis – 30 대공포인데, 당시 동급 무기체계에 비해 발사속도, 사거리 등에서 앞선 정교한 무기 시스템 개발을 목표로 R&D 비용을 대규모로 투입했다. 하지만 그리스의 심각한 경제 상태와 맞물려 소수의 수량만 높은 단가에 생산되고 역사 속으로 이 대공포는 사라졌다. 이러한 실패가 반복된다면 미래의 국방력 건설에 영향을 줄 수 있다. 그리스의 경우는 국방비가 크지 않고 자체 R&D에서 규모의 경제의 실현이 불가능할 가능성이 높기 때문에 유럽 방위산업에 보다 적극적으로 통합을 추구, 즉 국제 협력 무기 생산 프로젝트에 참여하는 것 외에 대안이 없어 보인다. 유럽에서는 유럽 방위 기금(European Defense Fund)의 설립을 통해 유럽 방산업체의 공동 R&D 프로그램에 자금을 조달할 수 있는 기회를 제공한다. 이용 가능한 자금은 2020년 이후에 매년 55억 유로에 도달할 것으로 예상된다. 그리스의 소규모 방산 시장을 고려한다면, 진화하는 유럽 국방 산업 기반의 분업 시스템 속에 참여함으로써 규모의 경제를 실현할 수 있다. 예를 들어 합작 투자나 대규모 R&D에서 하청 업체로 참여한다면 기술의 확산 측면에서 국가 경제에 도움이 될 가능성이 있다.

혁신과 '규모의 경제' 두 마리 토끼를 잡았다

방산에 대한 경험이 부족한 국가와는 달리 방산 선진국에서는 '국제적인 협력 시스템의 구축'으로 혁신과 규모의 경제 두 마리 토끼를 잡는다. 여기에 가장 적합한 예가 바로 F-35 Joint Strike Fighter 개발 사업이다. 미국의 록히드 마틴이 주도한 이 사업은 전례 없는 규모의 다국적 협업 사업이다.[157] 영국은 1995년에 JAST(Joint Advanced Strike Technology) 및 JSF(Joint Strike Fighter)의 창립 멤버로 합류해서 F-35 프로그램의 유일한 1단계 파트너가 됐다. 이탈리아와 네덜란드는 2단계 파트너이고, 3단계는 덴마크, 노르웨이, 캐나다, 호주 및 터키가 참여하고 있다. 싱가포르, 이스라엘은 보안 분야 협력 파트너로 활동 중이다. 그러나 2019년 7월 터키는 러시아로부터 S-400 미사일 시스템 도입과 관련된 보안 문제로 이 사업에서 제외되었다. 정리하면 [표 3-1]과 같다. 총 수명주기 유지를 위한 ALGS(Autonomic Logistic Global Sustainment) 공급망 체계는 F-35 플랫폼을 배치한 국가 간에 부품을 상호 공급하기 위해서다. 미국 정부와 주요 계약자인 록히드 마틴의 단일 지시에 따라야 한다. 참여국가마다 단계가 차이 나는 것은 군사 및 전략적 고려 사항과 더불어 산업적 특성과 비용 부담과 관련이 있다. 그리고 그 단계에 따라 해당 국가에 소속된 기업이 입찰 할 수 있는 기술 이전 및 하청, 국가가 생산 항공기를 얻을 수 있는 순서가 달라

---

157. von Hlatky, S., & Rice, J. (2018). Striking a deal on the F-35 : Multinational politics and US defence acquisition. Defence Studies, 18(1). 19-38.

진다.[158] 총 주문 물량은 영국이 138대, 미국이 2,443대 등 주요 협력국은 2035년까지 3,100대 이상의 F-35를 인수할 것으로 추정된다. 이렇게 국제적인 협력 시스템에 의해 개발되고 공급되는 F-35는 규모의 경제효과에 따라 판매 단가에서 엄청난 국제적인 경쟁 우위를 가진다. F-35가 처음 양산에 들어갔을 때 엔진을 제외한 기체 가격이 2억 2천만 달러에 달했지만, 지금은 8천만 달러 아래로 하락했다.

[표 3-1] F-35 국제 공동 개발 사업의 각 단계별 참여국

사업 참여 단계	파트너 국
1 단계	영국
2 단계	이탈리아, 네덜란드
3 단계	덴마크, 노르웨이, 캐나다, 호주
보안 분야 협력	싱가포르, 이스라엘

무기체계 개발과 규모의 경제를 연결한 유사한 사례는 스웨덴의 Saab에서도 찾아볼 수 있다. Gripen NG(Gripen E/F 버전)은 첫 해외 구매자기도 한 브라질과 공동으로 개발 중이며, 이미 브라질은 36대의 항공기를 주문했다. 브라질의 우주항공 회사인 Embraer가 Saab와 협력 중이며, E/F버전은 장거리, 강력한 엔진, 확장된 동체 및 더 무거운 탑재량의 능력을 갖춘 거의 새로운 항공기다. E/F 버전 전투기는 과거 A/B, C/D 버전의 운용 경험으로부터 진화되어온 모델이며, 각각 1996년과 2004년에 운용을 시작했다. 참고로 스웨덴 공군은 현재 두

---

158. Marrone, A. (2013). Italy and the F-35 : Rationales and costs. International Journal, 68(1), 31-48.

번째 버전인 C/D를 운용하고 있다. C/D 버전은 영국, 남아프리카, 태국에 수출됐으며, 헝가리와 체코에 리스(Lease)됨으로써 규모의 경제를 실현했다. E/F 버전은 현재 캐나다, 핀란드, 인도, 스위스 등과 수출에 대해 논의 중으로 규모의 경제효과를 더 확장하고 있다.

또 다른 예는 세계적인 대형 항공 기업인 보잉과 에어버스가 제작한 민수 항공기 시장에서도 찾아볼 수 있다. 보잉 787 드림라이너(Dreamliner)는 중형 쌍발 여객기로 이를 제작하는데 일본 기업 미쓰비시(Mistubishi), 후지(Fuji), 카와사키(Kawasaki)와 함께 날개 – 동체 인터페이스(Wings – fuselage Interface)를 설계하는데 비용과 위험을 분담했다. 지금까지 글로벌 시장에 800대 이상을 판매한 실적을 가지고 있다. 그리고 에어버스의 경우에도 국제협력을 통해 차세대 대형 여객기 A350 XWB를 개발했고, 프랑스, 영국, 스페인, 미국, 한국이 이 사업에 참여했다. 한국의 한국항공우주산업(Korea Aerospace Industries)은 2010년부터 10년 동안 A350 XWB의 주날개 골조(Wing Rib) 800대 물량을 생산하는데 참여한 실적이 있으며, A350 XWB는 세계 여러 나라로 수출되어 사용 중이다. 보잉과 에어버스의 이 같은 전략은 일본, 한국 등 아시아 시장 확보와 주요 경쟁국 시장에 대한 미래 판매까지 염두에 둔, 즉 규모의 경제 실현을 위한 발판 전략이다.

국제 협력 성공할까? 실패할까?

역사 속에서 규모의 경제를 실현하기 위한 대규모 국가 간 협력은 많은 선례를 남겼다. 이 속에서는 성공도 있었지만, 잘못된 협력의 결과는 실패로 이어지기도 했다. 과거 국가 간 협력 프로젝트는 유럽에서 해상 및 육상 무기체계보다 상대적으로 우주항공 분야에서 많았다. 기술 수준과 사업이 복잡해짐에 따라 많은 국가나 기업이 협업하는 형태로 발전했다. 그 속에는 성공하는 경우도 있었지만, 실패하는 사례도 많이 있으니 주의가 필요하다. 과거 주요 협력 프로그램 중 아쉬웠던 것들을 살펴보면서 그 교훈에 대해서도 생각해보자.

초창기 유럽의 항공분야 협력은 1950년대 프랑스 Bréguet 1150 Atlantic 해양 순찰기였지만, 본격적인 유럽에서의 국제 협력은 영국과 프랑스가 공동 개발한 콩코드(Concorde) 초음속 여객기 프로그램이었다. 이 프로그램은 민간 항공 우주 프로젝트였지만, 1962년 프랑스와 영국 간 두 회사, 즉 Sud Aviation와 BAC(British Aircraft Corporation) 간의 상업적 계약이 아닌 정부 간 국제 조약이 사용된 점은 군사 계약과 흡사한 형태였다. 국제 조약으로 이 계약이 성립되었다는 것은 정부가 재정을 지원하는 것뿐만 아니라 비용, 위험 및 판매 수익을 공유함을 의미했다. 그리고 한 국가가 계약을 철회하는 경우에 대비해서 취소에 대한 과태료에 관한 명확한 규칙도 조약에 명시됐다. 콩코드의 디자인은 Sud Aviation과 BAC, 개발과 생산은 프랑스의 SNECMA, 엔진은 영국의 Bristol Siddeley에서 제작하기로 임무를 분담했다. 프로그램을 위한 합작회사의 설립은 없었고, 대신 양국의 상임위원회가 프로젝트 진행을 감독하고 정부에 진행상황을 보고했으며 필요한 조치들을 취했다. 그러나 1962년 11월 영국과 프랑스 조약 체결 이후, 1969년 3월 첫 비행, 1976년 1월 상용화 개시, 2003년 10월 서비스 철수까지 상당한 문제가 있었다. 총 20대의 항공기가 제작됐으며, 비용 상승, 사업 지연 등으로 인해 사업에 많은 어려움을 겪었다. 심지어 1964년에는 영국이 이 프로젝트에서 철수하려고 했던 위기를 겪기도 했다. 결과적으로 사업을 무사히 마무리는 했다. 이 대형 국제 프로그램은 다른 언어와 문화에 있는 국가와 협력하는 것이 매우 어렵다는 교훈을 남겼다.

우리나라에도 많이 알려진 유럽의 대표 전투기 Eurofighter Typhoon도 국제 협력에 있어서 어려움이 많았다. 1986년 Eurofighter 회사 설립부터, 2003년 첫 전력화까지의 기간은 대략 17년이 소요된 대형 프로그램이었다. 주된 사업 지연의 원인은 냉전 종식 이후 새로운 전략적 환경과 참여국가의 예산 문제, 기술적 문제 등이 있었다. 그러나 가장 중요한 사업 지연의 원인은 사업 참여 4개국, 즉 이탈리아, 영국, 스페인, 독일 간 의사소통 문제였다. 이 사례에서 핵심적인 교훈은 협력에 참여하는 국가가 많을수록 거래 비용이 증가한다는 것이다. 특히, 이전에 이러한 대형 프로그램에 대한 참여 경험이 없는 국가가 많아질수록 의사소통 문제는 더더욱 심각해진다. Eurofighter는 1986년 6월 Typhoon의 개발 및 생산을 관리하기 위해 이탈리아 Alenia, 영국의 BAe, 스페인의 CASA 및 독일의 DASA의 공동 소유로 설립되었다. 1992년 냉전 종식 후 독일의 비용 절감에 대한 요구와 프로그램 참여 여부에 대한 재고로 인해 3년 지연된 '유로파이터2000'으로 프로그램을 다시 시작하게 되었지만, 이후 비행 제어 시스템의 기술적 문제로 인해 추가 지연이 발생했다. 최초 참여국가의 수요는 765대였지만, 나중에 620대의 항공기로 수요가 축소된 후, 또 472대로 수요가 추가 축소됐다. 2018년까지 프로그램 참여국가의 주문 472대와 수출 151대를 합쳐서 총 623대의 항공기가 제작됐다. 이 결과는 최초 계획했던 규모의 경제효과를 누리지 못했다고 평가할 수 있다.

참여국가가 많아질수록 많은 문제가 발했던 예에는 Airbus A400M Atlas도 있다. 이 사업은 1982년에 미국의 록히드가 C-130 Hercules과 Transall C-160을 대체하기 위해 FIMA(Future International Military Airlifter Group)를 설립하면서 시작했다. 1989년에 록히드는 이 그룹에서 물러났으며, 1991년에 프랑스의 Aerospatiale, 이탈리아의 Alenia, 영국의 British Aerospace, 스페인의 CASA 및 독일의 DASA로 구성된 EFLA(European Future Large Aircraft) 그룹이 다시 만들어졌다. 이후, 벨기에, 터키도 이 사업에 합류했다. 1995년 새로 설립된 Airbus Military는 EFLA에 대한 책임을 획득하고, 1999년에는 벨기에, 프랑스, 독일, 이탈리아, 스페인, 터키 및 영국의 승인을 받은 A400M 디자인을 제공했다. 프로그램이 진행되면서 이탈리아가 중간에 철수했고, 독일과 영국의 주문이 줄어드는 등 2010년 에어버스와의 최종 합의된 계약은 총 170대로 계획대비 실망스러운 수준이었다. 이 사업을 진행하는 동안 많은 문제, 즉 비용 초과, 주요 기술 문제, 사업 지연 및 Airbus의 내부 구조조정 등에 직면하기도 했다. 2008년 예정된 첫 비행이 2009년 12월로 연기됐고, 계획된 첫 인도가 2009년에서 2013년으로 지연됐다. 기술적인 문제로는 소프트웨어, 엔진 및 프로펠러 기어 박스 등에서 심각한 문제가 발생했다. 2009년 테스트 중 항공기 손실로 에어버스는 프로그램 취소까지 검토한 위기를 겪기도 했다.

보기 드문 사례지만, 국제 협력은 조선 분야에서도 나타난다. 대표적인 사례가 Horizon급 호위함이다. 이 사업의 전신은 1990년대 NATO 호위함 교체사업으로 불리는 NFR-90 프로그램이었다. 이 프로그램에서 미국과 영국이 사업 포기를 선언함에 따라 1992년 Horizon급 호위함으로 이어지게 됐다. 이 사업은 프랑스, 이탈리아, 영국 간의 협력으로 미사일 발사 시스템을 갖춘 공동의 표준 호위함을 제작하는 것이 목표였다. 그러나 처음부터 사업이 순탄하지 않았다. 1999년에 영국은 요구 사항, 작업 점유율, 사업 지연 및 비용 상승에 따른 문제를 언급하면서 이 프로그램에서 탈퇴했다. 이후 영국은 새로운 함정 현대화 프로그램이었던 Type 45 구축함 프로그램을 시작했다. 프랑스와 이탈리아의 DCN과 Orizzonte은 Horizon급 호위함 프로그램를 계속 수행했지만, 양국에서 구입한 총 4대의 생산이 전부였다. 즉, 규모의 경제효과는 한참 미치지 못했다고 평가할 수 있다.

국제 협력 프로그램에서 운이 잘 따라주는 경우도 있다. 재규어(Jaguar) 전투기의 예를 살펴보자. 이는 영국과 프랑스 간의 민간이 아닌 군용 항공기 개발 프로그램이었다. 1965년, 두 정부는 초음속 전투기와 훈련기의 두 가지 유형의 항공기 개발을 위한 양해각서에 서명했다. 두 정부는 사업 관리위원회와 SEPECAT라는 합작회사를 설립하고 정부와 산업관점에서 이 프로젝트를 관리했다. 기체의 개발 및 생산을 위해 영국의 BAC와 프랑스의 Breguet가 참여를 했고, 작업 분담은

Breguet가 후면 동체와 날개를, 그리고 BAC가 전방 및 중앙 동체를 제작했다. 엔진 개발을 위해 영국 Rolls - Royce와 프랑스 Turbomeca 간에 별도의 산업 파트너쉽도 있었다. 이 사업은 콩코드와 같이 복잡한 문제는 발생하지 않았다. 운이 좋게도 원래 계획했던 훈련기가 아닌 공격기가 탄생했다. 재규어는 국제사회에서 많은 인기를 끌어 상당한 수출 성과를 올리면서 규모의 경제효과를 이룬 성공한 사례가 됐다.

파나비아 토네이도(Panavia Tornado) 전투기 개발도 국제 협력이 성공해서 규모의 경제효과를 누린 사례다. 이 전투기는 1969년 3월 독일, 이탈리아, 영국이 전천후 다기능 전투기의 설계, 개발 및 생산을 위한 프로그램에서 탄생했다. 본 사업에는 영국의 British Aerospace, 독일의 MBB(Messerschmitt - Bölkow - Blohm) 및 이탈리아의 Aeritalia가 참여했다. 그리고 제트 엔진을 개발 및 제조하기 위해 Turbo Union으로 알려진 합작회사가 설립됐으며, 영국의 Rolls - Royce, 독일의 MTU 및 이탈리아의 FiatAvio가 이 합작회사를 공동 소유했다. 이 항공기는 1980년 7월에 첫 전력화가 됐다. 사우디로 120대 수출을 포함해서 약 1,000대의 항공기가 제작돼 지금도 운용 중일 정도로 인기가 있었던 모델이다.

성공적인 협력은 사업 이후에 M&A로 이어지기도 한다. 1980년 6월 영국의 Westland Helicopters와 이탈리아의 Augusta는 양국 해군이 사용할 새로운 대잠수함 헬리콥터의 공동 개발, 생산 및 마케팅을 수행하기 위해 합작회사인 EHI(EH industries)를 설립했다. EH101로 알려진 이 헬리콥터는 해군용, 상업용 운송 및 유틸리티의 세 가지 버전으로 최종 개발되었고, 이 두 회사는 EHI 지분을 50%씩 각각 가지고 있었다. 전체적으로 성공적이었던 이 프로그램이 끝나고 1994년 Westland는 GKN에 인수됐고, 2004년에는 현재 이탈리아의 주요 방산기업 Leonardo의 전신인 Agusta는 Westland를 인수했다.

수출로 규모의 경제를 실현한다

F-35 사업과 같이 국제 협력을 통한 개발과 동시에 협력국들의 수요로 규모의 경제효과를 실현하는 경우도 있다. 하지만 노르웨이처럼 자체적으로 핵심 기술이나 서비스를 혁신하고 해외 시장을 개척하는, 즉 방산 수출로 규모의 경제효과를 실현하는 경우도 있다. 국내수요에서 달성할 수 없는 수요를 해외 시장에서 달성함으로써, 자국 방위산업의 경제적 이익뿐만 아니라 규모의 경제효과도 누리는 것이다. 이에 따른 단위 장비의 가격 하락으로 자국의 전투력 증강에도 직접적인 도움을 준다. 노르웨이는 앞서 설명했듯이 무기체계 수입이 많은 국가이기 때문에 국방 예산이 제한적이다. 이러한 한계를 극복하기 위해 노르웨이 방위산업은 수출을 통한 규모의 경제효과를 누림으로써, 방산업체의 이익뿐만 아니라 생산 능력을 유지하고, 수요 변동에 대비하며, 기술 역량을 유지해왔다.[159] 2018년 노르웨이 방위산업 전체 매출은 2016년과 비교했을 때 5% 증가한 것으로 나타났으며, 44%

---

159. Ali, S., Skogstad Arne, K., Åge, S., Warberg, E. N., & Willassen, E. (2007). Næringspolitiske aspekter ved forsvarets anskaffelser. Forsvarets forskningsinstitutt, Kjeller, FFI-rapport, 915, 2007.

가 수출이었다.[160] 노르웨이의 방산 수출 비율로 글로벌 시장에서 경쟁력을 유추할 수 있으며, 내수 시장이 작은 국가가 수출로 규모의 경제를 실현한다는 측면에서 이스라엘과 유사한 산업구조를 가지고 있다. 2000년대 이후 노르웨이의 미사일 방어시스템인 NASAMS와 무인체계인 Protector RWS는 미국 시장으로의 수출을 통해 규모의 경제효과를 제대로 이루었던 사례다. 이 성공은 Kongsberg Defence and Aerospace의 생산 능력을 모두 흡수할 정도였다.[161] 이후 NASAMS는 NASAMS-2로 업그레이드됐으며, 이것은 핀란드, 네델란드, 스페인, 오만, 칠레 등으로 수출됐고, 2017년 10월에 리투아니아(Lithuania)는 NASAMS 체계를 구매할 것이라고 발표하기도 했다. 노르웨이의 방위산업을 요약하자면, 첨단 무기는 수입에 의존하고, 동시에 틈새 시장을 노린 기술 분야에서 우위를 점함으로써 방산 수출을 통한 규모의 경제효과를 누린다고 할 수 있다.

규모의 경제 실현을 위한 수출을 염두에 두고 선진국들은 더 공격적으로 국제생산기지 확보 전략을 구사하기도 한다. 미국 및 유럽의 주요 방산업체인 보잉과 에어버스는 해외로 외국인 직접 투자를 확대해서 전 세계에 걸쳐 다양한 지리적 위치에서 생산할 수 있는 기회를 가지려고 한다. 이를 구현하는 이유는 크게 2가지로 요약된다. 첫째는 항공기 생산에 있어 좋은 부품이나 노동력 공급자를 찾아 효율성을 증대시키는 것이고, 둘째는 미래 구매국을 염두에 두고 투자를 하는 것이다. 생

160. Pedersen, J. O. (2018). Forsvarsindustrien i Norge – statistikk 2017

161. Castellacci, F., & Fevolden, A. (2015). Innovation and Liberalization in the European Defence Sector : A Small Country Perspective. Edward Elgar Publishing.

산기지가 건설되는 국가 입장에서는 자국의 방위산업발전과 일자리 창출 등 경제적 이익이 직접적으로 와 닿기 때문에 마다할 이유는 없다. 2006년에 에어버스는 중국의 톈진(天津)을 국제생산기지로 선정했고, 낮은 임금과 향후 2023년까지 중국이 새로운 항공기를 주문할 것을 기대하고 있다. 이렇게 에어버스가 공격적인 국제생산기지를 확보하는 이유는 미국의 보잉과의 경쟁에서 중국이라는 거대한 시장은 놓칠 수 없는 매력적인 곳이기 때문이다.

정부의 개입과 방산 수출

일부 연구에서 적극적인 공공 정책을 통한 정부의 시장 개입은 기업의 방산 수출 성과를 향상시킨다고 주장한다.[162] 이 주장은 옳은 말이지만 이것이 방산 수출에 전부는 아니다. 왜냐하면 정부의 수출 촉진을 위한 노력은 중요하고 긍정적인 효과를 주는 것은 분명하지만, 기업의 혁신, 생산성 향상, 마케팅 등과 같이 다른 중요한 요인도 있기 때문이다.[163][164] 정리하자면, 방산 수출을 높이기 위해서는 정부의 공공 정책도 중요하지만, 기업의 기업 경쟁력 향상 부분에 대한 것도 놓쳐서는 안된다.

162. Castellacci, F., & Fevolden, A. (2012). Capable companies or changing markets. Explaining the export performance of firms in the defence industry, 20.

163. Duch-Brown, N., Fonfría, A., & Trujillo-Baute, E. (2014). Market structure and technical efficiency of Spanish defense contractors. Defence and Peace Economics, 25(1), 23–38.

164. Barnea, A. (2014). Competitive intelligence in the defense industry : A perspective from Israel - A case study analysis. Journal of Intelligence Studies in Business, 4(3), 91–111.

이스라엘은 방산 수출에 군을 포함한 정부가 적극적으로 개입한다. 정부를 중심으로 산·학·연의 긴밀한 관계는 이스라엘 군의 특정 요구에 맞춘 고품질의, 그리고 효과적인 무기체계개발을 촉진했으며, 아울러 무기체계의 성공적인 수출을 위한 보증을 제공해 주었다. 한 연구에 따르면, 이스라엘의 방위산업 환경은 3가지 측면에서 특별하다.[165] 첫째, 이스라엘 무기체계 개발은 미래에 반드시 이스라엘 군에 의해 사용되지 않더라도 군과 협력하여 개발된다. 이점은 방산 수출에 있어 다른 국가가 바라보는 보증서와 같은 역할을 한다. 둘째, 대부분의 이스라엘 사람들은 병역 의무 등을 통한 군사적 배경을 가지고 있으며, 이 사람들이 일하는 첨단 공학과 관련된 연구소나 학교는 방산기업들과 매우 가까운 관계를 형성하고 있다. 마지막으로, 정부의 국방에 대한 헌신적인 인적 자본의 양산은 소규모 국가에서 매우 정교하고 진보된 군사 능력을 개발하는 최적의 환경을 제공해주었다.[166] 이러한 방산과 관련된 환경은 우리나라와 공통점과 차이점이 있음을 주목해야 하며, 그 차이점은 우리나라의 방위산업 환경을 개선하여 수출 강국으로 도약하는 키(Key)의 역할을 할 수 있다.

그리고 같은 정부 정책 속에 있더라도 방산업체의 노력에 따라 수출과 같은 외부적 성과가 달라질 수 있음을 이스라엘 3개의 주요 기업 사례를 통해 살펴보자. 이스라엘의 방위산업은 내수 시장이 작기 때문에 무기체계 생산량의 70~80%를 수출에 의존한다. 수출에 의존하는 방

---

165. Kagan, K., Setter, O., Shefi, Y., & Tishler, A. (2009). Defence structure, procurement and industry. Defence Procurement and Industry Policy : A small country perspective, 228.

166. Setter, O., & Tishler, A. (2006). A brave leap or a gradual climb? The dynamics of investment in R&D of integrative technologies. Defence and Peace Economics, 17(3), 201-222.

위산업 발전형태는 이스라엘을 비롯한 노르웨이, 싱가포르 등의 국가들이 가지는 특징으로 규모의 경제가 존재하지 않는 작은 나라에서 틈새 시장을 노린 무기체계 개발 전략의 결과다. [자료 3-1]은 이스라엘의 Elbit Systems, Rafael, 그리고 IAI의 2010~2018년 총 매출에서 차지하는 영업 이익, 마케팅 및 판매 비용, R&D 투입에 대한 비율을 보여준다. 이 데이터에서 민간기업인 Elbit Systems가 영업 이익율이 높고, R&D와 마케팅과 판매를 위한 비용을 정부 소유인 Rafael과 AIA보다 더 많은 비율을 지출한다는 것을 알 수 있다. Elbit Systems의 이 비율은 선진국의 방산 대기업들과 유사한 수준이다. 참고로, 영국의 BAE Systems는 2017년에 매출 대비 R&D 활동에 7.4%를 사용했다. 이를 통해 알 수 있는 사실은 정부의 지원이 유사하다고 볼 때, 기업 경쟁력과 관련된 마케팅 및 판매 비용, R&D 투입에 많은 자원을 할당하는 Elbit Systems는 Rafael과 AIA보다 영업 이익에서 더 많은 성과를 낸다는 것이다. 여기서 영업 이익의 많은 부분은 방산 수출과 관련이 있다. 실제, Elbit Systems는 다른 두 기업보다 더 공격적이고 광범위한 고객을 대상으로 영업한다. 이를 다른 각도에서 해석하자면, 민간 소유의 방산 회사가 정부 소유의 방산 회사들보다 소비자가 선호하는 상품과 서비스를 생산하는데 더 큰 동기를 가지고 있고 이익 또는 시장 가치를 극대화하려고 한다고도 볼 수 있다.[167] 그리고 한 가지 더 주목해야 하는 사실은, 정부 소유 기업인 Rafael은 Elbit Systems

---

167. Collins-Camargo, C., McBeath, B., & Ensign, K. (2011). Privatization and performance-based contracting in child welfare : Recent trends and implications for social service administrators. Administration in Social Work, 35(5), 494-516.

과 R&D 지출 측면에서 비슷한 비율을 사용한다. 이는 앞에서 살펴본 바와 같이 Rafael의 원래 태생이 연구개발 기관이었기 때문에 지금까지 이러한 명맥을 유지하고 있기 때문이라고 보여진다. 정리하자면, 이스라엘의 Elbit Systems과 그 비교군인 Rafael 및 IAI의 사례로 볼 때, 같은 정부 정책의 영향권 속에 있더라도 기업의 노력에 따라 방산 수출을 포함한 그 성과가 달라진다.

[자료 3-1] 이스라엘의 주요 3사의 총 매출 대비 재무 실적 비율

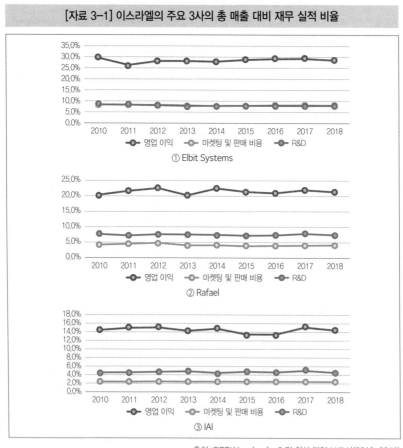

출처 : SIPRI Year books & 각 회사 기업 보고서(2010~2018)

민·군 협력으로 규모의 경제 실현

민간의 혁신을 군으로 통합을 통해 규모의 경제를 형성하는 경우도 있다. 앞서 살펴본 바와 같이 독일은 국가 경제규모에 비해 국방에 할당하는 자원이 적다. 자연스럽게 국방 R&D에 투자되는 예산도 적을 수밖에 없는 상황이다. 이러한 상황을 해결하기 위해 국방은 민간의 우수한 기술을 받아들인다.[168] 특히 전차나 군용 차량의 경쟁 우위는 대규모 민간 R&D 비용과 민간 차량 산업의 높은 엔지니어링 품질에서 비롯된다. 실제 군에서 사용하는 차량의 브랜드가 독일의 유명 자동차 회사의 브랜드는 아니지만, 엔진과 부품은 많은 기술이 공유된다. 조선 및 차량의 경우 한 기업 내부에서 민간 기술의 이전을 통해 국방 분야 혁신으로 발전하는 경우가 많았고, 항공 우주 분야에서는 산업 부문에서 통합되는 것이 특징이다. 독일은 외형적으로 국방 R&D에 투자하는 자금이 적은 것으로 알려져 있지만, 실제로는 민간과 군의 공용 기술 분야에는 민간의 우수한 기술을 받아들이고, 그렇지 않은 부분, 즉 첨단 기술력이 필요한 부분에 대해서는 국방 R&D 자금을 집중한다.[169]

중국의 경우도 민·군 공통 기술을 통해 비용 효율적으로 최첨단 기술군을 건설하기 위해 노력하고 있다. 우선 이해해야 할 점은 중국의 경우 보안에 대해 아주 민감하게 반응하기 때문에 조달 규정에서 비정부 기업에서 민감한 장비의 취득을 금지하고 있다. 매우 중요한 장비

168. Creswell, M. H., & Kollmer, D. H. (2013). Power, Preferences, or Ideas? Explaining West Germany's Armaments Strategy, 1955–1972. Journal of Cold War Studies, 15(4), 55–103.

169. Heidenkamp, H. (2014). Deutsche Rüstungspolitik : ein Politikfeld unter Handlungsdruck. Verlag Barbara Budrich.

의 국내획득이 불가한 경우, 화웨이나 ZTE와 같은 반정부기업에만 예외를 둔다. 일반적으로 민간기업은 직접적인 무기 획득 사업에 대한 접근은 제한적이지만, 국유기업의 하청 업체로서 종종 관여한다. 이러한 분위기를 전환하기 위해 2008년 산업·정보기술부는 '국가 소유 기업의 방위산업 개발에 대한 참여 지침'을 통해 민간기업의 참여를 유도하려고 하고 있다.[170] 최근에는 AI, 로봇, 무인 시스템, 우주 등과 같은 최첨단 분야에서 민·군 기술을 활용하는 데 많은 노력을 기울이고 있다. Alibaba, Baidu, iFlytek 등과 같은 AI 개발에 종사하는 민간기업들은 딥 러닝(Deep Learning) 기술 및 응용 사업을 위한 국가 공학 연구소, 국가 인지 지능 연구소 등의 설립으로 민·군 기술개발에 집중하는 모습이다.[171] 이러한 노력이 현실화된 예는 2016년 중국의 조선 대기업 CSSC가 남중국해에 대잠전(Anti-submarine Warfare) 목적으로 구축한 수중 감시 네트워크였다. 이 시스템은 반자율 로봇차량, 무인 자율 감시 시스템 등이 수중 3,000m에 설치된 수동 센서들과 함께 운용 및 작동된다. 그리고 2018년에는 '912 프로젝트'를 통해 새로운 세대 군용 수중 로봇 개발을 통해 정찰, 어뢰 배치, 적 선박에 대한 자살 공격까지 광범위한 임무를 수행하기 위해 세계 해양을 정찰할 수 있다고 했다.[172] 이러한 민·군 기술 통합의 역사는 1990년대 중반에 정부와 공

170. Robertshaw, S. (2014). Shooting Star. China's Military Machine in the 21st Century.

171. Kania, E. (2018. 6. 28.) Technological entanglement : cooperation, competition and the dual-use dilemma in artificial intelligence. International Cyber Policy Centre. 인터넷 주소 : https://apo.org.au/node/180151

172. Robertshaw, S. (2014). Shooting Star. China's Military Machine in the 21st Century. 인터넷 주소 : https://www.defenseone.com/technology/2018/07/chinas-robot-subs-will-lean-heavily-ai-report/149959/

산당 지도자 장쩌민(江澤民)으로부터 제안됐지만, 적극적으로 2000년 이후부터 추진됐다. 정부가 이를 가장 구체화한 것은 13차 5개년 계획 (2016~2020)의 주요 목표 중 하나로 제시하면서부터다. 과거에는 명시되지 않았지만 유사한 내용이 2000년 이후 5개년 계획에 계속 사용됐다. 민·군 R&D를 감독하는 사업이었던 '836 계화(计划)' 또는 '국가고기술발전계화연구(国家高技术发展计划研究)'를 통해 우주, 정보 기술 등과 같은 최첨단 분야에서 100가지 중요한 기술 혁신을 달성했다는 기록이 있다.[173]

173. Cheung, T. M. (2013). Fortifying China : the struggle to build a modern defense economy. Cornell University Press.

기업은 진화한다

전문화와 집중화, 그리고 기업들의 공룡화

Part 02 미국의 방위산업에서 살펴봤듯이, 미국의 방산기업들은 1990년대 초 '마지막 만찬'을 계기로 구조조정을 통해 효율성 개선으로 그들의 수익을 높이려 했다. 많은 전문가들은 구조조정의 방향이 그들의 비즈니스 포트폴리오에 더 많은 상업 비즈니스를 포함하고, 방위산업 기반이 일반 산업 기반에 더 통합될 것이라고 예측했다. 예를 들어, 록히드 마틴은 2010년 국방 매출이 전체 매출에서 25% 정도라고 봤다.[174] 그러나 록히드 마틴의 국방 매출액은 1998년 64%에서 2010년 93%로 증가하며, 국방에 대한 집중도가 더욱 심화됐다.[175] 이러한 현상는 록히드 마틴이 경쟁력을 유지하고 생존하기 위해 비즈니스 규모를

174. Wayne, L. (1998), The Shrinking Military Complex; After the Cold War, the Pentagon Is Just Another Customer, The New York Times.

175. DefenseNews Top 100, 2019. 인터넷 주소 : https://people.defensenews.com/top-100/

늘려야 했기 때문이다.

유럽의 주요 방산기업들은 1990년대 초 미국의 이러한 기업 통합 흐름에 대응하지 못하고 글로벌 방산 시장에서 경쟁력이 떨어졌음을 깨달은 후 1990년대 후반이 되어서야 미국과 같은 길을 걷게 되었다. 유럽에서 구조조정이 시작되기 전의 방위산업의 모습은 고가의 R&D 프로그램에 비해 너무 많은 유형의 기업들과 장비 수로 인해 규모의 경제가 달성되지 못하는 상태였다.[176] 이러한 상황에서 2000년도에 EADS 설립은 유럽의 항공 산업의 통합을 의미했다. 프랑스의 Aerospatiale 및 Matra, 독일의 DASA, 스페인의 CASA가 통합된 결과였다. 헬리콥터 부문에서는 프랑스의 Aerospatiale와 독일의 DASA가 그들의 헬리콥터 부문을 합쳐 1992년에 NH90 헬리콥터를 포함한 군용 및 민간 헬리콥터 공급업체인 Eurocopter 그룹을 설립했다. 새로운 대전차 헬리콥터인 Tiger의 개발 사업을 수행했다. Tiger는 미국 Apache 공격용 헬리콥터보다 가격이 비싸고 인도받는 데까지 시간이 더 걸렸기 때문에 비판을 받기도 했다. 이 시기에 유럽의 추가적인 발전은 1999년에 A400M과 같은 대형 군용 항공기 전문 Airbus Military가 설립됐다.

현재 모습의 에어버스 그룹은 2017년 EADS가 에어버스로 이름을 바꾸면서 상업용 항공기, 국방 및 우주, 에어버스 헬리콥터로 구성된 3개의 사업부로 구조조정 된 결과다. 상업용 항공기는 A320, A350 등과 같은 성공적인 여객기 시리즈에 중점을 두었다. 국방 및 우주 사업부는 Airbus Military, EADS Cassidian, EADS Astrium을 통합한

---

176. Hartley, K. (2018). The Economics of European Defense Industrial Policy. In The Emergence of EU Defense Research Policy (pp. 77–92). Springer, Cham.

결과다. 여기에 A330 MRTT, Typhoon 전투기, 우주 발사 차량 및 발사 서비스, 사이버 보안 분야 등을 통합했다. 그리고 Eurocopter는 2014년에 세계 최대의 군용 헬리콥터 공급 업체 중 하나를 형성하기 위해 에어버스 헬리콥터가 됐다. 모든 Eurocopter의 헬리콥터는 에어버스 헬리콥터 브랜드로 변경됐다. 이러한 구조조정을 통한 전문화 및 집중화는 1970년에 에어버스가 세계 항공기 시장에 참여한 이후 미국의 보잉 또는 록히드 마틴과 함께 군과 민간의 항공기 시장에서 복점(Duopoly) 또는 과점(Oligopoly) 시장을 형성했음을 의미했다. 그래도 그룹 내 영업 이익은 상업용 항공기 부문에서 가장 높으며, 상대적으로 국방 및 우주 부문의 수익성과 노동 생산성이 가장 낮다는 점은 앞으로 경쟁 우위를 위해 개선해나가야 할 과제다.

유럽의 미사일 전문기업 MBDA는 5개의 미사일 관련 기업들의 통합을 통해 전문화와 집중화를 이룬 결과다. MBDA는 2001년에 프랑스의 Aérospatiale-Matra Missiles, 이탈리아의 AMS(Alenia Marconi Systems) 및 영국의 Matra BAe Dynamics의 합병으로 설립됐다. 참고로, Matra BAe Dynamics는 1996년 Mata Dynamics와 BAe Dynamics의 합병으로 탄생한 기업이다. 이후, 2002년에는 스페인 미사일 회사인 Inmize Sistemas S.L.의 지분 40%를 취득했고, 2005년에는 독일의 LFK NG(Lenkflugkörper Neue Generation)와 합병하여 지금의 MBDA가 되었다. MBDA의 지분은 BAE Systems가 37.5%, Airbus가 37.5%, 그리고 Leonardo가 25%를 가지고 있다.

2015년에는 KNDS(KMW+Nexter Defense Systems)가 설립됐다. 이 회사는 유럽지역에서 가장 큰 지상 무기체계를 생산하는 방산업체다.

독일의 KMW(Krauss-Maffei Wegmann)와 프랑스 Nexter Systems 의 합병으로 탄생했다. 네덜란드에 기반을 두고 프랑스와 독일이 동등하게 지분을 소유하면서 이중적인 지배 구조를 가지고 있는 것이 특징이다. 이 그룹이 생긴 배경에는 유럽의 육상 무기를 생산하는 너무 많은 업체가 너무 많은 종류의 무기체계를 생산하고 있다는 판단에서 시작됐다. 이 회사의 설립을 추진하기 위해 KANT(K:KMW, A:And, N:Nexter, T:Together)라는 프로젝트로 시작했다. 하지만 최종적으로 기업의 이름은 KNDS로 결정됐다. 2018년 6월 프랑스와 독일 정부는 새로운 주력 지상 전투 체계와 새로운 화력 체계의 공동 개발을 발표함으로써 KNDS를 지원하고 있다.

가장 최근인 2019년에는 유럽에서 지상 군용 차량 업체들의 통합이 있었다. 영국의 BAE Systems의 Land UK는 전차 및 전투 차량 부문의 지분 55%를 독일 라이벌 Rheinmettal에 매각했고, Rheinmetall BAE Systems Land Limited라고 새로운 이름을 가졌다. 이 회사는 영국과 독일의 보병용 차량을 생산하기 위해 노력함과 동시에 글로벌 시장에서 군용 차량 사업의 리더가 되기 위해 경쟁할 것이다. 또한, 글로벌 주요 다목적 장갑 차량인 Boxer 사업에도 컨소시엄으로 참여 중이며, 독일 403대(2020년까지 배치), 네덜란드 200대(2018년까지 배치), 리투아니아 88대(2021년까지 배치), 호주 211대(2026년까지 배치), 영국 528대(2022년부터 배치) 등 1,500대 가량의 생산 계획을 가지고 있다.

프랑스에서도 대기업의 진화가 최근 관측되고 있다. Safran은 추진 및 항공 장비에 초점을 맞추고, 전기전자 시스템에 대한 투자에 집중하기 위해 모든 보안 및 탐지 분야 사업을 정리했다. 우주 부문에서 미국

경쟁자들인 SpaceX와 Orbital ATK(2018년에 Northrop Grumman에서 인수)과의 직면한 경쟁은 2016년 Airbus Group과 새로운 합작 회사 인 ArianeGroup을 만들게 했다. 그리고 탈레스는 2015~2018년 사이에 연결성, 디지털 보안, 사이버 보안 및 인공 지능 관련 분야에서 여러 회사를 인수함으로써 점차 덩치를 키우고 있다. 육상 무기 부문 기업 Nexter는 프랑스 기업 SNPE, 이탈리아 기업 Siinmel Difesa 및 벨기에 기업 Mecar를 인수하여, 탄약 생산 체계를 통합했다. 그리고 프랑스의 Naval Group은 핵과 해양 재생 에너지 생산에 사업 영역을 확장하기 위해 다각화 전략으로 Naval Energies를 인수했다. 목표는 2025년까지 20% 매출을 신장하는 것이었다. 그러나 미래 전망이 어두워 2018년 전략적 방향을 재고하고, 투자를 중단했다. 현재 Naval Group은 군용 선박의 범위를 확장하는 데 주력하고 있으며, 프랑스 기업 Chantiers Piriou와 함께 작은 선박을 전문으로 하는 조인트 벤처를 설립했다.

전문화된 중·소 기업 인수 노력

현재 미국의 빅(Big)5 방산업체인 록히드 마틴, 보잉, 노스롭 그루먼, 레이시언, 제너럴 다이나믹스는 앞으로 상호 간의 기업 인수는 없을 것으로 추정된다. 그래서 현재의 초대형 방산기업의 크기를 뛰어넘는 더 큰 초대형 공룡이 생겨날 것 같지는 않아보인다. 큰 틀에서는 이렇게 말할 수 있겠지만, 이 빅5를 중심으로 중·소 전문화된 기업의 인수는 계속되고 있다. 예를 들어, 미국의 방위산업 구조조정을 본격적으로 시작했던 시절인 1993년에서 2017년 사이에 보잉은 67건의 기업 인수를 한 것으로 알려졌다.[177] 1996년에 McDonnell-Douglas와 Rockwell International Aerospace, 2000년에 Hughes Electronics Satellite과 Jeppesen Sanderson, 2006년에 Aviali Inc, 2009년에 Vought's South Carolina Facility 인수가 공개됐다. 최근인 2018년도에는 Millennium Space Systems와 KLX Inc의 인수가 계속되고 있다. 우주 항공 분야의 전문화를 위한 인수로 판단된다.[178][179] 노스롭 그루먼은 Orbital ATK 인수를 완료했고, General Dynamics는 CSRA를 인수함으로써 미국 정부를 고객으로 한 첨단 IT 솔루션을 제공할 것으로 기대된다.[180][181] 또 다른 특징은 이러한 기업 인수가 빅(Big) 5만 할 수 있는 특별한 행위가 아니라 작은 기업들 간에도 상호

177. Boeing – Institute for Mergers, Acquisitions and Alliances (IMAA). 인터넷 주소 : https : //imaa-institute.org/project/boeing/

178. Bickers, C. (2018. 9. 25.). Boeing Completes Acquisition of Millennium Space Systems. Boeing homepage. https : //boeing.mediaroom.com/2018-09-25-Boeing-Completes-Acquisition-of-Millennium-Space-Systems

179. Bickers, C. (2018. 10. 9.). Boeing Completes Acquisition of Leading Aerospace Parts Distributor KLX Inc. to Enhance Growing Services Business. Boeing homepage. https : //boeing.mediaroom.com/2018-10-09-Boeing-Completes-Acquisition-of-Leading-Aerospace-Parts-Distributor-KLX-Inc-to-Enhance-Growing-Services-Business

180. Church, F. (2018. 6. 6.). Northrop Grumman Completes Orbital ATK Acquisition. Boeing homepage. https : //news.northropgrumman.com/news/releases/northrop-grumman-completes-orbital-atk-acquisition-blake-larson-elected-to-lead-new-innovation-systems-sector

181. Church, F. (2018. 4. 2.). General Dynamics Completes Acquisition of CSRA. General Dynamics homepage. https : //www.gd.com/Articles/2018/04/02/general-dynamics-completes-acquisition-csra

인수를 통해 틈새 시장을 노린 혁신기업을 지향한다는 사실이다. 예를 들어, 2018년에 TransDigm은 Esterline Technologis를 40억 $에 인수했다.[182] 마지막 특징은 유사한 기업 간 빠른 인수 활동이 특징이다. 일례로 Rockwell Collins는 2017년에 B/E Aerospace를 인수했고, 2018년에는 United Technologies가 Rockwell Collins를 인수함으로써 유사한 기업 간의 인수는 단기간에 진행되기도 한다.[183]

기술 파트너십

규모의 경제가 실현되지 않는 환경에 있는 기업들은 틈새 시장에서 다른 혁신적인 기업들과 협력해서 기술 중심의 우수한 성과를 거두기도 한다. 예를 들어, 싱가포르의 ST Aerospace는 이스라엘 Elbit System과의 파트너십을 통해 싱가포르 공군의 F-5E/F 전투기 업그레이드와 RF-5 정찰 버전으로 개조 설계했다. 이후 이러한 실적을 바탕으로 베네수엘라, 터키, 브라질 등의 국가에서 보유한 F-5 전투기 업그레이드 사업에 참여했다. 또한, ST Aerospace는 2006년에 Thai Aviation Industries와 파트너십을 통해 Falcon-1 조종석 및 항공

---

182. TransDigm Completes Acquisition of Esterline Technologies. (2019. 3. 24.). https://www.prnewswire.com/news-releases/transdigm-completes-acquisition-of-esterline-technologies-300812443.html

183. Rapids, C. (2017. 4. 13.). Rockwell Collins Completes Acquisition of B/E Aerospace. Businesswire. https://www.businesswire.com/news/home/20170413005604/en/Rockwell-Collins-Completes-Acquisition-Aerospace

전자 장치 업그레이드 사업을 통해 태국 공군의 F-16A/B Fighting Falcon 현대화 사업을 수행했다. 정리하면 싱가포르의 대표 항공우주 방산기업 ST Aerospace는 군용 항공기 개조, 업그레이드 및 민간 항공기 개조를 포함하는 틈새 하이테크 기술을 가지고 있다. 이스라엘, 태국 등 틈새 기술을 가진 기업들과의 기술 파트너십을 통해 매우 우수한 성과를 거두고 있다.

가장 큰 방산 시장인 미국으로!

성공한 BAE Systems

미국은 주요 무기 수출국이며 동시에 주요 무기 수입국이기도 하다. 미국은 많은 국가로 방산 수출을 하지만, 외국의 방산기업이 미국 시장에 진입하기는 여러 가지 이유로 쉽지 않다. 그 이유 중 하나는 미국의 구매법(Buy America Act)이 있기 때문이다. 이 법은 외국산 제품에 징벌적인 평가 요소가 적용됨에 따라 국내 제품에 대한 구매를 선호하도록 한다. 국방부 2007년 보고서에서 모든 계약의 0.5% 미만, 국방 품목 및 부품에 대한 계약의 약 1.5%를 해외 업체와 계약했다고 추정했다.[184] 그러나 BAE Systems는 BAE Systems, Inc.라는 미국 현지 자회사를 중심으로 미국 시장에서 국방 계약뿐만 아니라 여러 국방 기업들을 인수하는 등 영향력을 넓혀가고 있다. 미국에서 BAE Systems

184. Kimball, A. L. (2015). What Canada could learn from US defence procurement : Issues, best practices and recommendations. The School of Public Policy Publications, 8(17), 1–12.

의 입지는 2006년 8월 16일 뉴욕 타임즈(New York Times)에 실렸던 기사 '국방부 여권을 가진 영국 무기 상인(British Arms Merchant with Passport to the Pentagon)'에서 짐작해볼 수 있다. 내용을 요약하면 다음과 같다.

BAE Systems가 영국 국기를 흔들어야 하는지 또는 성조기를 흔들어야 하는지 알기가 어렵다. 영국 방산업체인 BAE Systems는 영국과 미국에서 일급 비밀 프로그램을 관리하고 이라크와 아프가니스탄 전쟁을 위해 무기를 생산한다 ··· 미국에서 상위 10위 안에 드는 유일한 해외 방산업체이다 ··· BAE Systems는 영국이나 미국의 방산업체라기 보다는 대서양을 아우르는 범 대서양 방산업체. 버지니아 주 알링턴(Arlington)에 소재한 미국 지사는 36개 주에서 사업을 운영하며, 해외에서는 영국, 스웨덴, 이스라엘 및 남아프리카에서 사업을 운영하고 있다. 이 회사는 런던 증권 거래소에 상장되어 있지만, 주식의 50% 정도는 미국 투자자들이 보유하고 있다. 최고 경영자인 Mike Turner는 성장 전략의 핵심 목표인 펜타곤 비즈니스를 더 많이 확보하면 회사를 미국으로 옮길 수 있다고 암시했다. 런던 리서치 회사인 Ashbourne Strategic Consulting의 책임자인 Alexandra Ashbourne은 "다른 기업들도 미국에서 성공하기 위해 노력하고 있지만, BAE Systems는 더욱 성공적이었다"고 평가했다 ··· BAE Systems가 미국에 매력을 느끼는 이유는 분명하다. 미국 국방부 지출은 BAE Systems에 매년 5천억 달러에 달하고 있다. 이는 유럽 연합 25개 회원국이 합한 연간 2,300억 달러 이상의 지출이다 ··· 지난 6년 동안 12개 이상의 미국 기업을 대담하게 인수했다. (이하 생략)

이 기사를 읽고 난 후 독자들은 왜 BAE Systems는 미국에서 입지가 남다른지 궁금증에 휩싸일 것이다. 결론부터 이야기하면, BAE Systems 는 아주 특별한 케이스라고 봐야 한다. 왜 그런지 3가지 측면으로 나누어서 정리해보자. 첫째, 영국과 미국은 아주 오랜기간 동안 아주 '특별한 관계'이기 때문에 현재까지 BAE Systems는 미국 시장에 남아 있다. 이는 맨하탄 프로젝트(Manhattan Project)라고 불리는 2차 세계대전 중에 미국이 주도하고 영국과 캐나다가 공동으로 참여했던 핵폭탄 개발 프로그램부터 현재 진행 중인 F-35 프로그램까지 역사적으로 동맹관계에 있었다. 현재 영국은 F-35 프로그램의 유일한 1단계 파트너이자 최대 외국인 투자자이다. 이러한 미-영 동맹의 전통은 미국 국방부와 많은 신뢰가 축적되는 결과를 가져왔다고 볼 수 있고, 현재의 관계까지 이르는 데 많은 영향을 주었다. 둘째, BAE Systems는 미국 정부와 특별 보안 계약(Security Agreement)을 체결했다. 이것은 미국 계열사와 영국의 모기업 간에 매우 민감한 정보가 교환되는 것을 방지하는 '방화벽' 역할을 한다. 즉, 미국 사업부는 미국 국방부의 자료에 대한 접근이 가능하지만, 영국 지사의 직원은 이를 볼 수 없게 한다. BAE Systems의 미국 지사에는 지금까지 전직 국방부, 안보국 관리를 포함한 많은 퇴직한 정부 인사들이 일하고 있다. 이러한 형태는 2017년 이탈리아의 Leonardo가 미국의 American DRG Technologies(현재 Leonardo DRS로 이름 변경)를 인수할 때도 마찬가지였다. 만약 이 인수 과정에서 미국 국방부의 동의는 기본이고 해외 소유권, 통제 및 영향이라고 하는 FOCI(Foreign Ownership, Control and Influence)를 완화할 계획이 없었다면 인수는 불가능했을 것이다. 왜냐면 미국 정부는 국가 안보 이익과 일치하지 않는 외국인 투자는 불허하기 때문이다. Leonardo DRS의 지배체제는 미국인 최고 관리자 및 경영진의 책임이며, 2020년 7월 현재 CEO는 1997~2001년까지 미국 국방장관이었던 William J. Lynn III이다. 셋째, BAE Systems의 전략에는 1986년에 고도의 보안을 요구하는 군사 장비 제작 업체인 Sanders Associates와 Tracor의 인수가 포함되어 있었다. 현재 두 회사는 BAE Systems의 자회사인 BAE Systems Electronics & Integrated Solutions의 한 부서다. 전자 및 보안 장비를 생산하고 있다. BAE Systems가 이 두 회사를 인수했다는 전략적 의미는 이 두 회사보다 낮은 등급의 보안을 다루는 기업들에 대한 인수는 이후 더 쉬워졌다는 것을 의미했다. 실제, BAE Systems는 그 이후 더 많은 기업을 인수했다. 추가로, 위의 기사 내용에서도 언급되어 있듯이 BAE Systems의 많은 지분을 미국인들이 가지고 있어 이 기업이 영국 기업인지 미국 기업인지 구분하기가 모호한 측면이 있다.

실패한 EADS

가장 성공한 BAE Systems의 미국 진출과 상반되는 경우를 현재는 에어버스 그룹으로 통합된 EADS의 사례로 살펴보자. 과거 EADS도 BAE Systems처럼 미국의 최대 외국 방산업체가 되기를 희망한 적이 있었다. 1990년대 미국 시장 진출에 문을 두드린 EADS의 입장에서 미국 시장은 매력적이었지만 몇 가지 문제점들을 식별했다. 이미 미국 시장에는 보잉이라는 거대 방산 라이벌이 존재했고, 보잉은 시장에 대한 지식, 군사 기술, 정치적 연결 등 시장에서 이미 많은 경쟁적 우위를 지니고 있는 상태였다. 또 다른 장벽은 BAE Systems에서도 언급했듯이 미국의 구매법에 근거한 강한 Buy-American 정서였다. 마지막으로, 당시 프랑스와 미국의 정치적 관계가 원만하지는 않았으므로 EADS에게 그렇게 좋은 환경은 아니었다. 그래도 희망적인 부분은 미국의 방산 시장의 환경이 1990년대 과도한 기업 통합으로 경쟁자 수가 많이 없었다는 사실이었다. 예를 들어, 당시 보잉은 미국의 공중 급유기(KC-X)의 유일한 국내 공급원으로 독점 시장을 형성하고 있는 상황이었다. EADS는 미국에서 공중 급유기를 포함한 다양한 사업 다각화를 통한 수익을 확보할 목적으로 BAE Systems가 걸어온 경로를 따르려고 노력했다. 그래서 미국 내 생산 시설을 건설하거나 인수했고, 현지 지식을 갖춘 임원을 고용하기도 했다. 또한, 많은 현지 시장에 대한 지식과 미국 국방부와 고객 관계가 있는 노스롭 그루만과 파트너 관계를 맺음으로써, EADS가 제안한 KC-X 제안서는 미국 콘텐츠들이 많이 포함된 미국 시스템으로 보이기 위해 노력했다. 이러한 노력의 결실로 EADS는 2008년 공중 급유기 제안서 심의 결과 최종 수주를 받게 되었다. 그러나 이러한 승리는 개발 계약이 체결된 지 11일 만에 보잉은 EADS의 부정부패에 대해 항의했고, 사업 자체가 취소되었다. 다시 원점으로 돌아간 공중 급유기 사업은 2011년에 번복된 경쟁 입찰에서 보잉이 최종 사업주관 업체로 선정되었다. BAE Systems와 EADS라는 글로벌 대형 방산기업들의 사례를 볼 때, 미국으로 방산 시장 확장은 불가능한 것은 아니며, 다만 오랜 사전 준비와 미국 정부와의 신뢰 형성이 중요한 요소임을 알 수 있다.

미국 시장 진출의 걸림돌

방위산업으로 미국에 어떻게 진출할 것인가를 이해하기 위해서는 연방정부의 방위산업 정책을 이해하는 것이 중요하다. 이 방위산업 정책은 미국 연방 조달국(General Services Administration), 국방부, NASA(National Aeronautics and Space Administration)와 함께 합동으로 작성되는 연방 획득 규정인 FAR(Federal Acquisition Regulation)와 만나게 된다. 이 FAR를 보완하는 것은 PGI(Procedures, Guidance and Information), DFARS(Defense Federal Acquisition Regulation Supplement), 각 군의 획득 규정 등이 있다. 이 FAR를 둘러싸고 있는 각종 규정들은 국방 제품 및 서비스의 획득 시 허용되는 조치를 포괄적으로 규정한다. 일반적으로 FAR와 주변의 규정들의 길이와 복잡성 때문에 보통의 기업들이 이를 폭넓게 이해하기는 쉽지 않다는 것이 일반적인 인식이다.

제도적 측면의 걸림돌 이외에도 대미 외국인투자위원회에 대한 이해도 중요하다. 미국을 포함한 많은 국가에서 그들의 내부 경제에 외국인 투자가 국가 안보에 미치는 영양을 모니터링하고 있으며 금지할 수 있는 시스템을 갖추고 있다.[185] 이러한 취지에 따라 연방정부는 1975년에 미국에 대미 외국인투자위원회를 설립했다. 그 목적은 1950년에 제정된 국방 생산법(Defense Production Act)의 조항을 이행하기 위

185. Masters, J., & McBride, J. (2016). Foreign Investment and US National Security. The Council on Foreign Relations. 1–7

함이었다.[186] 시간이 지남에 따라 연방정부는 안보에 대한 우려가 커졌고, 이에 따라 1988년 제임스 엑슨(James Exon) 의원과 제임스 플로리오(James Florio) 의원이 발의한 엑슨-플로리오 개정(Exon-Florio Amendment)에 따라 국방 생산법에 '외국으로부터 미국 기업에 대한 기업 인수, 합병, 매입은 미국을 위협할 수 있다는 신뢰할만한 증거가 있을 경우 대통령은 이를 연기 또는 금지할 수 있다'고 명시됐다. 여기에 더해 2007년 외국인 투자 및 국가 보안법은 대미 외국인투자위원회에 추가적인 지침을 제공했다. 구체적인 내용은 대미 외국인투자위원회에 회원 수를 증가시키고 고위급 인사의 참여와 책임을 강화할 것을 요구했다.[187] 또한, 2018년에는 미국은 중국의 무기 투자에 대한 우려로 외국인 투자 위험 검토 현대화법(Foreign Investment Risk Review Modernization Act)을 제정했다. 이것은 대미 외국인투자위원회가 외국으로부터 투자를 거부할 수 있는 추가적인 지침을 제공한다.[188] 예를 들어, 2018년 초에 이 법에 따라 중국의 Ant Financial Services Group이 미국의 MoneyGram으로 12억$ 투자하겠다는 의사가 거부됐다.[189]

---

186. The Committee on Foreign Investment in the United States (CFIUS). 인터넷 주소 : https://home.treasury.gov/policy-issues/international/the-committee-on-foreign-investment-in-the-united-states-cfius

187. CFIUS Reform. 인터넷 주소 : https://www.treasury.gov/resource-center/international/foreign-investment/Documents/Summary-FINSA.pdf

188. Masters, J., & McBride, J. (2016). Foreign Investment and US National Security. The Council on Foreign Relations. 1-7

189. Yoon-Hendricks, A. (2018.1. 1.) Congress Stengthens Reviews of Chinese and Other Foreign Investments. The New York Tinies.

그래도 미국은 경쟁 환경을 선호한다

미국의 진출에 대한 여러 가지 걸림돌로 인해 시장 진입이 어려움이 많지만, 기본적으로 미국은 경쟁 시장 체제를 선호한다는 것을 이해해야 한다. 미국 국방부 입찰에서는 그 결과에 대해 승복을 하지 못할 때 입찰 항의 시스템(Bid Protest System)이라는 것이 있다. 이 제도는 1984년에 제정됐으며, 계약 경쟁법(Competition in Contracting Act)에 기반을 두고 있다. 이 제도의 목적은 연방정부 조달에서 부정 또는 오류를 줄이고 경쟁을 증진하는 것이다.[190] 이 제도가 작동했던 예는 앞에서 이미 언급했었던 KC-X 공중 급유기에 대한 입찰이다. 2007년 공군은 보잉과 EADS-노스롭 그루먼 팀이 제출한 제안서를 바탕으로 KC-X 선정절차를 진행했다. 2008년 2월 29일 공군은 EADS-노스롭 그루먼 팀을 KC-45 계약에 대한 낙찰자로 선정했지만, 이 결과에 대해 보잉은 3월 11일에 항의했다. 일반 회계 감사원(General Accountability Office)은 6월 18일에 보잉 항의에 손을 들어주었다. 공군은 자체 선정 기준에 문제가 있음을 인정했다.

이런 입찰 항의가 발생하면 사업 지연과 같은 사업비용이 든다. 그리고 전략적으로 접근하는 입찰자는 입찰 항의 제도 자체를 유리한 입지를 차지하기 위한 위협의 수단으로 활용할 수 있다. 그래서 이에 대한 해결책으로 우선 생각해 볼 수 있는 것은 대상 기종의 선택 기준을 단순화하는 것이다. 아마도 최저가격 낙찰제도 등과 같이 단순한 수치를

---

190. Melese, F. (2018). Cost-Benefit Analysis of Bid Protests : A Representative Bidder Model. Defence and Peace Economics, 1-15.

비교하는 방식은 비교적 입찰 항의에 대해 방어하기가 쉽다. 2009년에 공군은 비용에 중점을 둔 입찰 항의를 배제하기 위한 단순화 된 기준으로 179대 항공기 도입에 대한 제안요청서 초안을 발표했다. 실제, 2011년 최종 KC-X 기종 선택 시 첫 번째 단계는 372개의 Pass/Fail 평가를 기준을 채택했다. 입찰자는 기술적으로 모든 항목을 기본적으로 통과해야 했다. 두 번째 단계는 총 제안 사업비를 운용 효과, 수명주기 동안 필수 비용 및 관련 추가 비용의 분석으로 평가됐다. 이 모든 항목이 합산되어 총평가 가격을 비교했다. 만약 총 평가가격이 매우 근접한 경우(1% 이내)에는 공군은 가지고 있으면 편리한 기능에 대해 점수를 주는 방식인 타이브레이커(Tie-breaker)를 사용했다.[191] 그리고 입찰 항의를 최소화할 수 있는 또 다른 방법은 단독 입찰자를 유도하는 방법으로 잠재적 입찰자가 한 명만 충족할 수 있는 사양을 명시하는 것이다. 그러나 이 방법은 비용이나 성능으로부터 오는 효용(Utility)이 사용자에게 줄어드는 단점이 있다.

191. Franck, C., Lewis, I., & Udis, B. (2008). Echoes across the pond : understanding EU-US Defense industrial relationships. Naval postgraduate school monterey ca graduate school of business and public policy.

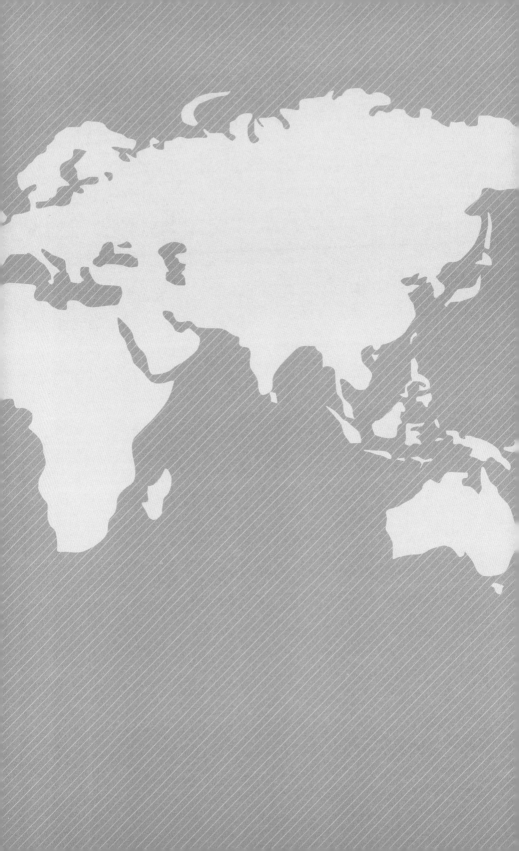

PART 04

한국 방위산업
현주소와 미래

세계적 방향성

글로벌 방위산업의 미래는 어떤 모습일까? 정확하게 미래가 어떨지 확신할 수는 없지만, 확실한 것은 현재와는 다른 미래가 온다는 것이다. 이렇게 확신하는 이유는 1900년, 1950년, 그리고 지금의 방위산업 양상이 완전히 다르기 때문이다. 예를 들어, 1900년에는 항공기가 존재하지 않았다. 1950년에는 록히드 마틴, 에어버스, BAE Systems과 같은 기업들도 없었다. 앞서 많은 설명이 있었지만, 방위산업의 미래를 좌우하는 변수는 두 가지로 요약할 수 있다.

첫째, 새로운 혁신이 계속 나올 것이다. 그리고 이것은 지금은 존재하지 않는 새로운 전쟁 양상을 이끌 것이다. 예를 들어 현재 무인 무기 체계들이 유인 체계를 대체하고 있으며, 사이버와 우주는 새로운 미래의 전장이 될 수 있다. 둘째, 무기체계가 첨단화하면서 단위당 무기체계 비용의 증가는 피할 수 없는 변화가 될 것이다. 이는 방위산업에 있어서 규모의 경제 실현을 필수적인 요소로 이끌 것이며, 노동 생산성 향상에 따른 단위 무기체계의 생산기간이 짧아지는데도 영향을 미칠 것이다. 그리고 군이 사용하는 장비 유형이 적어지고, 병력 규모는 작아질 것이다.

무기체계의 비용 상승이 이끌 산업적인 영향은 소수의 대규모 기업이 글로벌 시장에서 R&D와 생산을 결합해서 규모의 경제를 달성할 수 있는 더 많은 기회를 만들어줄 것이다. 이러한 기회에서 기회를 잡는 기업은 더 커지고 시장 장악력도 더 강력해질 것이며, 그렇지 않은 기업은 시장에서 경쟁력을 잃고 퇴출할 가능성이 점차 높아질 것이다. 이러한 현상이 극단으로 치닫는다면 현실성은 조금 부족한 이야기지만, 지구상에 방산업체는 1개, 무기체계 종류도 1가지만 남을지도 모르겠다. 더 적은 수의 방산 대기업을 향한 미래의 추세는 더 많은 국제 합병으로 국내·외에서 방산 집중력을 증가시킬 것으로 보이며, 국가 간의 동맹이 국제 합병을 승인하는데 중심이 될 것이다. 이러한 현상은 미국의 방산업체들 중심으로 계속될 것으로 보인다.

이러한 큰 흐름에 편승하는 국가가 아닌 경우, 방위산업 역량을 유지하는데 큰 과제에 직면하게 될 것이다. 그들 중 일부는 여러 가지 대안 중에서 부품 단위의 전문화와 집중화를 통한 글로벌 틈새 시장에서 규모의 경제를 실현하려고 노력할 것이다. 그러나 이러한 선택을 해야 하는 국가의 경우, 유사시를 대비한 전반적인 방위산업 용량(Capacity) 유지를 어떻게 해야 하는지에 대한 고민에 빠지게 된다. 가장 쉬운 대안으로 규모의 경제가 실현이 안 되는 장비나 부품에 대해서는 외국으로부터 수입이 가장 단순하면서 쉽겠지만, 이는 비용, 시간, 우발적 상황 등의 측면에서 대중의 비판을 받을 가능성이 크다. 그래서 이를 대체할 수 있는 대안으로 모스볼링(Mothballing) 방법이 있다. 모스볼링의 사전적 의미는 '미래의 사용이나 판매를 위해 장비나 시설을 유지하고 보존한다'는 의미다. 즉 방산 설비를 미래 생산을 위해 시설을 비운 상태로 유지하는 전략이다. 이는 매력적으로 보이지만, 이 또한 유지관리 비용을 고려해야 하며, 숙련된 노동력을 재생산하는데 상당한 비용이 발생한다. 이 모스볼링 방법에 대한 고민은 미국이나 주요 서유럽 국가와 같이 주요 방산 선진국이 아니면 앞으로 고민해야 할 부분이다. 어떤 방식이든지 규모의 경제가 실현되지 않는 부문에서는 방위산업 활동의 지속성을 보장받을 수가 없을 것이다. 다가오는 10년은 무기체계든지 아니면 틈새 시장에서 부품이든지 규모의 경제 실현을 위해 민간으로 더 개방적이어야 하고 국제화되지 않으면 산업 경쟁력을 잃게 될 것이다.

규모의 경제 실현을 위해 방산업체의 규모가 커질수록 기업 소유권의 복잡성이 커질 것이다. 주로 공공과 민간의 소유로 구분될 것이다. 일부는 외국 소유도 있을 수 있다. 그러나 국제화를 위해 방산업체를 외국 소유인 구조로 허용하고 개방하는 것은 신중해야 한다. 스웨덴의 조선소인 Kockums의 사례를 살펴보자면, Kockums는 1999년 독일의 조선소 Howaldtswerke에 의해 인수됐다. 이어서 2002년에 Howaldtswerke는 미국의 투자 펀드사인 OEP(One Equity Partner)에 의해 인수됐다. 그 후 OEP는 2004년에 독일의 ThyssenKrupp에 Howaldtswerke를 매각했고, ThyssenKrupp는 글로벌 시장에서 Kockums의 경쟁자였기 때문에 두 회사가 경쟁해야 하는 상황에서는 ThyssenKrupp가 Kockums의 경쟁력을 제한하는 방향으로 회사를 경영했다. 그리고 TyssenKrupp 지배구조 아래에서 스웨덴의 국방획득과 군의 요구가 잘 반영되지 않았다. 두 나라의 관계는 악화됐고, 국방자원부인 FMV와 Saab는 급히 Kockums를 인수하려 했으나 무산됐다. 그 후, Saab은 Kockums로부터 엔지니어를 모집하기 시작했고, 결국 2015년 7월 Saab는 ThyssenKrupp가 요구한 것보다 훨씬 저렴한 가격으로 Kockums 인수를 마무리했다. 이에 따라 다시 Kockums는 스웨덴 해군과 정부의 통제를 받게 되었다. 유럽에서 이와 유사한 사례들이 나옴에 따라 대부분의 유럽 국가는 여전히 상당한 국가 소유권을 보유하고 있다. 일부 국가는 외국 소유권을 제한하기도 한다. 자국의 방산업체의 소유권을 외국에 개방할지 여부는 국내 방위산업에 미치는 영향을 면밀히 분석하고 득실을 따져야 한다. 왜냐하면 어떤 분야에서는 개방으로 인해 혜택이 있을지 모르지만, 다른 분야에서는 생산 현장 및 고용 손실 등과 같은 심각한 손상을 입을 우려도 동시에 가지고 있기 때문이다.

[표 4-1]은 글로벌 방산 수출 시장에서 연대별 주요 수출국들의 수출 점유율을 보여준다. 여기서 중요한 흐름은 미국, 유럽 주요 국가의 시장 점유율이 최고 점유율 대비 점차 낮아지는 추세에 있으며, 나머지 국가들의 점유율은 시간이 갈수록 증가 추세를 보인다는 것이다. 즉, '글로벌 방위산업 춘추전국시대'의 초입 정도로 볼 수도 있을 것 같다. 그렇지만 이 수치는 미미한 정도이며, 누가 방산 시장에서 어떤 형태로 주인공이 될지는 계속 지켜봐야 할 것이다.

[표 4-1] 연대별 주요국 글로벌 방산 수출 점유율

	50년대	60년대	70년대	80년대	90년대	2000년대	2010년대
미국	35.1%	38.2%	35.1%	29.1%	48.6%	30.4%	33.9%
러시아	34.1%	38.9%	38.0%	36.4%	15.4%	25.0%	23.6%
영국	21.6%	6.7%	6.0%	6.4%	6.1%	5.2%	4.2%
프랑스	2.2%	5.6%	6.9%	7.7%	6.7%	8.0%	6.4%
일본	0.2%	0.1%	0.0%	0.1%	0.4%	0.0%	0.0%
독일	0.1%	1.6%	3.8%	4.1%	6.9%	8.8%	5.6%
인도	0.0%	0.0%	0.0%	0.0%	0.0%	0.1%	0.1%
이스라엘	0.0%	0.0%	0.2%	0.6%	0.9%	2.3%	2.4%
한국	0.0%	0.0%	0.1%	0.2%	0.1%	0.6%	1.5%
이탈리아	0.6%	1.1%	1.5%	2.4%	1.3%	2.1%	2.4%
터키	0.0%	0.0%	0.0%	0.0%	0.0%	0.2%	0.6%
호주	0.1%	0.0%	0.2%	0.1%	0.1%	0.1%	0.3%
캐나다	1.1%	0.7%	0.6%	0.4%	0.5%	1.0%	0.7%
폴란드	0.0%	0.8%	0.8%	0.5%	0.3%	0.4%	0.1%
싱가포르	0.0%	0.0%	0.0%	0.1%	0.1%	0.1%	0.1%
스페인	0.0%	0.0%	0.2%	0.4%	0.6%	1.5%	3.0%
스위스	0.0%	1.5%	0.6%	1.0%	1.0%	1.2%	0.9%
스웨덴	0.5%	0.2%	0.4%	0.6%	0.8%	2.0%	1.2%
우크라이나	0.0%	0.0%	0.0%	0.0%	1.1%	1.8%	1.9%
브라질	0.0%	0.0%	0.2%	0.4%	0.2%	0.1%	0.2%
노르웨이	0.0%	0.3%	0.1%	0.2%	0.2%	0.3%	0.5%
핀란드	0.0%	0.1%	0.1%	0.0%	0.1%	0.3%	0.2%
쿠웨이트	0.0%	0.0%	0.0%	0.0%	0.0%	0.0%	0.0%
네델란드	0.4%	0.5%	0.5%	1.3%	1.9%	2.3%	1.9%

출처 : SIPRI Arms Transfers Database

한국의 방위산업에 대한 외부 시각

필자는 이런 생각을 한다. 우리는 대한민국 방위산업의 세계적 위치에 대해 얼마나 객관적인 시각을 가지고 있을까? 몇몇 한국에서 출판된 서적이나 자료를 보면 주로 한국의 방위산업의 역사에 대해 다루고 있으며, 세계 속의 한국의 방위산업에 대해서는 '세계 방산 순위'라든지 '세계 군사력 순위' 정도의 자료가 전부다. 이 순위 자료는 정확하게 세계 속에서 한국의 방위산업에 대해 이해하는 데는 무리가 있다고 판단했다. 그래서 필자는 조심스럽게 최대한 개인적 주관을 배제하고 외국 자료에 의존해서 객관적으로 한국의 방위산업의 현주소를 보려고 한다.

한국의 일반 산업발전의 역사는 대만, 싱가포르, 홍콩과 더불어 '아시아의 네 마리 용(龍)'으로 불릴 만큼 전 세계적으로 모범적인 사례다. 이러한 시각은 한국의 방위산업도 크게 다르지 않은 것 같다. 일반적으로 한국의 방위산업은 무기 시스템 설계, 개발 및 제조에서 단기간 성공을 이룬 좋은 사례로 인식된다. 정부는 지속적이면서 장기간에 걸쳐 국방 R&D에 상당한 자금을 투입해왔고, 방산기업을 육성했다. 국산화 정책 등 여러 가지 정책을 통해 방위산업의 발전을 지원해왔다. 발전의 역사 속에서 가장 큰 특징 중 하나는 무기체계의 개발과 생산에 진화적이거나 점진적인 접근 방식을 취했다는 것이다. 한국의 무기 제조의 시작은 미국이 설계한 M16 소총을 생산할 수 있는 허가를 받은 1970년대 초반이었다. 이후 한국은 F-5 전투기, UH-60 및 MD-500 헬리콥터, M 계열 곡사포 등을 포함한 다른 무기체계를 라이센스 생산하면서 기술을 축적했다. 1980년대 후반에서 1990년대 초반에 절충교역을 통해 더 복잡한 형태의 라이센스 생산을 시작했다. 예를 들어, 한국과 미국은 140대의 KF-16 도입 사업에서 한국에서 완전한 턴키(Turn-key) 방식으로 생산하는 것에 합의했다. 이탈리아의 Type-6614 차륜형 장갑차, 영국에서 인수한 Hawk 훈련기, 스웨덴의 Bv-206 궤도차량, 독일의 Type-209 잠수함, Type-214 잠수함 등에 대해서도 유사한 공동 제작이 이뤄졌다. 1990년대부터 국산화 개발 및 설계 과정과 무기체계의 현지 제조 과정이 추가 추진력을 갖기 시작했고, 점차 한국군은 외국 장비를 도입하는 것보다 현지에서 설계하고 생산한 무기체계로 대체했다. 이 시기에 자체 소총인 K-2와 K200 보병전투차량, K1과 K1A1 전차 등을 제작했다. 1990년대 중반에 들어와 한국은 독창적으로 설계된 K1과 K1A1 전차, K2 흑표 전차, 천마 지대공 미사일, 현무 순항 미사일, K21 보병전투차량, K9 155mm 자주포, 자체 디자인의 함정 등을 생산하기 시작했다.

무기체계의 국산화를 향한 가장 큰 진전 중 하나는 항공 산업이었다. 원래 외국 항공기의 조립에 중점을 두었던 한국의 항공기 부문은 1980년대 후반에 시작된 기본 훈련기이자 경공격기인 KT-1 웅비를 시작으로 점차 항공기 설계 및 개발을 시작했다. 후속으로 초음속 훈련기이자 경공격기를 설계하고 제조하기 위한 더욱 야심찬 사업이었던 T-50으로 이어졌다. 이 항공기는 한국 최초의 국산 제트기로 공군의 F-5, T-38, A-37 전투기를 대체함과 동시에 수출할 목적으로 개발되어 해외 수출을 위한 'T-50 인터내셔널'이라는 합작회사가 설립하기도 했다. 미국의 록히드 마틴이 이 항공기의 핵심 부품인 항공기 날개, 디지털 야간 제어 시스템, 항공 전자 제품군 등과 관련된 중요한 기술을 공급했다. 최신 버전에는 TA-50, FA-50이 포함된다. 현재는 한국항공우주산업이 한국군 전투기의 차세대 전투기인 KF-X 사업에 주요 계약자로 선정되어 개발 중이다. 이 항공기는 '4+세대' 전투기로 분류되며, F-16과 같은 표준 4세대 전투기에 비하여 개선됐지만, 5세대 전투기인 F-22 또는 F-35만큼 진보되지는 않은 전투기다. 그래서 Eurofighter Typhoon, 스웨덴의 Gripen, 러시아의 Su-35와 같은 세대로 구분된다. 공군은 120대의 KF-X 전투기를 조달할 계획이다. 이것은 공군의 노후 기종인 F-4와 F-5를 대체할 예정이다. 이 사업에서 한국은 인도네시아를 KF-X 사업의 파트너 국가로 상호 협력에 합의했다. 인도네시아는 50대까지 전투기를 확보할 계획이다. (하지만 현재 인도네시아와 분담금 납부 지연과 같은 협력에 문제가 있다.) 또한, 한국은 최대 600대의 KF-X 전투기를 다른 국가에 수출할 것이라 예상하고 있다. 그리고 한국은 함정 분야에서도 큰 발전이 있었는데, 최근 3,000톤급의 국산 장보고-Ⅲ 잠수함 건조를 시작했다. 이 잠수함에는 국산 리튬 이온 배터리와 탄도 또는 크루즈 미사일을 발사할 수 있는 수직 발사 시스템을 장착한다.

이상에서 살펴본 한국의 방위산업 역사를 2개의 키워드로 요약한다면 긍정적인 측면에서는 '국산화에 성공'이며, 부정적인 측면에서는 '중급 무기 생산국'에 머물러 있다는 것이다. 실제, 한국은 50년 이내에 광범위한 무기체계를 생산할 수 있는 방위산업 기반을 조성했고, 국내 무기 조달에서 높은 수준의 국산화에 성공을 거뒀다. 국내에서 생산된 무기의 성능과 품질은 서구 방산 선진국만큼 높은 것으로 알려져 있고, 해외로 상당량 무기를 수출하고 있다. 요약하면, 한국은 자립적 군사 획득 목표를 어느 정도 달성했다고 볼 수 있다. 이런 발전은 단지 국방에서만 그치지 않고 스핀-오프를 통해 전체 국가 경제 측면의 기술 현대화에 부분적으로라도 영향을 주었다. 예를 들어, 군용 및 민간용으로 제작된 대형 트럭 또는 MD-500 헬리콥터는 민간의 상업적 이익을 주었다. 그리고 국내의 방산 생산은 새로운 산업 분야의 발전과 더불어 항공 우주 및 전자 분야와 같은 새로운 기술 분야의 연구개발을 촉진하는 역할을 했던 것과 동시에 수입 대체 산업의 성장에도 기여했다.

한국의 방위산업에 대한 부정적 평가는 '중급 무기 생산국'의 단계에서 기술 정체기에 머물러 있다는 것이다. 과거 방위산업 역사를 다시 정리해보면, 한국은 소형 무기, 대·소구경 포, 장갑 차량, 함정 등과 같이 글로벌 방산 시장에서 경쟁력 있는 초급 또는 중급 무기를 구축하는 능력이 있음을 분명히 보여주었던 것은 사실이다. 또한, 전투기 및 잠수함과 같은 라이센스를 획득해서 생산하는 외국 무기체계에 대해서는 유능한 사업 수행자임을 증명했다. T-50과 같은 국제 공동 개발 프로그램에서는 기술을 가진 신뢰할 수 있는 파트너임을 보여주었다. 그러나 문제는 이러한 성공 속에서 한국은 아직 고도로 발전된 정교한 무기의 국산화는 보여주지 못했다. 이러한 현상이 나타나는 이유는 혁신과 노력의 투입량과의 관계가 선형적이라기보다는 기하급수적인 형태를 가진 특성에서 기인한다고 보인다. 이 의미는 Krause(1990)이 앞서 설명했던 '기술의 정체'와 관련이 있다. 즉, 비록 과거에는 그랬더라도 2배의 노력을 투입한다고 해서 기술력이 2배 좋아지지 않는다는 것이다.

한국의 방위산업은 소형 무기, 탄약, 장갑차와 같은 일부 영역에서 100% 국산화를 달성했다. 그 외의 분야는 완전한 국산화를 이루지 못하고 있는 것이 현실이며, KDX-Ⅲ, 천마 지대공 미사일, T-50, K2 전차 등의 사업에서 경험했듯이, 핵심 부품을 외국 부품에 크게 의존하고 있다. 대표적인 예는 변속기, 항공기 엔진, 항공 레이더 시스템, 항공 전자 장치, 랜딩 기어, 조기 경보 및 추적 레이더, 데이터 링크 등이다. 그리고 감시 정찰 기술 분야라든가 미사일 시스템의 핵심 분야에 대한 기술력은 아직 선진국과 비교하자면 가야 할 길이 멀다.

그리고 한국의 방위산업은 더 까다로운 유형의 무기체계를 개발하고 설계하는 데 한계를 보여줬다. 대표적인 예로 주력전차인 K2 흑표전차는 국내에서 개발된 파워팩(엔진과 변속기)과 관련해서 시스템 통합에 문제가 있었다. 이로 인해 생산이 일시적으로 중단되고 결국 독일산 파워팩으로 대체되기도 했다. K-9 자주포의 경우에는 2010년 11월 북한군이 연평도를 포격했을 때, 6문의 가용 K-9 중 4문을 운용할 수 없어서 한국군의 대응에 문제를 일으키기도 했다. K21 보병장갑차량의 경우 부력부족, 펌프 고장 등 장비 운용 중 두 번이나 침몰해서 인명사고가 발생하기도 했다.

[자료 4-1] 한국의 방산물자 수출액 추이

(단위 : 100만 $)

출처 : 2018년도 방위사업청 통계연보

한국은 오랫동안 방위산업 수출 강국이 되기 위해 혼신의 노력을 다해왔고, [자료 4-1]과 같이 방산 수출액으로 볼 때 성과도 확실히 있었다. 그렇지만 오랫동안 한국은 해외 방산 수출과 관련해서 큰 성공을 거두었다고 말하기는 곤란한 측면이 있다. 해외 수출 품목에서 많은 부분을 차지하는 기타 일반 군사 장비, 소형 무기, 탄약, 트럭, 소형 순찰선 등에서 높지 않은 기술이 적용된 품목이 주를 이루고 있다. 상대적으로 높은 기술력이 들어간 T-50, K200 보병 장갑차 등을 인도네시아, 이라크, 필리핀, 태국, 말레이시아 등으로 수출했지만, 후속 판매에 대한 소식이 들리지 않는 아쉬움이 있다. 그리고 [자료 4-2]은 1980년대부터 2010년대까지 한국의 방산 물자 수출 네트워크를 보여준다. 이 자료에서도 알 수 있듯이 한국은 2000년대 이후 방산 수출에 대해 지속적인 성장을 경험했지만 아쉬운 점도 분명하게 보인다. 방산

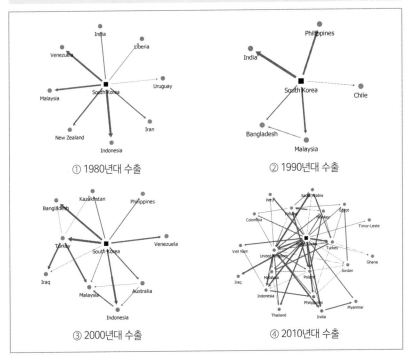

① 1980년대 수출

② 1990년대 수출

③ 2000년대 수출

④ 2010년대 수출

출처 : SIPRI Arms Transfers Database

수출국들이 우리 기술력의 한계로 제3세계 국가 위주라는 점은 앞으로 수출국의 다양화가 반드시 필요하다는 것을 알 수 있다. 정리하면, 중간 정도의 기술 수준의 방위산업을 가지고 있는 한국은 혁신을 통한 무기체계의 첨단화로 최소효율규모를 달성하기 위한 수출국의 다변화가 필요하다.

한국의 방위산업 발전에 대한 소견

지금까지 한국의 방위산업이 걸어온 발자취를 간단하게 요약하면서 무엇을 얻고 무엇을 놓쳤는지에 대해 알아봤다. 50년도 안되는 짧은 방위산업 역사 속에서의 압축 성장은 분명히 선진국의 기술추격 측면에서 많은 것을 얻었다. 하지만 많은 자원의 투입이 필요한 첨단 기술에 대한 부분은 놓치고 있었다. 중·하급 기술에 대해서는 국산화를 통해 많은 혁신을 이뤘고 세계 속에서도 인정을 받고 있다. 그러나 아직 글로벌 방산 시장에서는 중간 정도의 기술을 가진 국가로 인식되는 것이 현실이다.

한국 방위산업의 정책 방향이 '철모'에서 '첨단 장비'까지 우리가 만들어 우리가 사용하는 것이 목표였는지는 정확하게 모르겠다. 그러나 향후 첨단 장비 위주로 무장될 군의 미래를 생각한다면, 단위 무기체계당 높은 단가를 감당하기 위해서는 혁신과 더불어 민·군 공통 기술이든 수출이든 상관없이 규모의 경제효과를 확보하는 것이 반드시 필요해 보인다. 우리는 이 문제를 해결하기 위해 미국, 유럽의 주요 방산 선진국 보다는 스웨덴, 싱가포르, 이스라엘 등과 같은 작은 국가들을 통해 틈새 시장에서 혁신과 규모의 경제를 추구하는 전략을 배워야할 것이다. 이런 관점에서, 앞으로는 국내 수요만으로 R&D를 하고 우리 군에 무기체계를 전력화하는 과거의 관행으로부터 과감하게 탈출해야 하며, 이스라엘과 같이 개발을 기획할 때부터 글로벌 방산 시장에 대한 수출 또한 동시에 기획해야 할 것이다. 그리고 글로벌 시장에서 새로운 친구들을 많이 찾고 함께 가야할 것이다.

세계 시장에 진출할 때에는 이탈리아가 취하는 2단계 전략이 유효할지 모른다. 이탈리아는 글로벌 시장 접근을 첫 번째는 북아메리카 시장에 대한 접근성을 확보하고, 두 번째 신흥 시장에 대한 접근성을 확보하는 전략을 취한다고 한다.[192] 최근 이탈리아는 점차 미국 시장과 통합되고 있는 것으로 관측된다. 이러한 관측은 최근 이탈리아의 Leonardo와 Fincantieri가 미국의 방산기업들을 인수하는 것을 통해 추정해볼 수 있다. 비슷한 시기에 미국의 GE도 이탈리아의 대형 방산기업 Avio Aero를 인수했다. 이탈리아의 최근 이러한 행보는 이탈리아가 F-35에 참여함으로써 미국과의 관계가 강화됐고, 최근 유럽의 Brexit와 같은 유럽 사회의 균열과 무관하지 않다.

유럽 방위산업 통합의 균열 움직임은 한국에게는 큰 기회가 될 수도 있다. 유럽은 방위산업에 50만 명 이상의 근로자를 직접 고용하고, 간접적으로 120만 명 이상의 유럽 산업 고용을 창출하기 때문에 규모가

---

192. Marrone, A., & Ungaro, A. R. (2014). Relations between the United States of America and Italy in the post-Cold War period : a defense-industrial perspective. Cahiers de la Méditerranée, 88, 157-181.

큰 분야다. 그러나 유럽의 방위산업 통합은 구조적이고 장기적인 문제점이 있다. EDA가 유럽 시장을 통합해서 단일 시장으로 만들기 위해 노력했다. 하지만 많은 유럽 국가는 자국의 이익을 앞세움으로써 점차 세분화하고 있다. 각 국가는 장비 공급 측면에서 스스로 국방 소요가 무엇인지 결정하고 해당 국가의 공급업체를 통해 이를 공급하려고 한다는 것이다. 그리고 국가의 대부분은 외국 기업 대비 국내기업을 선호하는 경향이 있어 기업 간 경쟁을 제한한다. 이러한 상황으로 인해 공동체 정신에 위배하는 실질적인 보호주의가 이뤄지지만, TFEU 제346조는 이를 용인하고 있다. EDA의 자료에 따르면, 최근 몇 년 동안 국방 장비 획득을 위한 EU 내 협력의 정도가 매우 감소해서, 2006년과 2014년 사이에 14% 이상 감소한 수치를 기록했다. 그렇지만 이런 상황 속에서 일부 방산 강국 간의 협력은 계속되고 있다. 2019년 1월 프랑스와 독일 간의 아헨 조약(Treaty of Aachen)은 외교 정책, 안보 및 군사 협력을 포함한 국가 간 협력 강화를 약속한다. 이 조약은 프랑스와 독일 방산기업 간의 합병을 지원할 수 있다.

한국의 북미 시장에 대한 진출은 미국이 아니라 캐나다와의 협력을 통한 경로도 장기적 관점에서 정성을 들여야 한다. 캐나다와 미국은 지리적으로 가까우면서도 우발 상황에서는 상호 도울 수 있는 미국-캐나다 국방 생산 공유 협정(US-Canada defense Production Sharing Arrangement)과 국방 개발 공유 협정(Defense Development Sharing Arrangement)이 있다. 이 두 가지 경로를 통해 캐나다는 미국의 획득 사업에 참여할 수 있다. 참여 방법은 미국 국방부에 의해 발행되는 계약을 통해야 하며, 아니면 미국 기업의 하청 계약을 통해 가능하다. 앞서 캐나다 편에서 언급한 CDARMS 조사에 따르면, 캐나다 방산기업 숫자는 550개 정도 되며, 이 중에서 21% 정도가 미국, 영국 등과 같은 외국에 모회사를 두고 있다.

글로벌 시장 진출에 있어 한국의 기술 유출에 대한 통제는 시급한 문제로 보인다. 최근 한 신문 보도에 따르면 터키의 알타이(Altay) 전차가 글로벌 시장에서 한국의 K2 흑표 전차와 경쟁한다는 것이다.[193] 터키의 알타이 개발 프로젝트는 2008년에 사업을 시작해서, 2017년 2월에 시스템 인증 및 승인 테스트가 성공적으로 완료됐다. 알타이 전차는 모양과 기술이 K2 전차와 쏙 빼 닮았다. 그 이유는 2005년에 우리나라 개발 기술과 주요 부품을 4,000억 원에 터키로 수출했기 때문이다. 수출 당시 터키로 방산 수출을 했던 실적을 보고 다들 칭찬을 아끼지 않았던 기억이 난다. 그러나 현시점에서는 이것이 부메랑이 되어서 돌아왔다는 비판을 받고 있다. 알타이 전차와 관련된 터키 기업은 Aselsan, Otkar, BMC가 있다. Aselsan은 앞서 살펴봤고, Otkar와 BMC에 대해서 간단히 살펴보자. Otkar는 1963년에 설립돼, 구급차, 소방차와 같은 육상 차량을 포함한 군용 수송 차량, Akrep 및 Cobra와 같은 차륜 장갑 및 궤도 장갑 차량을 생산하는 기업이다. 랜드로버의 라이센스 생산 경험을 통해, Otkar는 1990년대 초에 독창적인 디자인을 가진 회사로 전환하기 시작했다. 최초로 디자인했던 제품 Akrep가 여러 국가에 수출됐다. 그리고 BMC는 1999년에 군용 차량을 생산하기 시작했다. 그 전에 민간 자동차를 생산했지만, BMC는 전술 차륜 차량 프로

---

193. 방산 '형제의 난' 주의. 인터넷 주소 : https : //news.joins.com/article/23471909

젝트의 일환으로 2008년에 1,859대의 차륜 장갑차와 전술 바퀴 차량을 생산하기 시작했다.[194] 이처럼 터키는 한국이 과거에 방위산업에서 수행했던 혁신의 경로와 유사하게 학습을 했다. 현재는 그 성과물이 글로벌 시장에서 한국의 경쟁 무기체계로 나타나고 있다. 이러한 역효과를 방지하기 위해서 우리도 미국의 ITAR과 같은 지적 재산 보호 장치의 마련이 필수적으로 필요하다.

---

194. Kurt, E. (2018). Türk Savunma Sanayii Tarihine Mikro Yaklaşım : Savunma Sanayii İşletmelerine Dair Bir Envanter ve Dönemselleştirme Çalışması (1836–2018), Yıldız Teknik Üniversitesi, Sosyal Bilimler Enstitüsü. İşletme Anabilim Dalı. Yıldız Teknik Üniversitesi Sosyal Bilimler Enstitüsüunpublished MA thesis.

본 책의 내용에 대해 의견이나 질문이 있으면
전화(02)333-3577, 이메일 dodreamedia@naver.com을 이용해주십시오.
의견을 적극 수렴하겠습니다.

글로벌 방위산업 트렌드

제1판 1쇄 발행 ㅣ 2020년 11월 10일

지은이 ㅣ 김호성
펴낸이 ㅣ 손희식
펴낸곳 ㅣ 한국경제신문 *i*
기획제작 ㅣ ㈜두드림미디어
책임편집 ㅣ 이향선

주소 ㅣ 서울특별시 중구 청파로 463
기획출판팀 ㅣ 02-333-3577
영업마케팅팀 ㅣ 02-3604-595, 583 FAX ㅣ 02-3604-599
E-mail ㅣ dodreamedia@naver.com
등록 ㅣ 제 2-315(1967. 5. 15)

ISBN   978-89-475-4650-8 (03320)